Anja Tuckermann
»Denk nicht, wir bleiben hier!«

1943 wird der 9-jährige Hugo mit seinen Eltern, Großeltern und Geschwistern deportiert. Über zwei Jahre verbringt er in Konzentrationslagern. Dr. Mengele quält ihn und einen seiner Brüder mit brutalen medizinischen Experimenten. Im April 1945 wird Hugo befreit. Von all dem vermag er erst als über 60-Jähriger zu sprechen. In langen Gesprächen mit der Autorin kamen Stück für Stück die lang verschütteten Erinnerungen zurück. Hugo Höllenreiner wollte junge Menschen aufklären, indem er berichtete, wie es wirklich gewesen ist. Er starb 2015 in Ingolstadt.

»Entstanden ist ein authentisches Zeitzeugnis, schonungslos und beeindruckend, ein tief berührender Text über ein lang beschwiegenes Thema.« *Aus der Laudatio zum Deutschen Jugendliteraturpreis*

Anja Tuckermann, 1961 geboren, lebt als freie Schriftstellerin und Journalistin in Berlin. Sie schreibt Romane, Theaterstücke und Libretti sowohl für Kinder als auch für Erwachsene. Für ihre Arbeit erhielt sie zahlreiche Auszeichnungen, u. a. den Friedrich-Gerstäcker-Preis.

Anja Tuckermann

»Denk nicht, wir bleiben hier!«

Die Lebensgeschichte des
Sinto Hugo Höllenreiner

dtv

Unterrichtsmaterialien zu
›»Denk nicht, wir bleiben hier!«‹
zum kostenlosen Download unter
www.dtv.de

Anja Tuckermann in der Reihe Hanser:
»Denk nicht, wir bleiben hier!« –
Die Lebensgeschichte des Sinto Hugo Höllenreiner
Mano – Der Junge, der nicht wusste, wo er war

5. Auflage 2024
© 2022 dtv Verlagsgesellschaft mbH & Co. KG, München
Umschlaggestaltung: dtv unter Verwendung eines
Hintergrundbildes des Imperial War Museums London
sowie zweier Privatfotos der Autorin
Satz und Litho: Greiner & Reichel, Köln
Druck und Bindung: CPI books GmbH, Leck
Printed in Germany · ISBN 978-3-423-62682-8

»Die Verfolgung war schon 1933 da, wo der Hitler ans Ruder kam. Da bin ich geboren und meine Mama hat mir den Namen Adolf gegeben. Ich heiße Hugo Adolf Höllenreiner. Warum sie mich Adolf genannt hat, ist leicht zu erklären. Dass uns vielleicht nichts passieren kann, wenn ich den Namen habe wie der Hitler.«

Hugo wachte auf, weil er Schreie und Krachen und Weinen hörte. Erschrocken kletterte er aus dem warmen Bett und rannte in die Novemberkälte hinaus. Draußen dämmerte es, der Himmel war grau. Ziellos und panisch liefen die Pferde herum, galoppierten aus dem Hof, auf die Straße. Der Pferdestall war weg, abgebrannt, schwelte und rauchte, die Pferde hatten sich losgerissen und flüchteten, die Fuhrwerke standen noch da, aber verrußt oder vom Feuer verkohlt. Im Hof die Mama, mit einer Bürste in der Hand, sie schluchzte und schrubbte einen Leiterwagen. Was wollen die Leute von uns? Was machen die mit uns? Wir haben doch nichts getan. Dachte Hugo. Auf den Wiesen, auf der Straße irrten die Pferde, weißer Dampf stieg aus ihren Nüstern. Der Dada, Hugos Vater, und Dadas Bruder, Onkel Konrad, fingen eines nach dem anderen ein, sie brachten alle Pferde zurück. Und die Mama weinte.

»Das ist meine erste Erinnerung – dass die Mama so geweint hat. Da war ich fünf. Mama, warum weinst du denn? Mir hat die Mama so leid getan. Und die Traurigkeit von ihr. Haben wir erst später gemerkt, dass sie schon ungefähr gewusst hat, was uns bevorsteht.«

Die Eltern, Hugo und seine fünf Geschwister wohnten in der Deisenhofener Straße 64 in München-Giesing. Damals war Frieda, die Älteste, neun Jahre alt, Manfred sechs, dann kam Hugo, Rosi war drei,

Rigo eineinhalb und Januschek war noch nicht auf der Welt. Der Dada hatte das kleine Haus mit Stall und Scheune nach Hugos Geburt gekauft. Er war Fuhrunternehmer und handelte mit Pferden, besaß vier Leiterwagen und sieben Pferde. Wenn Leute umziehen wollten, transportierte Dada ihre Sachen. Onkel Konrad wohnte mit Tante Notschga und fünf Kindern gegenüber in der Nummer 79. Auch er handelte mit Pferden. Um die Ecke in der Unterbergstraße lebten die Großeltern. Babo, der Großvater, betrieb ein Kasperltheater. In München-Giesing erstreckten sich kilometerweit Wiesen und Äcker. Die meisten von Dadas Brüdern und Schwestern lebten inzwischen mit ihren Familien auch in München.

»In München war es nicht so wie heute. Heute sind da nur Straßen, Autos und Häuser, man erkennt nichts mehr. Damals hast du mit den Pferden hinfahren können, wo du gewollt hast. Da hat keiner was gesagt, außer es war eingezäunt, aber die meisten Wiesen waren frei. Das war eine schöne Zeit, die herrlichste Zeit.«

Bevor Dada, seine Eltern und Geschwister sich mit ihren Familien in München niederließen, hatten manche ihren Wohnsitz in Arnstadt in Thüringen und manche in Kassel in Hessen. Aber ihre Staatsangehörigkeit war bayerisch. Sie stammten aus Burgpfarrnbach bei Fürth. Einen festen Wohnsitz und eine Staatsangehörigkeit brauchten sie lebensnotwendig, weil sie jedes Jahr einen Wandergewerbeschein beantragen mussten, den nur die Heimatgemeinde ausstellen durfte. Und nur mit dem Wandergewerbeschein konnten sie ihren Lebensunterhalt verdienen. Darauf mussten auch die Wohnwagen und das Pferd oder die Pferde eingetragen sein. Babo, Onkel Peter, Onkel Friedla, Onkel Babist und Dada musizierten mit Geige, Gitarre und Drehorgel, Mami, die Großmutter, und Mama gingen mit Spitzen und Kurzwaren hausieren. Mami flickte auch Schirme. Außerdem handelten die Männer mit Anzugstoffen und Wolle, auch mit Geigen, mit Pferden – was sich ergab. Früher hatte Babo erst als Seiltänzer und Turner,

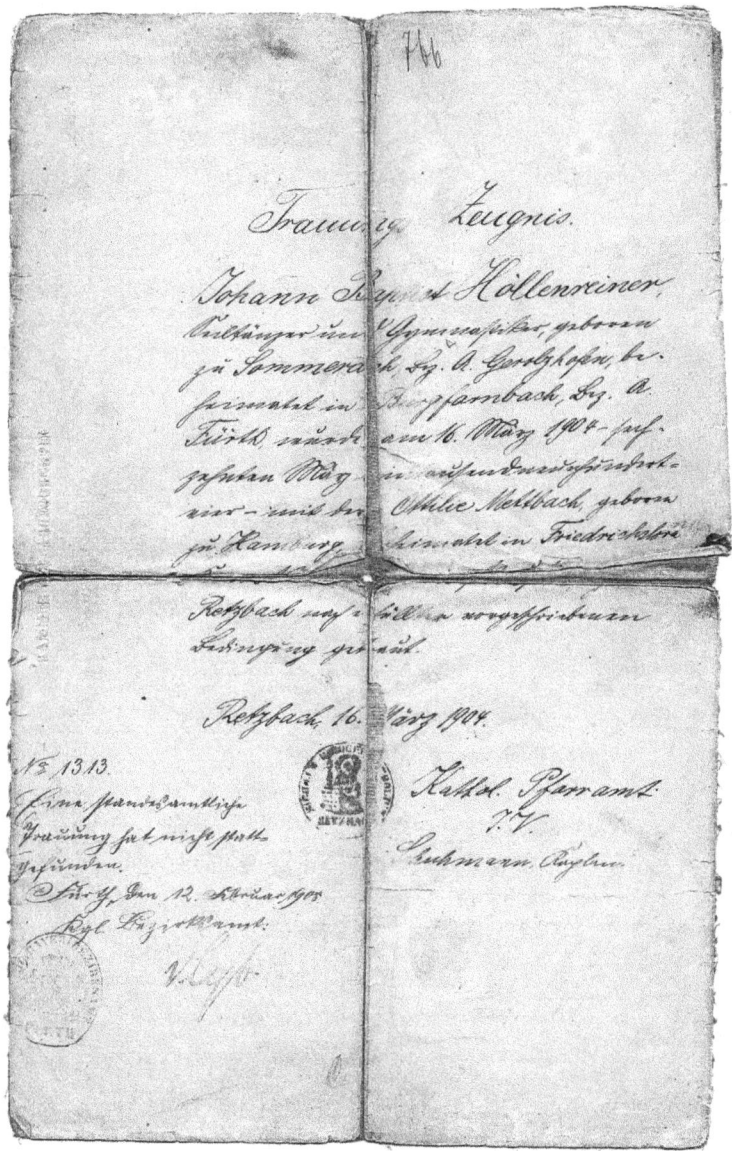

Hugos Großvater Johann Baptist Höllenreiner, Seiltänzer und Gymnastiker, beheimatet in Burgpfarrnbach, wurde am 16. März 1904 mit Hugos Großmutter Ottilie Mettbach kirchlich getraut.

später mehr als zehn Jahre lang als Scherenschleifer seine Familie miternährt. Onkel Eduard war in der Jugendzeit auch als Seiltänzer und Turner auf Jahrmärkten aufgetreten, zu ihren Nummern gehörte auch Hantelwerfen und Kettensprengen. An jedem Ort mussten sie sich anmelden, wenn sie ankamen, und um Genehmigung bitten, bleiben zu dürfen. Und sie mussten sich wieder abmelden, auch wenn sie ohnehin nur für einen Tag bleiben durften. Fast jeder Ort wollte die Familien so schnell wie möglich wieder loswerden. Manche Leute meinten, die Zigeuner würden stehlen und betteln, dabei wollten sie handeln und tauschen. Und leben. Manchmal, wenn sie nichts verdient hatten, bettelten sie auch. Um Essen für sich und Heu für die Pferde. Oft wurden sie von Gendarmen kontrolliert, dann musste Babo Geburtsurkunden, Heiratsurkunden, Steuernachweis, Wandergewerbeschein, eine polizeiliche Bescheinigung, dass keine Vorstrafen vorliegen, und die Anmeldung mit der festen Adresse vorzeigen können. Sie mussten nachweisen, woher sie kamen und sagen, wohin sie wollten. Deshalb ließ Babo die Aufenthaltsgenehmigungen in Schulhefte schreiben und stempeln und hatte immer alles beisammen. Er verwahrte alle Papiere in einem Lederköfferchen so groß wie eine Keksdose, darauf achtete er sehr. Auch alte Papiere hob er auf.

Früher mussten auch die Kinder ein Heft haben, in dem sie sich in den verschiedenen Orten ihre Schulbesuche bescheinigen ließen. Aber solange die Kinder schulpflichtig waren, wohnte die Familie meistens in Fürth.

Schon als Babo noch jung war, kontrollierten die Gendarmen die Reisenden und schrieben Berichte über sie. Aber damals brauchten sie noch nicht so viele Papiere und es wurden ihnen keine Fingerabdrücke abgenommen. Und sie konnten sich manchmal gegen die Kontrollen oder sogar Festnahmen wehren. So wie Babos Onkel, Georg Duka, der Bruders seines Dadas. Über ihn schrieb ein Gendarm einen Bericht, weil es ihm nicht gelungen war, Georg Duka wegen eines ungültigen Wandergewerbescheins festzunehmen. Babos Onkel versuchte, mit den Pferdewagen zu fliehen, der Gendarm stellte sich den Pferden in den Weg. Später schrieb er seinen Bericht: »Ich griff nun schnell den Pferden in die Zügel, um den Wagen zum Stehen zu bringen, worauf mir Georg Duka die Zügel zu entreißen suchte. Als ihm dies nicht gelang, rief er in seinen Wagen: ›Waffen her!‹ und nun schlugen seine Söhne mit Peitschen und Stecken auf mich und die Pferde ein, wobei ich mit einem Stecken auf die linke Hand einen derartigen Schlag erhielt, so daß mir die Hand aufschwoll und ich genöthigt war, die Zügel der Pferde fallenzulassen.«

Unterwegs war Babo mit der großen Familie weniger in Bayern, da hatten sie zu viele Schwierigkeiten mit der Polizei. Ihnen wurden Fingerabdrücke abgenommen, als wären sie Verbrecher, auch den Kindern.

Als Hugos Dada 15 war, durfte in Württemberg niemand mehr auf der Reise leben. Die Regierung verbot das zigeunermäßige Umherziehen und Lagern, so nannte sie das Leben in Wohnwagen oder Planwagen. Das war nach dem Ersten Weltkrieg. Also blieb Babo meistens doch in Bayern. Bis es dort ein neues Gesetz gab. Es wurde verboten, mit mehr als einer Familie zu reisen. Reisen in Horden nannten die Behörden das. Inzwischen waren aber manche von Mamis und Babos Kindern verheiratet. Sollten sie jetzt getrennt von ihren Kindern leben? Sie hielten sich fast nur noch in Hessen auf. Bis Hessen das bayerische Gesetz übernahm. Jetzt durfte die Polizei auch dort die Reiseroute vorschreiben und die Erwachsenen in Arbeitsanstalten stecken, wenn sie nicht eine regelmäßige Arbeit nachweisen konnten. Babo und Mami wichen nach Thüringen aus. Die Geschäfte wurden immer schwieriger, die Leute hatten kein Geld für neue Pferde, Anzüge, Stoffe, und Babo kaufte sich hundert Jahre alte geschnitzte Kasperlepuppen, dachte sich Geschichten aus und trat mit seinem Theater auf. Ein, zwei seiner Söhne oder Enkel spielten mit oder sie halfen. Wenn sie ihm nicht schnell genug die Puppen reichten, haute er ihnen mit der freien Hand die Puppe auf den Kopf, während er mit der anderen oben Kasperle hüpfen und singen ließ. Außerdem handelte Babo weiter mit Pferden. Anfang der Dreißigerjahre beschloss er, sich in München nie-

In jedem Ort musste Babo beim Bürgermeister eine Aufenthaltsgenehmigung und die Spielerlaubnis für sein Kasperltheater einholen.

derzulassen und pachtete Wiesen. Da war er 75 Jahre alt.

Onkel Konrad übernahm sein Fuhrgeschäft, das große Grundstück und das Haus mit Scheune und Land in der Deisenhofener Straße 79 in Giesing. Und nach und nach folgten alle Familienmitglieder nach München. Als Letzter verließ Onkel Eduard 1939 mit seiner Familie Arnstadt in Thüringen. Dort, sagte sein Sohn Schuka später, waren die Nazis zu schlimm. Die Familie besaß dort noch Land, auf dem die Pferde geweidet und die Wohnwagen gestanden hatten. Fast alle Brüder handelten mit Pferden. Onkel Konrad hatte Platz für sie. Nur Dada und Onkel Babist stellten ihre Pferde selbst ein. Dada in seinem Stall und Onkel Babist in dem Pferdestall einer Brauerei in der Au.

Wenn Hugo morgens gefrühstückt hatte, sprang er sofort aus dem Haus und schaute nach den Pferden. Oft lief er zu Onkel Konrad und sah dem Knecht bei der Arbeit zu, half beim Striegeln und Ausmisten, beobachtete die Hühner, den Hahn und die Ziegen. Jeden Tag brachten die Kinder die Pferde auf die Beppelwiese. Dada hatte am Ende der Wiese einen hohlen halben Baumstamm aufgestellt, der mit Wasser für die Pferde gefüllt war. Hugo ritt ohne Sattel, manchmal waren er und die anderen Kinder zu ungeduldig und ließen die Pferde nicht austrinken, sie trieben sie an, ritten kreuz und quer über die Wiesen. Manchmal brachten sie die Pferde nur hin, tränkten sie, ließen sie grasen, legten sich ins Gras und schauten in die Wolken. Oder sie spielten.

Hugo war fast immer mit seinen Geschwistern zusammen und mit

Hugos Großmutter mit neun ihrer elf Kinder, den Schwiegerkindern und Enkeln 1932. V. l. n. r.: Mami, Hansi, Tante Notschga, Pettel, Tante Bunda, Mama mit Frieda auf dem Arm, Tante Dina, Tante Kerscha, Onkel Eduard mit Sohn Fabo, Buba, Luki, Säckel, Adolf, Onkel Friedla, Onkel Babist, Dada, Onkel Peter, Willi, Onkel Konrad.

Musla, Weichsla, Luki und Lolitschai von Onkel Konrad, mit Mano, dem Sohn von Onkel Babist, und dessen kleiner Schwester Lili. Oft war der blauäugige Schuka noch dabei und die Mädchen von Tante Lona – immer waren genug Kinder beisammen zum Rennen, Spielen, Ärgern, Streiten und Versöhnen. Manfred und Hugo hatten einen eigenen Ball, mit dem sie oft Fußball spielten. Das taten sie am liebsten.

Hugo und die anderen Kinder bastelten sich aus Latten und Strick Hockeyschläger. Sie banden an jede Latte unten ein kürzeres Stück Holz, knoteten es fest, bauten Tore aus Latten und spielten mit leeren Milchbüchsen auf der Wiese Hockey.

Die Wiese voller Blumen und Insekten erschien Hugo riesig. Jedes Kind riss die Kräuter oder Blumen aus, die sein Pferd gern fraß. Hugo pflückte Milchdisteln und hielt den Strauß bis nach Hause fest, das war eine Leckerei für die Pferde. Mit jedem alten Stück Brot rannte

Hugo aus dem Haus, hielt es seinem Pferd auf der flachen Hand hin und beobachtete die weichen vorgestülpten Lippen, die es sanft von seiner Hand nahmen. Dann hörte Hugo noch zu, wie das Pferd krachend das Brot kaute. Dada hatte drei, vier Pferde zum Handeln und die anderen drei, vier waren sanfte Arbeitspferde, die sich ruhig anspannen ließen. Manchmal ließen die Kinder die Pferde auch auf der Weide und gingen zu Fuß nach Hause. Und abends, bei Sonnenuntergang, mussten sie sie zurückholen.

Vorn an der Deisenhofener Straße stand eine winzige Bude, in der zu jeder Tageszeit ein altes mageres Weiblein mit Brille saß, ihre grauen Haare zu einem Knoten gebunden. Sie konnte nur gebückt in die Bude hineintreten, aber im Sitzen erreichte sie alles, was sie zu verkaufen hatte, ohne dass sie sich recken musste. Wenn Mama oder Dada Hugo fünf Pfennige gaben, lief er zur alten Frau Söllner und kaufte Süßigkeiten. Einen kleinen Lutscher, ein Himbeerbonbon, für fünf Pfennig bekam er fünf kleine Süßigkeiten. Frau Söllner steckte sie in eine Papiertüte und reichte sie hinaus, Hugo gab ihr das Geldstück. Am liebsten kaufte er sich Brausepulver. Das streute er auf seine Zunge und da kribbelte, kitzelte und schäumte es. Wenn er den Mund offen ließ, hörte er es prickeln. Oder er ließ das Pulver in ein Glas Wasser rieseln und hatte eine sprudelnde gelbe oder rote Brauselimonade.

Fand der Pferdemarkt, der Battelmarkt, statt, nahm der Vater drei oder vier Pferde und bot sie zum Tausch oder Kauf an. Er tauschte Pferd gegen Pferd und versuchte Geld dazuzubekommen, und wenn er eines verkaufte und einen guten Preis bekam, versuchte er günstig ein anderes gutes Pferd zu kaufen. Meistens waren es Oberländer, bayrische Kaltblüter, die eigneten sich gut für die Fuhrwerke und die Bauern brauchten sie für die Arbeit auf den Feldern. Auf den Märkten nahm Dada auch Aufträge für Umzüge an.

Hugo bewunderte seinen Dada, der sich vor niemandem fürchtete. Sein Dada konnte scheue Pferde halten. Und er machte gute Geschäfte. Wenn jemand einen Rat brauchte, kam er zu Dada.

Einmal spazierte die ganze Familie zum Festplatz, zur Auer Dult. Onkel Hugo, Hugos Pate, schenkte ihm einen Luftballon. Er hielt ihn und rannte damit, zog ihn hinab und beobachtete, wie er wieder hochschnellte, immer die Schnur fest in der Hand. Einmal passte Hugo nicht auf, da entglitt die Schnur seiner Hand und der Luftballon flog in den Himmel hinauf.

Dada! Dada! Mein Luftballon!, rief Hugo. Flieg doch nach, bitte! Dada lachte. Bitte hol ihn, Dada! Bitte flieg doch rauf, Dada.

Aber Dada lachte, er konnte ja nicht fliegen. Und so blieb Hugo nichts übrig, als in den Himmel zu schauen, bis der Luftballon nur noch ein kleiner Punkt und schließlich nicht mehr zu sehen war.

Hugos Eltern am Tag ihrer Hochzeit im Sommer 1933 mit Manfred und Frieda, kurz bevor Hugo auf die Welt kam.

»Ich dachte, der Dada kann alles. Alles, was es gibt. Man lacht heut drüber.«

Hugo half bei allen Arbeiten mit – ausmisten und den Mist mit der Schubkarre draußen auf den Haufen bringen, Geschirre und Zaumzeug fetten und putzen, striegeln. Wenn die Pferde zur Arbeit mussten, Fuhrwerke ziehen, durfte Hugo manchmal mit. Dada transportierte Möbel oder er fuhr Milch und Butter für die Fabrik Sanella. Manchmal spannten die Kinder auch ein Pferd vor ein Fuhrwerk, weil sie den Wagen zu Leuten bringen sollten, die ihn mieten wollten. Oder sie brachten ans Fuhrwerk hinten angebunden ein verkauftes Pferd zu den Käufern. Aber nur wenn der Weg nicht gar so weit war. Und wenn ein größeres Kind mitfuhr. Frieda oder Luki, Onkel Konrads Sohn.

Hugo und die anderen Kinder hörten gern der Mami und dem Babo zu, wenn sie von früher erzählten. Manchmal erzählte auch Dada etwas, wenn er mit seinen Brüdern und Schwestern zusammensaß und Hugo saß still dabei und lauschte.

Babo, genannt Hanni, und seine Brüder Rudel, Huppert und Buckel waren früher sehr arm gewesen. Aber sie waren stark. Deshalb forderten sie auf Dorfplätzen und Märkten Männer zum Ringen auf. Alle ihre Habseligkeiten transportierten sie in einem Kinderwagen. Eine Zeltplane, ein, zwei Töpfe, Decken. Das Zelt stellten sie auf dem Jahrmarkt auf, davor bauten sie aus Strohbündeln einen Ring. Wer wagt es, gegen die stärksten Männer Bayerns anzutreten? Die Männer

Um 1900. Hugos Großvater mit seinen Brüdern unterwegs, als sie noch keine Pferde hatten und die Wagen selbst zogen. Links Rudels Wagen, rechts Babos Wagen. Zwischen den Wagen v. l. n. r.: Mami, Onkel Eduard (mit Gitarre), Rudel, Babo. Ganz rechts: der starke Huppert mit seiner Frau Papi.

der Ortschaften standen herum, traten von einem Bein aufs andere und schauten. Babo und Rudel traten mit nacktem Oberkörper an, zeigten ihre Muskeln. Sie ölten sich ihre Körper, damit die Gegner sie nicht leicht packen konnten. Wer einen von uns schmeißen kann, bekommt zwanzig Reichsmark. Nur fünfzig Pfennig Einsatz. Wer kann uns besiegen? Meistens kamen die Leute am Abend und brachten einen Starken in ihrer Mitte eingehakt. Aber Hanni oder Rudel konnte niemand besiegen. Rudel ließ sich auch festketten und wenn die Leute ihre Einsatz gezahlt hatten und darauf wetteten, dass er nicht mehr loskam, sprengte er die Ketten.

Der stärkste der vier Brüder war Huppert. Als seine Frau Papi starb, sie waren gerade in Westfalen, ging er in seinem Schmerz in den Wald, hackte zwei Birken ab, nagelte sie zu einem Kreuz zusammen und trug sie aus dem Wald fünf Kilometer weit bis zum Friedhof, bis zum Grab. Dort schaufelte er einen Schacht und stellte das riesige Kreuz auf.

Alle Vorfahren von Hugo waren stark.

Hugo stellte sich vor, wie der Großonkel die Bäume getragen hatte – bis jetzt reichte seine Kraft noch nicht, um allein den Stall auszumisten. Und er war noch zu klein, um mit der Sense das Gras zu mähen. Dada schnitt es, und wenn es getrocknet war, rechten es die Kinder zu Haufen. Zusammen machten sie das ganze Heu für den Winter.

Einmal in der Schweiz, da war Babo noch nicht mit Mami zusammen, kam ein Mann zu Rudel, gab ihm die Hand und fragte: Wer von euch ist der Ringer? Rudel war der bessere Ringer, er war stärker, aber Babo war wendiger. Rudel betrachtete den Mann, er spürte noch seinen Händedruck, und sagte: Mein Bruder ist der Ringer. Also musste Hanni antreten. Er schmierte sich mit Bratfett ein. Der Mann war der Schweizer Meister im Ringen und er hatte ein paar Leute seines Vereins als Zuschauer dabei. Hanni rang mit ihm und gewann. Da wurden die Leute wütend, warfen mit Steinen und schimpften. Bei Einbruch der Nacht flüchteten Hanni und Rudel überstürzt. Der Verein der Ringer war hinter ihnen her. Hanni und Rudel hielten nicht eher an, als bis sie über die Schweizer Grenze waren.

Sie gingen in Richtung Osten, immer wieder wurden sie verjagt. Wenn sie kein Geld hatten und wegen Bettelns oder Hausierens erwischt wurden, wurden sie eingesperrt. Mit Ringen konnten sie kaum noch Geld verdienen, also berieten sie. Fahren wir mal ins Ausland. Wir haben uns durchgerungen, sagte Babo, als er den Enkelkindern von früher erzählte. Sobald sie irgendwo stehen bleiben wollten, kam die Polizei und wollte sie vertreiben. Nein, nein, sagten sie, wir sind keine Bettler, wir machen hier Ringkämpfe. Wieder bauten sie mit Strohballen einen Ring, schrieben und verteilten Zettel: Wer uns besiegt, gewinnt soundso viel Taler. Abends zündeten sie das Stroh an den vier Ecken des Kampfplatzes an, dann kamen meistens schon die Ringer, zehn manchmal oder zwanzig. Meistens gewannen Hanni und Rudel die Kämpfe. Und so konnten sie mal einen Tag lang zu einem Halt kommen, mal mit den Wagen stehen bleiben. Wenn sie verloren, zogen sie nachts noch weiter, ebenso, wenn die Dorfbewohner keine guten Verlierer waren und wütend wurden.

Sie zogen von Dorf zu Dorf, nirgends konnten sie bleiben, immer weiter ging es nach Südosten, bis in die Türkei.

Die stärksten Männer, sagte Babo, von all diesen Ländern gab es in der Türkei.

Aus der Türkei kamen Hanni und Rudel nur schwer wieder fort. Sie wollten umdrehen, zurück nach Bayern. Aber immer wieder wurden sie von der Polizei kontrolliert, und wenn sie dann nicht zwei, drei Taler bezahlen konnten, wurden sie ins Gefängnis gesperrt und mussten ein paar Wochen sitzen. Sie brauchten monatelang, um aus der Türkei wieder rauszukommen.

Hugo und seine Geschwister verstanden nicht, warum Babo und sein Bruder damals etwas zahlen sollten und wofür überhaupt. Aber sie waren schließlich doch zurückgekommen.

Danach blieben Babo und Rudel meistens in Deutschland, und beide heirateten.

Kaspar Hofacker / Salmünster

Bau- und Möbelschreinerei mit elektr. Betrieb

Fol. .... Salmünster, den 3. Sep. 1929

RECHNUNG

für Herrn Johann Höllenrainer

Vertrag über den Bau eines 3,60 Meter langen Wohnwagens mit zwei Türen und fünf gebogenen Fenstern mit Klappläden, Oberlicht und Zirkeldach für 540 Mark. In dem Wagen lebten und reisten Mami und Babo bis zu ihrem Tod, oft auch in Begleitung ihrer Kinder und Enkel.

V. l. n. r. mit Instrumenten: Tante Bunda, Babo, Tante Kerbe, Onkel Friedla, Dada, Tante Anni, Babist, Onkel Peter, Onkel Konrad. Sitzend: Mami, Buckel.

Babo heiratete Mami, Schirmmacherin und -flickerin. Unterwegs bot sie den Leuten Schirme an oder reparierte die Schirme, die es im Haus gab. Bald hatten Babo und Mami Kinder. Das älteste war Tante Kerscha, sie wurde 1893 geboren.

Babo bestimmte alles, Hugo hörte ihn oft befehlen. Er war sehr streng. Aber alle taten, was Mami wollte.

Als Babo, seine Brüder und ihre Frauen zu einem bisschen Geld gekommen waren, konnten sie sich je einen Planwagen leisten. Aber kein Pferd. Babo und sein Bruder Rudel zogen, mit Gurten um die Schultern, die Wagen übers Land.

Bis nach Ungarn zogen sie die Planwagen.

In dem Wagen konnte nicht die ganze Familie schlafen. Wer nicht mehr hineinpasste, schlief unter dem Wagen, zwischen den Rädern. In jedem Ort brauchten sie Stroh, um Betten zu bauen, Heu und Wasser für die Pferde, Lebensmittel zum Kochen, Milch für die Kinder. Die Frauen liefen zu den Bauern und fragten nach Brot, Milch, Gemüse und Heu und boten ihre Waren an. Die meisten Geschäfte waren Tauschgeschäfte ohne Geld.

Babo und Mami hatten viele Kinder. Tante Kerscha, Tante Maria, Onkel Eduard, Tante Bunda, Tante Lona, Onkel Konrad, Onkel Peter, Dada, Onkel Friedla, Tante Kerbe, Onkel Babist.

Nach und nach gingen die Geschäfte besser und sie konnten sich mehr leisten. Irgendwann kauften sie ein mageres Pferd und päppelten es auf, bis es gesund und stark war.

1929 ließ der Babo einen richtigen Wohnwagen nach seinen Wünschen bauen.

Oft sprachen die Onkel und Tanten von der Polizei. Wie schwierig es mit den Papieren war und dass es alle paar Jahre neue Gesetze gab. Plötzlich sollte man keinen Wandergewerbeschein bekommen, wenn man nicht verheiratet war. Mami und Babo waren nach Sintiart verheiratet, ohne Unterschriften und Verträge. Am Tag von Dadas Geburt hatten sie sich in der Kirche von Retzbach trauen lassen. Aber nach der nächsten Verordnung reichte das nicht, und so gingen sie mitten im Ersten Weltkrieg zum Standesamt in Fürth und heirateten auf staatliche Art. Da war der jüngste Sohn, Onkel Babist, das elfte Kind, sieben Jahre alt.

Es gab aber auch Polizisten, die es darauf abgesehen hatten, Sinti zu schikanieren. An einem Ort in Thüringen war einer dafür bekannt. Er ritt auf seinem Polizeipferd auf den Lagerplatz und genau durch das Feuer, wo gerade gekocht wurde, über die Töpfe, so dass jedes Mal das mühsam erworbene Essen ausgeschüttet war.

Das erzählten die Erwachsenen nicht den Kindern, über die Erfahrungen mit der Polizei sprachen sie unter sich, und die Kinder blieben ganz still sitzen, damit sie nicht weggeschickt wurden, und lauschten. Es gab Warnzeichen, zum Beispiel, wenn auf einem Platz bei einer Feuerstelle die Asche noch ganz warm war, oder wenn das Feuer sogar noch knisterte oder im Wind aufflammte, der Platz aber verlassen war, dann wussten sie, dass die Menschen schnell abgehauen waren, dass etwas geschehen sein musste, dass eine Gefahr drohte.

Babo, die Onkel und Großonkel hauten nicht ab, sie ließen sich nicht alles gefallen. Wenn sie sich wehren konnten, dann taten sie es.

Mami trug einen Säbel unter ihrem Rock. Sie konnte auch damit umgehen.

Dada und seine Geschwister waren stolz auf ihren Vater und dass es hieß, Hanni und Rudel seien die stärksten Männer Bayerns. Als Dada zwölf war, kamen sie einmal zu einem Platz in Württemberg. Oberhalb, auf einer Anhöhe, standen sieben Wagen, die gehörten zu einer Großfamilie von Mamis Verwandtschaft. Sie hießen die Sieben-Wagen-Leute. Mit denen gab es immer Streit und diese Leute redeten nicht gut über Babos Familie. Sie standen oben und schimpften herab. Babo überlegte, sagte weiter nichts. Am Abend befahl er allen ganz ruhig zu bleiben, er schlich sich im Dunkeln die Anhöhe hinauf. Hugos Dada schlich hinterher. Als Babo oben war, ließ er einen Schrei los und zog die Deichseln auf die Seite, so dass ein Wagen nach dem anderen krachend umfiel. Dann verschwand er wieder nach unten in die Dunkelheit. Die Männer oben aber wollten sich mit den Männern unten nicht anlegen. Oben war Geschrei von den Frauen und Kindern. Alles wurde gerichtet und aufgeräumt, dann fuhren alle sieben Wagen davon.

Die Tanten und Onkel sprachen auch über die Tiere, die sie gehabt hatten. Sie erzählten von einem blinden Pferd. Das ließ sich leicht einspannen und lenken, es war aufmerksam und klug. Wenn sie irgendwo an einem Platz lagerten, graste es im Wald oder am Rand, es entfernte sich nie außer Hörweite, man musste es nicht anbinden. Wenn es das Wort Polizei hörte, trabte es heran, es wusste ganz genau, wo der Wagen stand und fand mit seinem Hinterteil von allein die Deichsel. Es ging ein paar Schritte zurück, so dass es blitzschnell angespannt werden konnte und sie sofort verschwinden konnten. Polizei hieß für das Pferd schneller Aufbruch.

In Thüringen gefiel es allen. Wenn sie feierten und Musik machten, kamen manches Mal die Dorfbewohner, setzten sich dazu und feierten mit. Onkel Babist und Onkel Peter erzählten oft von einer Gutsbesitzerin. Sie kam regelmäßig zu Besuch und ritt ihnen auch zwanzig Kilometer hinterher, denn sie wollte Onkel Babist sehen. Er war zwanzig Jahre alt und gefiel ihr. Sie wollte mit mir anbändeln, sagte Onkel Babist. Sie wollte mit ihm poussieren, sagte Onkel Peter und sie lachten.

Und, hat sie?, fragte jedes Mal jemand. Aber dann lachten sie nur und antworteten nicht.

In Thüringen verdienten Babo und Mami gut, die Kinder waren erwachsen, hatten fast alle schon eigene Kinder, handelten mit Pferden, machten Musik auf Geigen, Gitarren und mit der Drehorgel und spielten Puppentheater.

Ihnen wurde ein Zwanzigfamilienhaus angeboten. Onkel Eduard und Onkel Konrad wollten es kaufen, aber Mami war dagegen.

Also wurde es nicht gekauft.

Einmal wollten sie auch alle nach Ungarn umziehen. Babo und seine Geschwister hatten von ihrem Vater, dem Musiker Josef Duka, viel Geld, Land und Häuser in Ungarn geerbt. Sie wollten alle zusammen dort leben. Aber Onkel Eduards Schwiegermutter war dagegen, sie wollte nicht, dass ihre Tochter so weit wegging. Deshalb zerriss sie die Papiere, zerriss die Erbschaft, und alle blieben in Deutschland. Wenig später zogen dann alle nach München.

Hugo kannte das Leben auf der Reise nicht, doch durch die vielen Erzählungen schien es ihm vertraut. Trotzdem wollte er niemals aus der Deisenhofener Straße weg. Er mochte den Hof, wo er spielen und basteln konnte, er mochte den kleinen Gemüsegarten von Mama, wo er ab und zu nachschaute, was gewachsen war. Er mochte die Blumen und den Zaun, die Wiesen und die Pferde, den Pferdemarkt. Er mochte die Pusteblumen und Gänseblümchen. Und Frau Söllners Bude und das Brausepulver. Er konnte sich kein anderes Leben vorstellen. Bald würde er in die Schule kommen, Frieda und Manfred gingen schon jeden Tag hin.

Nachdem in der Nacht, als Hugo gerade fünf war, Männer Feuer gelegt hatten, baute Dada mit Hilfe seiner Brüder die Scheune mit dem Pferdestall wieder auf. Hugo erinnerte sich noch genau daran, wie die Scheune abgebrannt war und die Pferde panisch hin und her liefen, die Angst in ihren Augen, die Ohren unruhig.

In diesem Winter starb die Mami nach ihrem 71. Geburtstag. Es waren viele traurige Tage. Babo zog mit seinem Wohnwagen auf Onkel Konrads Hof.

Zwei Wochen später kam Hugos jüngster Bruder Januschek auf die Welt.

Dann wurde es Sommer.

Für die Kinder war es ein schöner Sommer. Die Erwachsenen aber fürchteten die Zukunft und machten sich Sorgen. Sie wurden zur Polizei zitiert, zur Zigeunerzentrale in der Königinstraße. Dort wurden sie vermessen, der Augenabstand, die Nasenlänge, die Arm- und Beinlänge, der Schädelumfang, der Hüftumfang. Die Haar- und Augenfarbe wurden bestimmt, sie wurden fotografiert, es wurden ihnen Fingerabdrücke abgenommen und sie wurden nach ihrer Familie ausgefragt. Die Frau dort, Eva Justin, und ihre Assistenten erstellten Stammbäume der Sintifamilien. Wer das nicht über sich ergehen lassen wollte, dem wurde mit dem Konzentrationslager gedroht.

»Warum sind sie fotografiert und trotzdem ermordet worden? Das verstehe ich nicht. Die Kinder sind gemessen und fotografiert worden und trotzdem ins KZ zum Vergasen gekommen. Warum wollten sie die Bilder haben? Wenn ich heute Bilder von dir mache, brauche ich sie doch wieder. Die haben die Menschen alle weggebracht und alles von ihnen geholt, Blutgruppe, Maße, Fingerabdrücke, Bilder.«

Onkel Eduard und Tante Dina mit den Kindern, die als Letzte nach München gekommen waren, wohnten in einer Wohnung, aber bei Onkel Konrad war genug Platz für ihre Pferde.

Im Sommer machten sie wieder Heu, Dada mähte mit der Sense, sie rechten und bündelten das getrocknete Gras und ließen es so lange draußen, wie es nicht regnete. Hugo ging mit Futter holen, tränkte die Pferde. Er konnte es nicht wie die Großen, aber bei jeder Arbeit begleitete er seinen Dada und seine Mama.

Die Erwachsenen schimpften darüber, dass sie die doppelte Lohnsteuer zahlen mussten, die Rassensondersteuer. Von der Zigeunerzentrale kamen Beamte unangemeldet und wollten sehen, wie sie lebten.

Die Erwachsenen redeten oft ernst miteinander, aber Hugo achtete nicht darauf.

Er war meistens draußen und spielte. Mit allen Geschwistern, Cousins und Cousinen zusammen waren sie mehr als fünfundzwanzig Kinder.

Die Großfamilie lebte nah beisammen und Hugo hatte immer jemanden zum Spielen. V. l. n. r. unten: Hugo, Mano, Gita, Manfred, Frieda. Oben: Tante Kerscha, Mami, Mama mit Rigo. Ca. 1937.

Im Spätsommer bekamen Dada und seine Brüder Gestellungsbefehle. Sie wurden zur Wehrmacht eingezogen. Sogar Onkel Eduard, der schon über vierzig war. Mit neunzehn war er schon als Soldat in den Ersten Weltkrieg gegangen. Mami und Babo waren damals froh, dass die anderen Söhne zu jung und Babo zu alt für den Krieg waren. Über Onkel Eduard erzählte man sich in der Familie von seiner Tapferkeit. Er machte die Schlacht bei Verdun mit, bei der tausende Menschen starben. Einmal war Onkel Eduard an der Somme vermisst, die ganze Kompanie von fast dreihundert Männern niedergemetzelt. Da war Onkel Eduard zwanzig Jahre alt.

Nach Wochen tauchten beim Regiment drei Männer auf, schmutzig und abgerissen, mit Bart, die Haare gewachsen. Gespenster kommen, dachten die Leute. Onkel Eduard und die anderen beiden waren die einzigen Überlebenden der Kompanie. Sie hatten noch die gesamte verbliebene Munition verschossen, bevor sie sich hinter die deutsche Linie zurückschleppten.

Onkel Eduard erhielt das Eiserne Kreuz 2. Klasse und die Bayerische Tapferkeitsmedaille. Danach beförderte man ihn zum Unteroffizier.

Der Krieg war noch nicht zu Ende, Onkel Eduard vergiftete sich im Jahr darauf am Gas, das die Deutschen gegen die französischen und belgischen Soldaten einsetzten, und wurde in ein Lazarett geschickt. Als endlich der Krieg aus war, waren seine Brüder stolz auf Onkel Eduards Tapferkeit und glücklich, ihn wiederzuhaben.

Die Orden und das ihm später von den Nationalsozialisten verliehene Ehrenkreuz für Frontkämpfer retteten in den folgenden Jahren seine Frau, seine Kinder und ihn selbst.

Aber auch Onkel Eduard wurde nun, 1939, wieder eingezogen. Morgens um vier Uhr kam ein Motorrad, der Fahrer brachte den Befehl, sich zu melden. Jetzt sollten alle Söhne von Mami und Babo als Soldaten zur Wehrmacht. Hugo sah, wie traurig Mamas Augen waren, als Dada zur Musterung ging und später mit einer Uniform zurückkam. In allen Familien waren die Frauen traurig und machten sich Sorgen. Die Kinder weniger. Die Cousins und Cousinen tauschten sich darüber aus, zu welcher Gattung ihre Väter kamen. Aber was macht die Mama ohne den Dada? Wovon sollen wir Essen kaufen?

Es kamen Polizisten und schauten in Dadas und Onkel Konrads Pferdeställe. Sie sagten: Das wird alles beschlagnahmt.

Aber die Pferde ernähren uns, die können Sie uns nicht nehmen.

Dada und Onkel Konrad konnten nichts tun. Männer nahmen alle sieben Pferde, die Dada gehörten, alle Fuhrwerke und Geschirre mit, auch bei Onkel Konrad wurde alles leer geräumt. Beschlagnahmt für die Wehrmacht.

Bevor Dada fort musste, schärfte er den Kindern ein, dass sie ab sofort draußen kein Wort Romanes mehr sprechen dürften. Auch unter euch nur Deutsch, ist das klar? Auf der Straße, in der Schule, kein Wort Romanes.

Ja, Dada. Aber warum?

Keiner muss wissen, was ihr könnt, was wir sind.

Hugo verstand es nicht, aber er und seine Geschwister befolgten Dadas Wunsch, und wenn sie es nicht vergaßen, sprachen sie auch miteinander nur noch Deutsch.

Dann mussten Dada und die Onkel fort, Dada am weitesten weg, zum Luftwaffen-Baubataillon in Ergenzingen bei Tübingen. Onkel Eduard wurde nach Böhmen geschickt. Wenige Tage später marschierte die Wehrmacht in Polen ein und es war Krieg. Onkel Eduard musste bei der Besetzung Polens dabei sein. Onkel Babist wurde zu den Landesschützen in die Kaserne von Lenggries kommandiert.

Das Leben war nicht mehr so froh. Hugo ging oft in den Pferdestall und meinte, ein Pferd schnauben zu hören, aber es war beklemmend still, nur ein paar Fliegen summten. Meine armen Pferde. Meine armen Pferde müssen in den Krieg ziehen und werden vielleicht sterben. Tante Notschga hatte noch die Hühner und Ziegen. Der Sold, den die Soldaten bekamen, war knapp. Die Lebensmittel waren rationiert, auf ihre Lebensmittelkarten war ein Z gedruckt, das heißt, sie bekamen pro Abschnitt weniger Brot, Butter, Nudeln als die anderen Leute, die nicht als Zigeuner oder Juden abgestempelt waren.

Mama ging zum Bahnhof und fuhr mit dem Zug aus der Stadt. Sie tauschte Spitzen, Bänder, Knöpfe gegen Lebensmittel, manchmal bettelte sie auch um Essen für ihre Kinder. Manchmal wurde sie von Tante Derndl oder einer anderen Tante begleitet. Wer beim Betteln erwischt wurde, war für die Polizei ein arbeitsscheues Element, das in ein Konzentrationslager eingewiesen werden sollte.

Mama wurde nie kontrolliert und nicht denunziert. Und sie konnte die Kinder versorgen.

»Wir haben überlebt. Wir haben keinen großen Hunger gehabt. Wenn man frei ist und man kriegt alle Tage was zum Essen, da ist alles gut. Das ist nicht das Schlimmste. Das Schlimmste ist, wenn man weiß, man muss verhungern, man muss verdursten, wenn man nicht richtig Acht gibt, wird man vergast, wird man erschossen, das ist das Schlimmste, was es gibt.«

Kurz nachdem Dada fort war, kam eine Anordnung der Polizei, die Festschreibung: Die Sinti durften ihren Aufenthaltsort nicht mehr verlassen. Nicht für einen Verwandtenbesuch, nicht für einen Ausflug, nicht um zu handeln. Es war strikt verboten, den Wohnort zu verlassen. Wenn sie außerhalb ihres Wohnortes von der Polizei angetroffen wurden, konnten sie verhaftet werden. Dada wollte schon zuvor nicht, dass Mama mit dem Zug aufs Land fuhr, sie sollte nichts riskieren, er war nicht da, und wer sollte für die Kinder sorgen, wenn nicht Mama. Hin und wieder ging sie doch los, weil das Essen nicht reichte.

Onkel Babist hatte Sehnsucht nach seiner Familie und wollte sie nach Lenggries holen. Dada beschloss mit Mama, dass auch sie mit den Kindern nach Lenggries umziehen sollte. Da wäre sie mit Tante Derndl zusammen, es gab dort weniger Polizei, Onkel Babist könnte ihnen helfen, falls es Schwierigkeiten gäbe, auf dem Land könnten die Frauen die Kinder besser ernähren, die Bauern hatten immer etwas übrig. Und ihnen allen erschien es sicherer, ein bisschen abseits zu leben. Onkel Babist fand für Tante Derndl, Mano und Lili, und für Tante Derndls Mama und ihre Schwester Tante Peksla eine Unterkunft bei einem alten Ehepaar, dem Forstmakler Maurus, der nach einem Fahrradunfall am Stock ging. Das Haus stand direkt am Marktplatz und sie durften darin zwei Dachkammern bewohnen. Mama und die sechs Kinder zogen in ein winziges Haus mit Garten gegenüber dem Bahnhof. Im Dorf wurde es Pechhüttel genannt und schon bald waren Hugo und seine Geschwister die Pechhüttla. Vorn in der kleinen Stube mit einem Holzofen kochte Mama, da wohnten und aßen sie und Mama schlief auch dort. Hinten dran war ein kleiner Raum, darin standen zwei Doppelstockbetten für die Kinder. Die Kleinen mussten sich ein Bett teilen. Das Wasser holten sie aus einem Brunnen im Garten. Und hinten im Garten befand sich das Plumpsklo in einem Holzverschlag. Hugo gefiel es in Lenggries.

Wenn er aus dem Häuschen kam, sah er schneebedeckte Berge. Dahinter, sagte Mama, ist Österreich und dann kommt Italien.

Hugo, seine Geschwister, Mano und Lili erkundeten das Dorf. Wenn Hugo zu Mano beim alten Herrn Maurus wollte, musste er zwischen den Häusern durch, quer über Wiesen, auf einer schmalen Brücke über einen kleinen Bach, dann stand er davor. Der Bach floss direkt vor Manos Haus entlang, und oft spielten sie darin, versuchten mit Steinen und Stöcken und Erde das Wasser zu stauen oder Mano ließ seine Schuhe schwimmen.

Manfred und Frieda gingen in die Schule zu den armen Schulschwestern, die gegenüber der Schule in einem Kloster lebten. Nach Ostern wurden Hugo und Mano auch dort eingeschult. Die Schwestern unterrichteten Mädchen und Jungen zusammen. Hugo freute sich, lesen zu lernen, mit anderen Kindern zu spielen, ein Schulkind zu sein. Nur der Schulweg, der war ihm morgens manchmal lang.

Mittags gab es eine Pause für die Schulspeisung. Alle Kinder gingen zum Essen außer Hugo, Manfred, Frieda und Mano. Sie standen hungrig herum und warteten, bis es mit dem Unterricht weiterging. Mama konnte für die Schulspeisung nicht bezahlen und für Pausenbrot reichte das Essen und das Geld auch nicht.

Kommt ihr nicht?, fragte ein Mädchen, sie hieß Sophie und hatte zwei lange hellbraune Zöpfe.

Nein, sagte Hugo. Sie war ihm schon lange aufgefallen, er schaute sie an, wenn sie es nicht merkte. Schön fand er sie, richtig schön. Wie sie sprach, wie sie lachte, alles gefiel ihm an ihr und nachmittags brachte er sie nicht aus seinen Gedanken. Die meisten Kinder hielten Abstand von ihnen, manche Erwachsene traten furchtsam zur Seite, wenn Hugo mit seinen Geschwistern die Straße entlangkam. Aber Sophie fragte, ob sie spielen wollten. Und weshalb sie nicht mitaßen. Hugo sprach mit Manfred und Mano über Sophie. Nach der Schule begleitete Hugo sie ein Stück. Und noch ein Stück. Begleitete sie bis zu ihrer Haustür. Ihren Eltern gehörten die Bäckerei und das Café Raßhofer.

»Oh, sie war ein schönes Mädchen. Sie war unser Idol, weißt du? Jeder wollte Sophie haben, weil sie sich ja mit uns abgegeben hat.«

Fast jeden Tag brachte Sophie Kuchen oder Plätzchen oder Brot aus der Bäckerei für Hugo, Manfred, Frieda und Mano und gab es ihnen in der Pause. Und jeden Nachmittag brachten Hugo, Manfred und Mano sie nach der Schule heim. Hugo fand den Schulweg nicht mehr so weit. Jeden Morgen lief er mit seinem Bruder zu Sophies Haus, sie trafen dort mit Mano zusammen und warteten auf Sophie. Sobald sie aus dem Haus kam, nahmen sie sie in ihre Mitte und gingen gemeinsam zur Schule. Jeder wollte neben Sophie gehen, doch einer war immer der Dritte. Aber nicht Hugo.

Mano mochte sie auch, aber da sie schon zwei Verehrer hatte, verehrte er Sophies Freundin Elfriede.

Einmal wanderte die Klasse nach Brauneck, einmal hoch zur Denkalm. Das erste Mal stand Hugo auf so einem hohen Berg, so nah an den Wolken. Er meinte sie berühren zu können. Und nicht weit entfernt sah er eine Wolke tiefer als die Stelle, an der sie standen. Wenn er spränge, könnte die Wolke ihn tragen?

Er schaute auf die Felsen. Hinter jedem Berg sah er einen höheren, er beobachtete die Wolken, die an Bergspitzen hängen blieben, die Sonne schien. Wenn der Wind kommt, können die Wolken jeden Berg überwinden. Hugo sah die kantigen scharfzackigen Felsen und wunderte sich, wie Menschen über die Alpen gekommen waren. Nie könnte ich da hochgelangen. Aber am meisten faszinierten ihn die Wolken, die er nie zuvor so nah gesehen hatte.

Immerzu, jeden Tag, marschierten Menschen durch Lenggries. Mittwochs und samstags nachmittags die Mädchen und Jungen in ihren Hitlerjugend- oder Bund-Deutscher-Mädel-Kluften.

Und frühmorgens die Soldaten. Sie mussten fast täglich lange Märsche machen, bis nach Jachenau und zurück. Wenn Mano sie kommen hörte, sprang er aus dem Bett, aus der Kammer, die Treppen hinab und stellte sich an den Straßenrand, den rechten Arm erhoben, um seinen Dada zu sehen und ihm zuzuwinken. Kamen die Soldaten am Nachmittag zurück, sah auch Hugo Onkel Babist. Er durfte sich nicht umschauen, aber wenn sie winkten, lächelte er leicht.

Manchmal gingen Tante Derndl und Mama mit den Kindern den Berg hinauf zur Kaserne und warteten dort, bis Onkel Babist ans Tor kam. Mano und Lili standen bei ihm, wenn Tante Derndl mit ihm sprach und seine Hand hielt. Sie hatte einen Korb dabei mit ein paar guten Sachen für ihn. Hugo wollte seinen Dada bei sich haben. Er fehlte ihm. Wann kommt Dada wieder, Mama?

Wenn er Urlaub kriegt. Hoffentlich bald. Mama vermisste ihn auch.

Als Dada auf Urlaub kam, war die Freude groß. Er kam in einer schönen Uniform mit Fliegerabzeichen. Er gehörte zum Bodenpersonal der Luftwaffe. Für Hugo und Manfred brachte er Anstecknadeln mit. Sie befestigten die Fliegerabzeichen an ihren Jacken und waren so stolz darauf, dass sie sie überall mit hintrugen. Nur nicht in die Schule, damit sie ihnen nicht abgerissen und gestohlen wurden. Immer wieder schaute Hugo auf sein Abzeichen, es glänzte im Licht.

Komm, gehen wir doch spazieren, sagten Hugo und seine Geschwister am Abend. Also nahm Dada sie alle mit und sie spazierten mit ihm und Mama durch das Dorf. Hugo war stolz auf seinen Dada in der schönen Uniform.

Bevor Dada wieder abreisen musste, wollte er zum Fotografen gehen, damit er ein Bild von seiner Familie hatte. Und damit Mama ein Bild von ihm hatte. Unsere Einheit wird verlegt, sagte Dada. Ich weiß nicht, wohin. Sie zogen ihre besten Sachen an, Hugo und Manfred

steckten die Fliegerabzeichen an ihre Jackenrevers und so gingen sie zum Lenggrieser Fotografen.

»Man hat halt gemerkt von Dada und meiner Mama, dass sie betrübt waren. Man sieht es auf dem Bild, ich hab es lange, lange angeschaut. Man sieht, irgendwas stimmt mit ihnen nicht. Mama hat schöne Haare gehabt. Er war 39 und sie 34. Man sieht an der Mama ihre Augen, dass was nicht stimmt. Das haben sie aber für sich behalten, haben uns nichts gesagt.«

1941. Bevor Dada wieder in den Krieg musste, ließ er sich mit Mama in Lenggries fotografieren.

Bald darauf schickte Dada einen Brief, und sie erfuhren, dass er beim Einmarsch und der Besetzung Frankreichs dabei war. Hoffentlich passiert ihm nichts.

Manchmal sehnte Hugo sich auch nach den Pferden. Um Lenggries war so viel Platz, Wiesen, Wald, meine armen Pferde. Die wären hier das Größte.

Mit seinen Geschwistern erkundete er die Gegend, warf Steine in die Isar. Er schaute oft auf den hellen, klaren Fluss, das türkise Wasser, er beobachtete Fische und versuchte sie mit den Händen zu erwischen. Als es wärmer wurde, sprangen die Leute hinein und badeten.

Oft streiften sie durch das Dorf, besuchten Mano. Der hatte sich mit den Zwillingssöhnen eines Schusters, Peter und Hans, und ein paar Bauernjungen aus seiner Klasse zusammengetan. Das war seine Bande und er war der Häuptling. Gemeinsam mit den Jungen stand er vor dem Pechhüttel und schimpfte sie Zigeuner. Hugo und Manfred hatten manchmal noch ein, zwei andere Jungen dabei, sonst kämpften sie allein.

Einmal entführten sie Mano, zogen ihn in den Garten hinter das Haus, die anderen Jungen verschwanden. Hugo und Manfred überwältigten Mano, fesselten ihn und überlegten. Dann hängten sie ihn in die Bretterbude über das Klo. Und dann gingen sie fort. Viel später, als sie gemütlich in der Stube saßen, fiel er ihnen wieder ein. Mensch, der hängt ja noch da draußen. Mit Hilfe Friedas banden sie ihn lachend los und befreiten ihn. Er lief gleich nach Hause.

Kurz darauf türmte er Steine vor der Eingangstür auf, ganz leise mauerte er sie zu. Als Mama hinauswollte, konnte sie die Tür nicht öffnen. Sie musste warten, bis jemand kam und sie befreite. Dafür wurde Mano fest ausgeschimpft von Onkel Babist. Aber er hatte sich gerächt.

Mama saß oft mit Tante Derndl und deren Mutter zusammen, sie redeten und lachten. Tante Peksla war dabei, sie konnte nicht sprechen, sie war taubstumm. Aber lebenslustig. Meistens rauchte sie und trank Kaffee, sie war sehr dünn und schien fast nichts zu essen. Wenn Mama Bohnenkaffee hatte, füllte sie die Bohnen in ein Säckchen, schlug mit einem dicken Stück Holz immer wieder darauf, drehte das Säckchen um, schlug wieder darauf, so lange, bis die Kaffeebohnen zu feinem Pulver zerkleinert waren. Dann kochte sie sich den Kaffee. Zu Ostern hatte sie welchen, da legte sie die Eier für die Kinder hinein, um sie braun zu färben.

Ein paar Kaffeebohnen hob Mama auf, damit sie mit Dada zusammen echten Kaffee trinken konnte. Oder mit Tante Derndl. Sonst trank sie Ersatzkaffee, der war rot, aus Zichorien gemacht. Innen in der Packung war rotes Papier. Hugo sah Mama oft dabei zu, wie sie das Papier anfeuchtete, damit ihre Lippen rot färbte und sich vor dem Spiegel schminkte. In Lenggries kannte niemand ihren Namen. Sie war bekannt als die schöne Frau, die am Bahnhof wohnte.

1941. Ein Familienfoto, das Dada mit an die Front nehmen konnte. V. l. n. r.: Frieda, Rosi, Rigo, Manfred, Mama mit Januschek, Hugo.

Die Sommerferien verbrachte die Enkelin von Herrn Maurus bei ihrem Großvater. Sie ging mit Tante Peksla und den Kindern mit Decken und Picknickkorb an die Isar zum Baden. Abends spazierte sie manchmal am Bahnhof auf und ab, weil sie die schöne Frau in ihrem langen blauen Samtmantel sehen wollte. Niemand sonst im Dorf hatte so einen eleganten schimmernden Mantel.

Besonders freute sich Hugo, als der Babo mit einem Enkel mit dem Kasperltheater nach Lenggries kam. Babo hatte in allen Dörfern ringsum die Tage verabredet, eine Rundreise über zwanzig Dörfer. Auch in Lenggries ging Hugos Cousin mit einer Klingel durch alle Straßen und zu allen Höfen und rief die Vorstellungen aus, am Tag für Kinder und am Abend für Erwachsene.

Einmal führte Babo sein Stück »Heinrich, Gaugraf von Thüringen, der Wilde genannt« auch in der Schule auf. Vorn auf dem Kasperltheater waren Ritter aufgemalt, die Bühne war so hoch, dass der Babo im Stehen spielen konnte. Der Cousin zog den kleinen Vor-

Polizeiliche Anmeldung in Lenggries 1940. Die Eltern und Kinder waren als »Zigeunermischlinge« registriert, die Akten über sie lagen in Berlin in der »Rassenhygienischen Forschungsstelle« des Reichsgesundheitsamtes und sind heute nicht mehr auffindbar.

In jedem Dorf hängte Babo sein Plakat aus und ließ seinen Enkel mit einer Klingel die Vorstellungen ausrufen.

hang auf und es ging los: Tri tra tralala … Allen Kindern gefiel das Theater und Hugo dachte: Das ist mein Großvater, der so etwas Gutes kann. Ein anderes Stück hieß »Der Hunnenkönig«. Eines für Erwachsene »Alte-Weiber-Mühle«. Wenn eine Prinzessin vorkam, hieß sie immer Genoveva. Hugo mochte besonders das Krokodil. Wenn der Polizist den Kasper verhaften wollte und das Krokodil den Polizisten biss.

Vormittags ging Babo manchmal über die Wiesen und Felder, suchte und fand Meerrettich und grub die Wurzeln aus. Lange konnten Babo und sein Enkel nicht bleiben, sie mussten weiter, sie waren ja in anderen Dörfern angekündigt.

Hugo, Manfred, Frieda und Mano spielten und kämpften mit anderen Kindern. Manchmal hatten sie etwas in der Hand, Grasbüschel oder Holzstücke. Wir werfen Bomben auf England. Und sie bewarfen die anderen. Mano war manchmal auch auf ihrer Seite und auf jeden Fall waren sie immer die Deutschen und die anderen die Engländer. Mano, Manfred und Hugo sangen lauthals:

I bin Soldat fallera
und hab nen Bart fallera
und hab nen Sabel und an G'wehr.
Was wird mei Mutterl sagn,
wenn i vom Feld hoam komma tua
und tua a Bart hoam tragn.

Ja, du bist doch net mei Jockele mei Bua.
Hei jo, i bin dei Bua,
i bin dei Jockele dei Bua
und hab nen Bart dazua
fallera.

Frieda wurde nach den Sommerferien in den BDM aufgenommen, den Bund Deutscher Mädel. Wenn sie zum Dienst ging, trug sie ihre Kluft: einen schwarzen Rock, eine weiße Bluse, eine braune Jacke mit geflochtener Kordel am Ärmel. Die Mädchen mussten jede Woche exerzieren. Sie marschierten durch das Dorf, Hugo stand oft mit seinen Geschwistern am Straßenrand und beobachtete seine Schwester, die mit den anderen in Fünferreihen im Gleichschritt Lieder singend vorbeikam. Sie durfte nicht nach links oder rechts schauen, nur geradeaus. Seine große Schwester gehörte jetzt dazu. Hugo wollte auch gern eine Uniform tragen. Und links zwei, drei, rechts zwei, drei. Und singen:

Wenn die Soldaten durch die Stadt marschieren,
öffnen die Mädchen die Fenster und die Türen,
hei warum hei darum
hei nur wegen tschinderassa bumerassasa
hei warum hei darum
hei nur wegen tschinderassa bumerassabum …

Niemand durfte Friedas Kostüm anfassen. Nach dem Dienst hängte sie es in den Schrank, sie passte sehr darauf auf. War ein Teil davon dreckig, wusch sie es sofort. Das wird kontrolliert, sagte sie. Es gab sogar Fingernägel-Appell. Da mussten alle ihre Hände ausstrecken, und die Führerin kontrollierte, ob die Fingernägel sauber waren.

Nur wenn Frieda zum Dienst musste, nahm sie die Kluft aus dem Schrank und zog sie an. Sie hatte einen dicken langen schwarzen Zopf. Hugo ging manchmal ein Stückchen mit ihr mit.

Mit dem Bund Deutscher Mädel und der Hitlerjugend wurde es für Frieda schwierig in der Klasse. Dass sie und ihre Geschwister Sinti waren, wusste jeder im Dorf. Sie waren für alle die Zigeuner. Aber nun hörten die Kinder von den HJ-Führern, Zigeuner seien arbeitsscheu und Arbeitsscheue seien Schmarotzer und der Niedergang des deutschen Volkes.

Die Jungen fingen an, Frieda zu hänseln und zu schlagen. Frieda ließ sich nichts gefallen, sie haute zurück, sie wehrte sich, so gut sie konnte. Aber nicht immer konnte sie gegen die Übermacht etwas ausrichten. Manche Kinder vergriffen sich auch an Manfred und Hugo. Die drei Geschwister flüchteten sich immer wieder zum Herrn Geheimrat, der die Schule leitete. Er war ein älterer Mann, viel älter als Dada. Er wohnte mit seiner Frau bei der Schule. Mit ihm arbeitete Marille dort, ein Mädchen mit langen schwarzen Zöpfen, sie half bei allem, was die Kinder betraf, bei der Verwaltung, bei der Schulspeisung, mit den Pausenaufsichten. Hugo, Manfred und Frieda klagten dem Herrn Geheimrat all ihr Leid. Er schritt gegen die schlagenden Jungen ein, die sich stark fühlten, seit sie zum Jungvolk gehörten. Er wies sie immer wieder zurecht und schrieb ihre Namen auf.

Auf dem Schulhof waren Hugo und seine Geschwister seitdem sicher. Aber sie durften nur zusammen die Schule verlassen. Trotzdem lauerten da oft schon die Jungen und prügelten sich mit Frieda. Und Frieda schlug retour. Hugo hatte immer Angst um sie.

An einem Nachmittag, als sie hinauskamen, sah Hugo seinen Dada in einiger Entfernung von der Schule stehen. Er wollte hinlaufen, aber Dada hielt den Finger an die Lippen. Und schon begann das Hänseln und Schubsen wieder. Zwei, drei Jungen griffen in Friedas Haare und zogen daran. Hugo traute sich sonst nicht an die großen Jungen heran, aber in dem Moment, als er seinen Dada gesehen hatte, fühlte er sich so stark, dass er sofort auf die Jungen losging, zusammen mit Manfred. Dada stürzte zu den Jungen und schrie: Was wollt ihr von Frieda? Rührt mein Mädchen nicht an!, und rannte ihnen nach.

Hugo stand am Schultor und lächelte, es war so schön zu sehen, wie die Jungen rannten, was für eine Angst sie vor seinem Dada hatten. Mein Dada ist stark und schnell. Er erwischte einen Jungen und drohte ihm Schreckliches an, wenn er noch einmal Frieda anrührte, wenn er sie nur einmal schief ansah. Dem Jungen war das Lachen vergangen, er wollte nur fort, und als ihn Dada losließ, rannte er wie ein Hase. Danach nahm Dada seine Kinder und sie gingen fröhlich zusammen nach Hause.

Dada war am Morgen gekommen und konnte zwei Tage bleiben. Mama hatte ihm gleich erzählt, wie oft Frieda in den vergangenen Wochen geschlagen worden war. Er musste danach nicht ins besetzte Frankreich zurück, sondern in die Kaserne nach Bad Tölz. Das war die nächste Stadt, gar nicht weit von Lenggries. Hugo freute sich, er wusste sofort, dass er von nun an seinen Dada öfter sehen könnte. Onkel Babist hatte auch manchmal einen Tag Ausgang und konnte dann bei seiner Familie sein.

Bei Herrn Maurus unterm Dach waren zwei Sinti aus München zu Besuch, die abends und nachts oben im Berghof Musik spielten. Viele Leute gingen dorthin tanzen, auch Mama und Dada blieben nachts lange weg. Die Kinder mussten zu Hause bleiben. Es waren die letzten durchtanzten Nächte, bald danach wurden das Tanzen und die Tanzmusik verboten, weil Krieg war und sehr viele Menschen starben.

An einem Morgen kam Mama zu Hugo, umarmte ihn fest und gab ihm ein kleines Päckchen Bahlsenkekse, sechs Stück waren darin.
Mama, gehört es mir?
Ja.
Warum, Mama?
Weil du heute Geburtstag hast.
Oh, danke schön.
Hugo war sieben.

Das Essen war immer knapp. Manchmal brachten Dorfbewohner Salat, Körbe mit Bohnen oder Obst, was sie in ihren Gärten gerade ernteten. Manchmal gaben sie Mama auch Speck, gekochtes Essen, Brot oder Kuchen.

Mamas Dada mit Söhnen, Töchtern und Familien kamen in Wohnwagen mit Pferden nach Lenggries. Sie stellten sich auf den freien Platz neben dem Bahnhof, gegenüber dem Pechhüttel. Die Erwachsenen sprachen oft sehr lange miteinander. Mamas Dada wollte mit seinen Leuten nach Italien. Kommt mit, hier wird es zu gefährlich. Mama wollte mit, aber Dada sagte: Nein, ich bin hier beim Militär, uns kann nichts passieren. Immer wieder sagte Mamas Dada: Seppl, komm. Geh mit. Drüben ist es sicherer.

Seppl, lass uns mit, sagte Mama.

Aber Dada wollte nicht. Wir sind Deutsche, uns kann hier nichts passieren. Die Kinder sind hier in der Schule, jeder kennt uns.

Mamas Dada und alle Verwandten ließen Wagen und Pferde auf einen Zug verladen. Es war ein tränenreicher Abschied, wer weiß wo und wann und ob sie sich wiedersehen würden. Dann stiegen sie in den Zug und fuhren weg. Mama war traurig.

Danach sprachen Mama und Dada oft sehr lange und leise vorn in der Stube, wenn die Kinder in den Betten lagen. Sie beschlossen, dass Mama in eine Organisation der Nazis eintreten sollte. Vielleicht würde sie das doch besser schützen. Sie beantragte die Mitgliedschaft in der NS-Frauenschaft und wurde aufgenommen. Danach musste sie manchmal zu Versammlungen gehen. Und sie trug ein kleines Abzeichen am Mantel.

Ihr wurde das Mutterkreuz in Silber verliehen, das arische Mütter für sechs Kinder bekamen. Sie trug es zu besonderen Gelegenheiten an einem Band um den Hals. Es war ein blausilbernes Kreuz mit einem Hakenkreuz in der Mitte, um das im Kreis stand: *Der deutschen Mutter.*

Im Winter nach Hugos achtem Geburtstag kam Dada ohne Uniform nach Hause. Er war aus der Wehrmacht entlassen worden, weil er ein Sinto war. Er sei es nicht wert, das deutsche Ehrenkleid zu tragen. Onkel Babist kam kurz darauf auch ohne Uniform zurück, auch entlassen.

Die Erwachsenen waren ratlos, wie es weitergehen sollte. Die Kinder freuten sich auf Weihnachten, über den ersten Schnee und dass ihre Dadas nicht mehr wegmussten.

Zu Weihnachten stellte Mama einen kleinen Christbaum in die Stube und machte aus Zucker Bonbons für die Kinder.

Wieder sprachen Mama und Dada abends miteinander, sie sprachen auch mit Onkel Babist, Tante Derndl und Herrn Maurus. Als es taute, packten sie alles zusammen, meldeten sich bei der Polizei ab und zogen zurück nach München in die Deisenhofener Straße. Hugo tat es Leid um Sophie, die Berge, die Wolken, die Isar und den Bach, die Schulschwestern, Marille und den Herrn Geheimrat. Und wieder um Sophie.

Onkel Babist und Tante Derndl gingen zwei Wochen später mit Mano und Lili ebenfalls nach München zurück. Hugo und Mano sehnten sich nach Lenggries. Das Gute an München aber war, dass alle Cousins und Cousinen wieder nah beieinander lebten und sich fast jeden Tag sehen konnten. Und dass sie nach zwei Jahren wieder in ihrem Haus leben konnten. Frau Söllner verkaufte noch Süßigkeiten in ihrer winzigen Bude und erkannte die Kinder alle wieder.

Sie mussten wieder in die Schule. Hugo kam in die dritte Klasse der Schule in der Icho-Straße. Wieder hatten Hugo, Manfred und Frieda kein Pausenbrot. Sie standen auf dem Schulhof herum, sahen die anderen essen und waren hungrig. Hugo befreundete sich in den ersten Schultagen mit einem Bauernjungen von einem Münchner Hof. Der Junge teilte die Schulbank und seine Vesper mit ihm. Auf dem Schulhof spielten sie, den Schulweg gingen sie ein Stück zusammen. Er hieß Hans und hatte einen runden Kopf und ganz runde, pralle Backen.

Das erste Mal mussten sie sich trennen, als der Lehrer sagte: Höllenreiner! Du hast hier nichts zu suchen. Setz dich dahinten hin. Fortan musste Hugo allein hinten an der Wand in der letzten Bank sitzen.

Schade, sagte Hans auf dem Schulhof, dass wir nicht mehr zusammensitzen dürfen. Blöd.

Jeden Tag brachte Hans für Hugo einen Apfel mit. Manchmal auch etwas anderes zum Essen.

Hugo machte sorgfältig seine Hausaufgaben, bevor er spielen ging. Aber der Lehrer schaute kein einziges Mal Hugos Aufgaben nach, rief ihn auch nie auf. Hugo wollte lernen, er wollte lesen, schreiben, rechnen, er passte im Unterricht genau auf. Sein Lieblingsfach war Erdkunde. Davon wusste er etwas. Und wenn der Lehrer eine Frage stellte, hob Hugo die Hand, weil er gern die Antwort geben wollte. Obwohl kein anderes Kind sich meldete, schaute der Lehrer weiter in die Runde. Die Kinder drehten sich nach Hugo um und warteten darauf, was er zu sagen hatte, aber der Lehrer ignorierte ihn. Hugo bekam im Unterricht nie die Erlaubnis zu sprechen. An der Tafel hing eine Weltkarte, Hugo zuckten die Füße – wie gern wäre er nach vorn gelaufen und hätte allen Kindern gezeigt, da rechts liegt Asien und hier ist Afrika. Er wusste es, niemand sonst in der Klasse, aber der Lehrer schaute Hugo nicht einmal an. Als wäre Hugo durchsichtig oder gar nicht da. Dann sagte er:

Da es niemand von euch weiß, werde ich euch jetzt einmal zeigen, wo die Kontinente liegen. Also passt gut auf.

Und er zeigte mit seinem Stock die verschiedenfarbigen Erdteile auf der großen Karte.

Welche Länder liegen denn am weitesten von Deutschland entfernt? Was glaubt ihr? Wer weiß es?

Hugo wusste es. Wieder hob er die Hand, wollte seinen Klassenkameraden Neuseeland und Chile zeigen. Er konnte noch nicht gut lesen, aber er kannte die Länder auf der Karte.

Niemand?, fragte der Lehrer.

Wieder wandten sich die Kinder nach Hugo um.

Hugo weiß es, rief Hans.

Also niemand.

Der Lehrer zeigte selbst die Länder. Neuseeland und Chile. Hugo machte seine Aufgaben nicht mehr.

»Ich war nicht der Schlechteste, ich war nicht der Beste. Aber vom Lehrer aus muss ich der Schlechteste gewesen sein. Die Lehrer haben nichts mit uns getan. Ich wollte gern – wenn ich was gehört habe von Sternkunde oder Erdkunde – da wollte ich richtig loslernen. Ich wollte einmal zur Tafel vor und wollte sagen, da ist Amerika. Aber nein. Nie. Niemals.«

Die Kinder, die der Lehrer gut behandelte, mit denen er sprach und die er manchmal lobte, taten es dem Lehrer nach. Ebenso die Kinder, die dem Lehrer schmeicheln und gefallen wollten. Sie sprachen nicht mehr mit Hugo, sie mieden ihn. Aber Hans blieb sein Freund. Und mit ein paar anderen Kindern konnte er noch spielen.

»Meine schönste Erinnerung wäre die Kommunion gewesen. Ich habe mich so verfressen darauf, wirklich wahr.«

Hugo hatte einmal auf der Straße gesehen, wie die Kinder in einer Prozession gelaufen waren, die Mädchen in weißen Kleidern, die Jungen in schwarzen Anzügen mit dem Schriftzug »Marine« auf der Mütze, in der Hand eine dicke weiße Kerze mit einem Kreuz. Sie waren in die Kirche gezogen, Hugo ihnen nach, hatten sich in der feierlichen Messe vor den Altar gekniet, der Pfarrer hatte mit jedem Kind gesprochen und ihnen eine Hostie in den Mund gegeben, der Messdiener ihnen einen großen verzierten Kelch gereicht, aus dem sie einen Schluck getrunken hatten. Hugo wollte unbedingt auch zur Kommunion. In der Schule besuchte er den Religionsunterricht beim Pfarrer, der war nicht böse zu ihm. Mama sagte, sie hätte nichts gegen die Kommunion, aber sie könne ihm keinen Anzug kaufen, das Geld reiche nicht dafür.

Hugo fragte den Pfarrer: Herr Pfarrer, ich möchte so gern die Kommunion machen. Aber ich habe nichts zum Anziehen dafür.

Hugo, weißt du was? Du machst die Kommunion und du kriegst von mir was zum Anziehen.

Dada, Onkel Babist, Onkel Friedla, Onkel Konrad, sie alle waren aus der Wehrmacht entlassen worden und wurden nun zwangsverpflichtet, für die Stadt zu arbeiten. Sie mussten den Giesinger Berg pflastern. Der Lohn wurde ihnen nur zur Hälfte gezahlt und reichte kaum zum Leben. Dada und die Onkel versuchten, wieder in den Pferdehandel einzusteigen. Die Frauen verkauften Spitzen, Klöppeldecken und Knöpfe wie in Lenggries. Und Babo spielte seine Kasperlstücke für Kinder und Erwachsene.

Manfred wurde in die Hitlerjugend aufgenommen und ging nun auch zweimal in der Woche in brauner Kluft zum Exerzieren und Marschieren mit Liedersingen.

Im Frühjahr konnte Hans keinen zweiten Apfel mehr mitbringen und er teilte seinen mit Hugo. Oder er biss nur einmal ab und sagte: Da, Hugo, nimm du ihn.

Auf dem Schulhof standen Frieda, Manfred und Hugo immer öfter ganz allein. Viele Kinder beschimpften sie im Vorbeigehen oder schubsten sie aus dem Weg. Die drei Geschwister ließen sich nie etwas gefallen, sie schimpften und schubsten wieder und so kam es immer häufiger zu Schlägereien.

An der Schulhofmauer außen wurden die Reliefbilder abgenommen, eine Baustelle begann. Aus Stein wurde Stück für Stück etwas Hohes aufgebaut, eine Figur. Man konnte sie nicht erkennen, weil sie verdeckt wurde. Als sie dann in Anwesenheit vieler hoher Nazis in Uniformen und Hitlerjungen enthüllt wurde, war es ein riesiger nackter Mann.

»Ich habe mich richtig geschämt, den anzuschauen, der war ganz nackt da. Wir haben unsere Eltern ja nie nackt gesehen. Wie wir dann vom KZ rauskamen, haben sie ihn abgebaut. Wir waren erstaunt – warum haben sie den nackten Mann erst dahin gebaut? Also hat doch der Hitler damit zu tun gehabt?«

Wochenlang mussten anschließend die Kinder auf dem Schulhof immer wieder proben, in Reih und Glied stramm zu stehen, die Jüngeren, die noch keine Uniformen besaßen, hinten an der Mauer. Stramm stehen und den rechten Arm heben. Aber nicht kreuz und quer wie Äste an einem Baumstamm, sondern alle im gleichen schrägen Winkel. Immer wieder korrigierten die Lehrer die Haltung. Dann mussten die Kinder dreimal Heil schreien, laut und deutlich und wie mit einer Stimme, nicht durcheinander, als gebe es zig Echos. Vorn stand ein Lehrer und brüllte SIEG und ein anderer Lehrer dirigierte und gab den Kindern den Einsatz: HEIL. Die deutschen Kinder stehen mit einer Stimme hinter dem Führer, ist das klar?

Dann standen sie vor ihm. Wie geprobt aufgereiht, alle in Uniformen, die Kleinen ohne Kluft verdeckt hinten. Alle rechten Arme im selben Winkel hoch. Hitler kam inmitten einer Horde von Männern in fast bodenlangen grauen Mänteln, mit schwarzen Mützen auf den Köpfen. Es war ein Heer von Menschen. Hitler stellte sich auf das Podest, das für ihn vor dem Schulhaus aufgebaut worden war, und redete.

Hugo dachte, gleich fällt mein Arm runter. Abstützen durften sie ihn nicht. Wenn sie es heimlich taten oder wenn der Arm ein wenig niedersank, zischte der Lehrer und schaute bös. Hugo wurde der Arm immer schwerer, immer wieder sah er die Jungen schnell den linken Arm zur Stütze nehmen und tat es ihnen nach.

Eine Ewigkeit mussten sie die Rede anhören und die Arme hochhalten. Sie konnten nicht mehr. Aber die Lehrer schauten, ob sie alles genau richtig machten. Irgendwann klatschten alle, dann kamen die Sieg-Rufe und alle Kinder schrien auf Kommando Heil, Heil, Heil.

Und sie waren erlöst. Nachher klagten alle Kinder über ihre lahmen Arme.

Dada rief seine Kinder zu sich: Passt mal auf. Ab jetzt dürft ihr euch mit keinem mehr rumschlagen. Nicht mehr rumhauen. Lasst euch alles gefallen, nichts tun. Ihr müsst euch alles bieten lassen.

Manfred war entsetzt. Warum denn? Wenn die anderen uns schlagen?

Dann dürft ihr nicht zurückschlagen.

Wir sollen uns alles gefallen lassen?

Ja. Versucht es durchzustehen, ihr dürft euch nicht mehr wehren. Es soll keinen Ärger mehr geben. Ich will nichts hören.

Wie immer gehorchten sie Dada. Obwohl Hugo es nicht verstand. Sein starker Dada, der sich nie eine Ungerechtigkeit gefallen ließ, der nie zurückwich, wenn er jemand gegen sich hatte. Und Hugo bekam Angst vor der Schule.

Hans hielt Hugo einen Apfel hin, Hugo griff danach, Hans zog schnell seine Hand zurück und lachte.

Willst du mal beißen?, fragte er, und als Hugo nickte, biss er selbst in seinen Apfel, kaute, schluckte und aß vor Hugos Augen den ganzen Apfel auf. Dann warf er den Butzen in den Dreck und ging weg. Hugo lief hin und her, sein Magen knurrte. Er wartete, bis er glaubte, niemand würde ihn beobachten, dann griff er pfeilschnell nach dem Apfelbutzen und steckte ihn in den Mund. Er hatte ihn nicht einmal sauber gemacht, aus Angst, die anderen könnten sehen, dass er Weggeworfenes aß. Aber Hugo hatte immer Hunger.

Hans gab Hugo nie wieder etwas ab, aber Hugo war so hungrig, dass er jeden Tag auf den weggeworfenen Apfelbutzen lauerte. Das hatte Hans bald bemerkt. Als er wieder einen Butzen auf die Erde warf, beobachtete er Hugo unentwegt. Er drehte sich nicht um, er wollte einfach nicht wegschauen.

Hähä, schaut mal den da, rief er anderen Kindern zu. Wartet mal, was der gleich macht.

Und so schauten auch die anderen Kinder. Gleich würde die Pause zu Ende sein. Hugo wollte es, aber er konnte nicht verzichten und er konnte nicht mehr warten. Er bückte sich, griff nach dem Apfelbutzen, aber Hans war schneller, trat mit dem Fuß darauf und zerquetschte ihn, drehte seinen Schuh und drückte den Butzen so tief in den Dreck, dass nur noch der Stängel herausschaute. Dabei lachte er laut, die anderen Kinder lachten hämisch mit ihm, dann gingen sie alle weg.

Von da an stürzten sie sich in jeder Pause auf Hugo und seine Geschwister. Hans war einer der Schlimmsten, als müsste er den anderen immer aufs Neue beweisen, wie sehr er Hugo verachtete und dass er mit dem nicht mehr befreundet war.

Hugo wollte nicht mehr in die Schule gehen, er hatte große Angst, besonders vor den Pausen. Aber Dada schickte sie alle hin, niemand durfte zu Hause bleiben. Und sie mussten raus auf den Hof und wurden jedes Mal beschimpft, geschlagen, getreten und angespuckt. Die Lehrer griffen niemals ein, sie verteidigten Hugo, Manfred und Frieda nicht, es schien sogar, dass sie guthießen, was die Kinder taten. Denn auch die anderen Kinder schauten manchmal prüfend auf die Lehrer, und wenn keiner der Erwachsenen sich rührte, machten sie weiter.

Wenn Hugo sich schon nicht wehren durfte, so wollte er wenigstens seine Geschwister beschützen. Auf dem Icho-Schulhof gab es ein kleines Eck, dahinein schob er Manfred und Frieda und stellte sich vor sie, die Arme ausgebreitet von einer roten Ziegelwand zur anderen. Er stand breitbeinig, die Hände fest an die Mauern gepresst. Schon rannten die anderen Kinder wie eine gefährliche Meute herüber, Hans war dabei, schubsten, traten, schlugen und bespuckten ihn, wollten ihn zur Seite drängen und die Geschwister schlagen. Es war, als reizte Hugos Widerstand sie umso mehr. Sie wollten an ihm vorbeischlagen und -treten. Aber niemand, niemand konnte an Hugo vorbei, niemand konnte seine großen Geschwister auch nur berühren. Hugos

Körper war übersät mit blauen Flecken. Und nie war ein Lehrer in Sicht. Und wenn, dann schaute er weg.

»Man hat zuletzt gemerkt in der Schule, wo wir uns nicht mehr gewehrt haben, wo wir ruhig waren, wie böse auch die Kinder sein können, bitter-, bitterböse. Ich war der Jüngste von uns, aber ich habe meinen Geschwistern geholfen. Da bin ich heute noch stolz darauf. Kinder können so grausam sein. Wie mit meinem Freund – wenn die Kinder sich gegen dich zusammentun, bist du verloren. Den Butzen wegschmeißen vor den anderen, um zu zeigen, was er alles kann. Ich habe ihm gar nichts getan. Das war ja mein Freund.

Dada hat gesagt, nicht mehr rumhauen, nichts mehr. Als die Kinder gemerkt haben, dass wir gar nichts mehr machen, ist die ganze Schule zu einem Knäuel zusammengewachsen. Und du bist hergeschenkt. Ich erzähl das hunderttausendmal und frage mich immer wieder: Wir waren doch gute Freunde, wieso war der so schlecht zu mir?«

Hugo spielte nachmittags nur noch mit seinen Geschwistern und Cousins. Bis auf den Ball hatten sie keine Spielsachen und der Pferdestall war leer. Hugo schnitzte sich ein Holzstück zurecht und befestigte einen Lederriemen daran. Das hängte er sich wie ein Gewehr über die Schulter und spielte Soldat. Er trug eine kurze Hose und rannte damit auf die Straße. Als weit oben am Himmel ein Flugzeug vorbeiflog, nahm er sein Holzgewehr und tat so, als würde er darauf schießen, bumm, bumm, bumm. Ein Mann ging gerade die Straße entlang. Er gab Hugo eine schallende Ohrfeige. Durch die Wucht fiel Hugo um.

»Warum? Ich habe bloß gespielt. Weil ich mit dem Holzgewehr auf den Flieger geschossen habe? Aber war nichts dran, war nur ein Stückel Holz. Ich war bewusstlos dagelegen, ich weiß es noch, wie ich aufgewacht bin. Der ist weitergelaufen, der Mann.«

Dada erzählte, in der Zigeunerzentrale hätten die Leute einen Gipsabdruck von seinem Gesicht gemacht. Und wie es gezogen und geziept habe, als der getrocknete Gips abgenommen wurde. Dada wusste nicht, wozu die den Abdruck brauchten.

Wenig später sagte Dada abends zu den Kindern, morgen nach der Schule trefft ihr euch mit Mama. Wir verreisen, sagt es niemandem. Wohin?, fragte Hugo. Aber Dada antwortete nicht darauf. Direkt nach Schulschluss fuhren sie alle zusammen mit einem Fuhrwerk zum Bahnhof, dann ging es mit zwei Koffern in einen Zug, die Eltern sagten auch jetzt nicht, wohin. Hugo stellte keine Frage, ihm gefiel das Zugfahren, die dampfende, zischende Lokomotive. Er schaute auf die winterliche Landschaft, auf Dörfer und Felder mit dunkler, gepflügter Erde.

Onkel Konrad und Tante Notschga mit ihren Kindern und Onkel Babist und Tante Derndl mit ihren Kindern waren schon gestern mit den Pferdewagen, die sie wiederhatten, fort gefahren. Mano musste vorn bei Onkel Babist sitzen, weil er blond war, und Tante Derndl saß mit Lili hinten drin.

Bestimmt fünf Stunden dauerte die Zugfahrt. An der Grenze hieß es, alles aussteigen, der Zug stand auf einem Schweizer Bahnhof. Wir möchten in die Schweiz einreisen, in Deutschland sind wir nicht sicher, sagte Dada. Die Schweizer Polizisten versammelten sie alle in einer großen Halle, kontrollierten alle Ausweise und Dokumente, verteilten Decken und bewachten sie. Es waren viele Menschen in der Halle, vielleicht zweihundert, auch Juden. Onkel Konrad und Onkel Babist mit Familien waren auch schon da. Die Polizisten ließen sie in dem Saal auf dem Boden übernachten und brachten sie am nächsten Morgen in den Zug nach München, begleiteten die Wagen wieder auf die Landstraße, zurück nach Deutschland.

Dada und Mama, Dadas Brüder und die Tanten waren besorgt und niedergeschlagen. Sie sprachen viel mit Babo, wenn er gerade in München war. Als Einziger der Familie hatte er noch einen Wandergewerbeschein.

Hugo und seine Geschwister gingen wieder in die Schule.

»Dada hat uns erst nach dem KZ, wie alles rum war, gesagt, dass sich nach dem Gipsabdruck die Brüder unterhalten haben. So geht es nicht weiter, die haben was mit uns vor. Wir schauen, dass wir von hier wegkommen.«

Der Pfarrer besorgte für Hugo einen Anzug mit einer kurzen Hose, Leibchen, einer Mütze mit der Aufschrift »Marine« und eine weiße Kerze. Hugo war glücklich, er konnte den Tag kaum erwarten, da er mit den anderen Kindern in die Kirche einziehen würde, nach vorne zum Pfarrer und dort niederknien, der Pfarrer würde mit ihm sprechen, ihn segnen und ihm eine Hostie in den Mund geben. Zu Hause hängte er den Anzug und das weiße Hemd an den Schrank, so dass er die Sachen immer sehen konnte, beim Einschlafen und beim Aufwachen. Die Kerze lag an seinem Bett bereit.

Kurz vor der Kommunion schlug es nachts an die Tür. Um fünf Uhr, am 8. März 1943, Rosenmontag. Dada öffnete. Das Haus war von Polizisten umstellt.

Was wollt ihr von uns?, fragte er und versuchte vergeblich, sich ihnen in den Weg zu stellen. Sechs Männer traten sofort ein und sie waren bewaffnet.

Kriminalpolizei. Stehen Sie auf, machen Sie sich fertig! Nehmen Sie nur das Notwendigste mit! Sie werden verlegt!, sagte einer.

Hugo, seine Geschwister, die Mama, alle standen in der Diele, hellwach die Größeren, noch halb im Schlaf die Kleinen.

Wohin?, fragte Dada.

Ihr werdet nach Polen umgesiedelt. Ihr fahrt mit dem Zug dorthin.

Oh fein, mit dem Zug fahren … das wäre eine gute Sache. Hugo freute sich und zog sich an. Er wollte gern einmal wieder mit dem Zug fahren. In einem Waggon mit roten Sitzen aus dem Fenster schauen und von einer zischenden dampfenden Lokomotive gezogen werden.

Dada rührte sich nicht. Wir haben euch nichts getan. Ich bin Deutscher, was wollt ihr von mir?

Fertig machen. Los! Schnell! Der Polizist blähte sich auf, er sah aus, als wollte er Dada stoßen, aber hielt inne und tat es nicht.

Aber meine Kinder müssen in die Schule, sagte Mama.

Ja, das können sie wahrscheinlich in Polen machen.

Hugo lief in sein Zimmer und holte seinen Schulranzen. Als die Polizisten ihn sahen, sagte einer: Nichts mitnehmen, gar nichts, nur einmal Kleidung, das reicht. Alles andere kriegt ihr dort.

Die Polizisten wurden ungeduldig, sie riefen: Beeilt euch! Macht schneller!

Sie trieben alle nach draußen. Auf der Treppe lag Hugos Schulranzen, als Dada die Tür abschloss und den Schlüssel einsteckte. Der Kommunionsanzug blieb am Schrank zurück.

Sie mussten auf die Ladefläche eines Lastwagens steigen, die war hoch. Weil es nicht schnell genug ging, packten die Männer auch nach den Kindern, aber Dada ließ sie nicht. Er hob ein Kind nach dem anderen hinauf, half Mama und stieg selbst hoch. Die Plane wurde heruntergelassen und festgemacht, sie saßen im Dunkeln. Aber nicht allein. Onkel Konrad und Tante Notschga mit ihren fünf Kindern waren auch da, Onkel Babist mit Tante Derndl und den zwei Kindern Mano und Lili. Tante Kerscha, Dadas älteste Schwester, und Tante Lona mit Mann und fünf Kindern, Onkel Thomas mit Frau und drei Kindern, Onkel Friedla, Tante Derndls Eltern und ihr Bruder mit Familie. Der Lastwagen fuhr los und hielt wenig später wieder, die Plane wurde aufgeklappt und die Oma von zwei Männern hineingeschmissen, weil sie nicht schnell genug hinaufgekommen war. Sie blieb liegen und jammerte, ihr Bein war gebrochen und alle waren entsetzt. Hugo wurde misstrauisch – und er hatte Angst. Plane runter, der Lastwagen fuhr, und niemand von den Erwachsenen wusste, wohin. Man konnte nicht hinausschauen, aber die vielen Kurven mussten bedeuten, dass es quer durch die morgendliche Stadt ging. Die meisten Leute schlafen noch und merken nicht, was mit uns geschieht, dachte Hugo. Er hätte es besser gefunden, wenn Leute gesehen hätten, wie sie aufgela-

Wappen der Familie Höllenreiner.

Das Wappen erhielt die Familie 1438 unter Kaiser Albrecht II.: »Die Höllenreiner, aus Regensburg stammend, sind eines alten Geschlechts und führen im silbernen Feld einen Auerochsen an, der das Alter der Familie bedeutet. Einen offenen Helm mit einer Krone sowie abermals ein Auerochs, der die Stärke des Stammes anzeigt.«

den wurden. Als der Lastwagen hielt, der Motor abgestellt wurde und die Männer die Plane öffneten, waren sie noch in München, in der Ettstraße auf dem Hof. Raus, hieß es, da lang. Die Erwachsenen erkannten das Polizeipräsidium. Als Hugo am Haus hinaufschaute, sah er die dichten Eisengitter vor den Fenstern. Durch ein Spalier von Polizisten: Schnell! Weiter, weiter!, eine kurze Treppe hinauf, durch eine Gittertür, über Gänge. Sie wurden in eine Sammelzelle gesperrt. Die Erwachsenen klagten und berieten, was die Polizisten mit ihnen tun würden, was mit ihnen geschehen würde. Mama fragte einen Beamten.

Ihr werdet irgendwo zur Arbeit eingesetzt, hieß es.

Dada, warum sind wir hier gefangen?, fragte Hugo. Was haben wir denn getan?

Nichts, mein Sohn. Wir sind hier, weil wir Sinti sind.

Hugo verstand das nicht. Sie hatten nichts verbrochen, er und seine Geschwister, seine Cousinen und Cousins waren noch Kinder und saßen nun im Gefängnis, dreißig Leute in einer Zelle.

»Der Dada hatte nie gedacht, dass er wegkommt, er hat die deutsche Staatsbürgerschaft, hat den Krieg mitgemacht, sein ältester Bruder hat den Vierzehn-achtzehn-Krieg mitgemacht, der Großvater ist wieder in einem Krieg dabei gewesen. Wir sind seit sechshundert Jahren in Deutschland, wir haben sogar ein Familienwappen mit Urkunde.«

Die Erwachsenen überlegten dauernd, wie sie wieder freikommen könnten. Und was die Polizei, die Nazis, mit ihnen vorhatten. Die verfluchten Hunde, sagten manche. Die machen uns noch alle tot.

Tante Kerbe war vielleicht noch draußen. Jedenfalls war sie nicht in der Zelle. Auch Onkel Peter und Onkel Eduard nicht. Und auch nicht der Babo. Vor wenigen Tagen hatte Babo seinen Wohnwagen und sein Kasperltheater auf dem Giesinger Bahnhof verladen und nach Holzkirchen zum Volksfest transportieren lassen. Dorthin war er jetzt unterwegs.

Dada und seine Geschwister wussten nicht, was mit ihnen im Gefängnis geschehen würde. Und dass Tante Kerbe sie suchte, Onkel Eduard und Onkel Peter benachrichtigte und ein Telegramm nach Holzkirchen schickte:

Als sechs ihrer Geschwister mit Familien und Verwandten verhaftet werden, schickt die jüngste Tochter einen Hilferuf an den Vater.

Deutsche Reichspost – Telegramm aus München 26 – 9. März 1943 –
11.40 Uhr
Schaustelle Höllenreiner Wagen
Lieber Vater! Komme heute noch heim dringend. Kerbe u. Geschwister!

Um 15.30 Uhr wurde es in der Holzkirchener Post aufgenommen. Nichts wussten sie in der Zelle von draußen und ob jemand versuchte, sie zu besuchen. Draußen tönten die Sirenen, Bombenangriff auf München, Krach, Explosionen, die Polizei nahm niemanden mit in einen Keller oder Bunker. Die Sinti waren schon fünf Tage im Polizeipräsidium eingesperrt, als am 13. März 1943 Polizisten mitten in der Nacht riefen: Fertig machen! Jetzt geht es zum Bahnhof!

Jede Familie bekam Proviant, mit Wurst belegte Brote. Hugo freute sich. Endlich raus aus dem Gefängnis, der Enge, jetzt fahren wir zum Bahnhof und dann mit dem Zug nach Polen. Wieder mussten alle in der Dunkelheit auf die Lastwagen hinauf, die Fahrt dauerte nicht lange. Die Lastwagen fuhren rückwärts, und als die Planen geöffnet wurden, sah Hugo, dass sie direkt vor den Waggons standen. Aber was für ein Bahnhof war das? Es gab keine Reisenden, keine Bahnhofshalle, keine Züge, keine Bahnsteige, nur vier Waggons standen auf einem Gleis, ohne Fenster, ohne Sitze.

Das ist doch kein richtiger Zug, sagte Hugo. Es standen viele Menschen herum und wurden von uniformierten Männern bewacht. Alle, auch Hugo, seine Eltern und Geschwister, mussten in einen Waggon klettern. Schnell, schnell!, riefen die Polizisten. Und die Wachsoldaten. Sie waren bewaffnet und drückten die Leute mit Gewalt in die Waggons hinein. Die Türen wurden zugeschoben und von außen verriegelt, nun standen die Menschen im Dunkeln. Ein junger Mann in Uniform und mit einem Gewehr in den Händen dabei. Er postierte sich an der Tür und sprach kein Wort.

Hugo stand zwischen seinen Geschwistern, die Menschen im Waggon waren eng aneinander gepresst. Der Zug ruckte und fuhr los. Niemand wusste, wohin. Ging es wirklich nach Polen? Zuerst fand Hugo

[Abschrift:An. 16.3.43]

A b s c h r i f t

Liste über die bei der Aktion am 8.3.1943 in München

festgenommenen zigeunerischen Personen.

6o.	Höllenreiner Johann Baptist,		geb.27. 5. 1909 in Schönau, .
61.	Höllenreiner Margarete geb. Fischer,		geb.23. 2. 1912 in Pohlitz,
62.	Höllenreiner	Hermann Josef,	geb.19. 1. 1933 in Hagen/Westf.,
63.	Höllenreiner	Josefine,	geb.16. 7. 1936 in Düsseldorf,
64.	Höllenreiner	Josef,	geb.15. 3. 1904 in Retzbach,
65.	Höllenreiner Sofie geb. Adam,		geb.23. 4. 1911 in Walsrode,
66.	Höllenreiner	Emma,	geb.13. 7. 1929 in Wolsdorf,
67.	Höllenreiner	Manfred,	geb.17. 5. 1932 in München,
68.	Höllenreiner	Adolf,	geb.15. 9. 1933 in München,
69.	Höllenreiner	Rosemaria,	geb.26.12. 1935 in München,
70.	Höllenreiner	Rigo,	geb. 7. 5. 1935 in Rosenheim,
71.	Höllenreiner	Peter,	geb.17. 3. 1939 in München,
72.	Höllenreiner	Konrad,	geb.28. 3. 1901 in Kitzingen,
73.	Höllenreiner Alma geb.Hanstein,		geb.21. 3. 1902 in Scheeßel,
74.	Höllenreiner	Ludwig,	geb.13. 8. 1929 in Pößneck,
75.	Höllenreiner	Maria,	g eb.29.8. 1931 in Oberweid,
76.	Höllenreiner	Anna,	geb.29.12.1932 in München,
77.	Höllenreiner	Werna.	geb.31.12. 1934 in München,
78.	Höllenreiner	Johann Baptist,	geb.25.12. 1938 in München,
79.	Höllenreiner	Friedrich,	geb.17. 9. 1905 in Memmelsd

Staatliche Kriminalpolizei
Kriminalpolizeileitstelle München

IC - Zigeunerfragen.(W)   München,den 5.4.1943

          Die Übereinstimmung mit der hier aufliegenden Erstschrift
wird hiermit beglaubigt.

                    g ez. W u t z

                    Kriminal-Obersekr.

136 Münchner Sinti wurden am selben Morgen festgenommen und im Polizeipräsidium in Sammelzellen gesperrt. Hugo wurde mit dem Vornamen Adolf
registriert. An anderer Stelle auf der Liste finden sich auch die Familien Petermann
(Tante Kerscha und Mann), Sattler (Tante Lona mit Mann und fünf Kindern)
und Thomas Höllenreiner.

das Stehen nicht so schlimm, aber nach einer Weile taten ihm die Füße weh, dann die Beine, dann tat alles weh, auch der Kopf. Ach, Mama, was machen die mit uns?, sagte jemand. Es war ein leises Stöhnen und Seufzen im Waggon.

Ein Geheul erhob sich draußen. Sirenen, Fliegeralarm. Hugo kam es vor, als seien sie schon Ewigkeiten gefahren. Der Zug wurde langsamer. Nürnberg, sagte Dada. Durch die Lüftungsritzen konnte er hinausschauen, wenn er sich an einer Eisenstange hochzog. Der Zug hielt, die Tür wurde entriegelt, geöffnet, der Wachsoldat sprang hinaus, die Tür wurde wieder zugeschoben, der Riegel wieder quietschend in die Halterung gebracht. Im Waggon hörten sie das Rauschen der näher kommenden Flugzeuge, das Sirren der auf Nürnberg fallenden Bomben. Maria Mutter Gottes, sagten welche, wenn sie nur nicht den Zug bombardieren. Ewig dauerte es bis zur Entwarnung, Stunden. Dann wurde rangiert, die hängen Waggons an, vermutete jemand. Noch mehr arme Menschen. Die Luft zum Atmen wurde knapp. Der Zug fuhr wieder, dudong, dudong, dudong. Ewig dieses Geräusch und das Weinen von Kindern, die Durst und Hunger hatten, von Frauen, von Männern, das Wimmern der Menschen. Im Waggon wurde es immer heißer, so heiß wie in einer Sauna, obwohl draußen die Seen zugefroren waren und Schnee lag. Mama hielt den dreijährigen Januschek auf dem Arm, die ganze Zeit über, sie ließ ihn nie los. Wenn sie nicht mehr konnte, nahm der Dada ihn. Denn die Luft zum Atmen war knapp, und unten, zwischen den Beinen der Erwachsenen, wäre er verloren. Es stank fürchterlich im Waggon, denn der Zug fuhr unaufhörlich und alle mussten mal. Hugo schämte sich, genauso wie die Erwachsenen. Wenn eine Frau sich hinhockte, weil sie es nicht mehr aushielt, stellten sich die anderen Frauen in einer Ecke vor sie, die Männer taten das Gleiche unter sich in einer anderen Ecke. Die Erwachsenen weinten, weil sie sich so schämten. Viele schämten sich so sehr, dass sie stehen blieben und die Hosen nicht runterzogen. Draußen wurde es dunkel, und nicht nur in den Ecken, überall zwischen den Füßen war der Unrat. Der Zug rollte dudong, dudong, dudong durch die Nacht.

Dada zog sich ab und zu an der Eisenstange zur Decke hoch, um an der Ritze oben nach Luft zu schnappen und hinauszuschauen. Manchmal hob er die Kinder und die Mama hoch, damit auch sie einmal tief einatmen konnten. Andere Leute drängten ihn und Mama weg, sie wollten auch Luft holen, aber Dada eroberte den Platz unter den Ritzen immer wieder zurück. Hugo schwitzte, es war so heiß. Er schaute zu seinem Dada hoch und sah die Perlen auf seinem Gesicht.

Wenn er an der Ritze nach Luft schnappte, fiel ein schmaler Lichtstreifen auf sein Gesicht. Im Waggon war es immer dunkel. Aber draußen brach der zweite Tag an. Die Kinder schliefen, nickten ein, an die Mama gelehnt, manchmal sackten sie einfach zusammen. Mama oder Dada zogen sie wieder hoch.

Es gab nichts zu trinken, Mama beruhigte die Kinder, bald sind wir da, dann bekommt ihr was. Sie hatte noch Brot, das ihnen die Polizisten gegeben hatten, in der Hitze war jedoch die Wurst verdorben, die musste sie wegwerfen. Alle paar Stunden gab sie jedem Kind ein Stückchen Brot in den Mund. Und ein Stückchen vom Speck, den sie von zu Hause mitgenommen hatte. Zwei Mädchen sangen leise für sich ein Lied, immer wieder von vorn, immer das gleiche Lied. Und niemand schimpfte, niemand verlangte von ihnen, still zu sein. Es war angenehm, das Lied beruhigte: Schwarze Natascha, du gehörst zu mir. Na-Na-Natascha, du gehörst zu mir.

»Dada hat später gesagt, wir waren sechzig Personen im Viehwaggon, davon zweiundzwanzig Kinder, wo höchstens fünfundzwanzig Personen Platz gehabt haben. Man ist da drei oder vier Tage und Nächte drin, kein Stroh, nichts zum Liegen, die Leute haben gestanden, keine sanitäre Anlage. Man muss sich vorstellen, was für ein Chaos in diesem engen Raum war, es war zu eng zum Liegen.«

Stunde um Stunde dudong, dudong, dudong dudong. Draußen wurde es wieder dunkel. Viele jammerten und weinten leise, der Unrat, der Gestank, die Hitze, nichts zu trinken, müde, schmutzig, die Beine, alles schwach. Schwarze Natascha, du gehörst zu mir. Vielleicht vierzig Stunden standen sie schon. Und kein Ende des Dudong-dudong.

Hugos Oma kippte um und blieb im Schmutz liegen. Andere fielen auf sie, erhoben sich wieder, stiegen über sie, traten sie aus Versehen. Sie rappelte sich mühsam und schwankend auf, aber wenig später sackte sie wieder zusammen.

»Die Mama hat uns festgehalten, gibst gar nicht Obacht, wie das alles passiert. Man wird abgebrüht mit der Zeit. Nur du und deine Geschwister, die willst du lebend haben.«

Am nächsten Tag war Dadas Geburtstag.

Mitten auf der Strecke bremste der Zug, hielt schließlich, die Türen wurden aufgerissen. Aufgereiht, an der ganzen Länge des Zuges standen SS-Männer mit Gewehren im Anschlag, mehrere vor jedem Waggon.

ALLES RAUS!

Die Menschen drängten hinaus an die Luft, sprangen mit steifen Gliedern hinab, die Größeren hoben die Kleineren herunter. Erst wollte Hugo auch springen, aber es war zu hoch. Höher, als er groß war. In dem Augenblick knallten Schüsse, drei hintereinander. Alle schrien auf, vor Schreck, vor Angst, vor Entsetzen. Neben dem nächsten Waggon fiel ein junger Mann blutend zu Boden und stand nicht mehr auf.

»Der Mann konnte wahrscheinlich nicht mehr, der wollte raus, die Türen sind aufgemacht worden und er ist gleich raus. Er hätte warten müssen, bis der SS-Mann gesagt hat, jetzt raustreten! Und dann baff, baff, baff ist er erschossen worden. Wahrscheinlich haben sie es auch gern gemacht, dass nicht andere gleich abhauen, weißt du, es ist alles schlau gewesen von denen. Dass sie sagen, oh, jetzt müssen wir warten, sonst werden wir auch erschossen. Der ist als Erster rausgesprungen, ein junger Mann mit siebzehn oder achtzehn Jahren. Dann hast du die Frauen gehört, wie sie geschrien haben, und dann ist alles wieder

verstummt, ganz ruhig. Und dann das Schreien, das Schreien von den Menschen, den SS, die haben eine Stimme gehabt, die ist einem durch Mark und Bein gegangen. Raus, raus, raus. Damit haben sie die Leute gefügig gemacht, mit dem Schreien.«

Draußen herrschte eisiger Frost, aber die Kälte empfanden sie als Erleichterung nach der Hitze im Waggon, wo sie fast ohnmächtig waren. Sie atmeten tief die frische kalte Luft ein. Die SS-Männer waren dick angezogen mit Handschuhen und Mützen.

Mit dicken Schläuchen spritzten die Männer die Waggons aus, spülten den Unrat hinaus. Hugo sprang in den Wasserstrahl, so heiß war ihm, er wollte sich abkühlen und trinken, einen Schluck, zwei Schlucke, drei, noch mehr. Der Wasserstrahl war so hart, dass es Hugo auf der Brust wehtat.

Die Oma lag noch drin, sie war tot.

»Die Oma, das war die Stiefmutter von meiner Mama. Mein Opa war verheiratet und die Zeit hat er zum Militär müssen, das war aber schon lange vorher, der Vierzehn-achtzehn-Krieg. Und seine Frau ist dann zu den Höchsten, es muss eine schöne Frau gewesen sein, und hat dort gebettelt, dass ihr Mann nicht zum Militär kommt. Sie hat es auch vollbracht, aber hat sich wahrscheinlich mit einem eingelassen, die Frau ist nie mehr gesehen worden. Ist nie mehr gekommen, keiner hat gewusst, wo sie hingeht, vielleicht haben dazumal die hohen Leute gesagt, das ist eine Sintizza, dass sie sie umgebracht haben.

Mama hatte noch eine Schwester, die haben andere Leute großgezogen und sie ist bei ihrer Oma groß geworden. Und dann hat der Opa wieder eine Frau genommen. Das ist die Oma, von Großpapa die Frau.«

Das kleine Kind einer anderen Familie war tot. Die Leute mussten es zurücklassen, die Mutter weinte sehr. Hugo sah, wie die Männer in Uniform die Oma an den Rand zogen und sie hinabwarfen. Ihr

Kopf schlug an der Kante an. Sie legten die Leichen neben die Geleise. An fast jedem Waggon lagen Tote. Hugo bibberte vor Kälte. Es sind minus 17 Grad, hatte Dada unterwegs irgendwo gesagt. Er hatte es beim Hinausspähen gelesen, als der Zug durch einen Ort gefahren war. Die Kleidung klebte Hugo tropfend auf der Haut, als die Männer ALLES REIN! schrien und die Menschen wieder in die nassen Waggons klettern mussten. Hugo stand an der Tür und schaute noch mal zur Oma hinab. Nicht dass sie mitgeschleift wird. Er sah, dass nichts passieren konnte. Dass sie nicht auch noch überfahren wird. Die SS-Männer rissen sie noch weiter vom Zug weg. Und dann wurde sie weggetragen. Hugo konnte nicht mehr hinschauen, er drehte sich um.

Diesmal stieg kein Wachposten ein, die Tür wurde wieder zugeschoben und mit lautem Krachen verriegelt. Der Zug setzte sich in Bewegung, wieder dieses Geräusch, dudong, dudong, dudong. Die Toten blieben zurück. Wir fahren nach Auschwitz, sagte Dada. Als der Zug durch einen Bahnhof gefahren war, hatte er die Richtungsanzeige auf einem Schild an einem Bahnhof gesehen. Schwarze Natascha, du gehörst zu mir. Die beiden Mädchen sangen ihre Beschwörung und beruhigten damit die Menschen. Was blieb ihnen übrig als stehen zu bleiben, wenn sie nicht sterben wollten. Dada hielt sich wieder in der Ecke an der Eisenstange fest und zog sich alle paar Minuten zum Luftholen hinauf oder hob die Mama oder die Kinder hoch. Und wieder war so viel Unrat da und die Menschen jammerten vor Angst und Scham. Im Waggon war ein stetes Wimmern der Menschen, niemand weinte, niemand schrie, es war nur ein Wimmern von Kindern und Frauen und Männern. Keiner sprach. Wenn jemand weinte, weinten alle zusammen.

Auch Hugo, er blieb dicht bei Mama. Auch Januschek, Rosi, Rigo, Manfred, Frieda. Manchmal wurden sie von Mama oder Dada weggedrängt, weil Leute sich zu den Ritzen durchkämpften, um Luft zu holen. Wenn ein Kind allein stand, rief es, und die Mama antwortete: Bleib da! Oder: Komm her!

Diesen Tag und die Nacht wieder stehen, ohne Trinken, ohne Sauerstoff, nur stehen. An Mama gelehnt schlafen. Und kein Brot mehr, es war verschimmelt.

»Der Wachposten, wo der mit drin war, stand nur da. Die Nazis haben das alles schon probiert. Da hat sich von unseren Leuten keiner gerührt. Heute tät ich kämpfen, ich tät mir nichts gefallen lassen. Die haben alle gedacht, wir können sowieso nicht raus hier. Wenn wir den umbringen, schießen die rein, dann sind wir alle tot. Aber die hätten weiterdenken müssen. So sterben wir, aber wir sterben auch dort drüben im KZ-Lager. Die wussten nicht, wohin es geht. Aber wenn die schon gesehen haben, es sind keine Sanitäranlagen da, die Leute machen alles in die Hosen, das Stinken darin und tagelang darin, also müssen sie ja wissen, das ist kein gutes Zeichen, die bringen uns alle um. Da hätten sie gegen arbeiten müssen. Den Wachposten, ich hätte ihn doch sofort am Hals, Pistole her. Schauen, dass wir oben rauskommen. Man kann raus. Immer wieder habe ich darüber nachgedacht. Man kann raus. Wenn ich jetzt zwanzig oder achtzehn Jahre alt gewesen wäre, man kann raus. Irgendwie kann man raus. Mit so vielen Männern, irgendwie kann man was verbiegen. Wir sind ja nicht alleine. Wir sind doch zwanzig, dreißig Männer. Die können ein Haus abreißen, zwanzig, dreißig Männer, wenn sie alle anlangen. Und dann da raus. Nur einer, wenn er rausgekommen wäre, dann oben rüberlaufen, bis zum Lokführer vor. Den Lokführer gleich hernehmen. Unterwegs muss der stehen bleiben. Und die paar Hansel dort, die wären alle abgehauen. Die hätten ein bisschen geschossen, dann wären die alle abgehauen. Wenn alle zusammengeholfen hätten. Beim Stehenbleiben, wo die Wasserspritzen kamen, wo sie das alles rausgewischt haben. Alle Waggons sind aufgemacht worden. Das war alles kurz, höchstens zehn Minuten lang. Aufgemacht und reingespritzt und dann zu und schon wieder weitergefahren. Auch da hätten wir was tun müssen. Von den Wachposten war nur in jedem Waggon einer. Wenn wir was ausgemacht hätten, jeden packen von denen, jeden packen.

Hätten wir was auf Romanes gesprochen. Oder beim Einsteigen, hopp, den einen gleich nehmen, der hat ja alles dabei, der kann doch aufmachen, der kann doch alles machen. Auf, einer muss dann vor, einer, der flink ist, der wo obendrauf läuft, vor zum Lokführer, rein. Man kann doch rein. Man sieht doch alles. Das Messer nimmst du in die Hand und hältst es dem an, dann sagst du: Raus, sofort langsam machen! Raus und ab. Wenn es geht, ein paar gleich umbringen dort. Pistolen hast du dann von denen allen.

Aber die Kinder. Die Kinder und die Frauen. Das war denen ihre Stärke.

Ja, es hat alles nichts genützt.

Ich habe mir immer gedacht, Vater, was ist mit dir los? Du lässt dir alles so bieten. Da wo ich heraußen war, immer noch, was hat der sich alles bieten lassen. Dann später, wenn du Familie hast, kommst du drauf. Mein Sohn zum Beispiel, der ist jetzt vierzig Jahre alt, wo der so fünf, sechs Jahre alt war, ich hätte ihn doch nicht gelassen, nicht um alle Welt, ich hätte doch meinen Sohn mit mir genommen. Wenn du weißt, wenn ich weg bin, stirbt dein Sohn, dann lässt du alles, alles über dich ergehen. Das war die Stärke von den SS.«

Es war in der Nacht, als der Zug wieder bremste, anhielt. Die Schiebetüren wurden aufgerissen. Im selben Augenblick brach wieder das Brüllen los: ALLES RAUS!

Draußen wimmelte es von SS-Männern. Meter für Meter standen sie mit Gewehren im Anschlag, an der ganze Länge des Zuges, mit Totenköpfen auf ihren Mützen. Mit Hunden. Erschrocken, steif und langsam stiegen die Menschen aus. SCHNELLER! AUFGEHEN! AUFGEHEN!

Hugo ängstigte das Geschrei, er duckte sich. Das war also die Zugfahrt. Und ich habe mir gewünscht, mit dem Zug zu fahren. SCHNELLER! AUFGEHEN! AUFGEHEN! IN FÜNFERREIHEN AUFSTELLEN! Die SS-Männer schlugen die Menschen beim Aussteigen mit den Gewehrkolben, sie sollten rennen, wie Vieh, wie eine Rinderherde, die sich nicht schnell genug bewegt. Jetzt rannten auch alle, mit eingezogenen Köpfen aus Angst vor einem Schlag. Onkel Friedla stolperte beim Aussteigen. Mit voller Wucht haute ihm einer den Gewehrkolben über den Kopf, er stürzte, blutete. Konnte sich nicht sofort aufrappeln, der junge SS-Mann schlug auf ihn ein. Dada sprang zu seinem Bruder, zog ihn hoch, der SS-Mann haute ihm den Gewehrkolben ins Kreuz. Dada ließ sich nichts anmerken und zog Onkel Friedla in eine Fünferreihe. Allein in ihrem Waggon blieben zwei Kinder, eine ältere Frau und ein vierzehnjähriger Junge tot zurück.

Manche Frauen mit kleinen Kindern und das Gepäck wurden auf Lastwagen gebracht. Mama? Sie war auf der Ladefläche zusammengesackt. Die Lastwagen fuhren los. Hugo stand mit Manfred und Dada, mit Onkel Konrad, Onkel Babist, Mano und Luki, den Cousins, Cousinen, Tanten und Onkeln in Reihen zu fünft nebeneinander, niemand durfte sprechen. Die Luft war so kalt, dass die Haut schmerzte, der Atem dampfte, es lag Schnee, die SS-Männer trugen dicke Jacken, Mützen, Handschuhe. ABMARSCH! Vor ihnen, hinter ihnen, neben ihnen SS, zu schnell für Hugo, fast schon Laufschritt, nachdem sie drei Tage und drei Nächte gestanden waren, die Kinder jammerten: Ich kann nicht mehr. Ich kann nicht mehr. Aber Hugo wusste, er würde weiterlaufen, ihm blieb nichts übrig, es war ihm, als würden die Tränen die Haut verbrennen und anschließend gefrieren. Es blieb ihm nichts übrig, denn er wollte nicht aus der Reihe und den SS-Männern in die Hände fallen. Schon beim Aussteigen hatte Hugo das grelle Licht in einiger Entfernung gesehen, wie ein Feuerball, eine Sonne, so hell. Darauf liefen sie nun zu. Wir sind gleich da, sagte Dada. Das Licht kam näher, ein Tageslicht mitten in der schwarzen Nacht. Nicht mehr lange, lauft weiter, sagten die Onkel. Aber es dauerte noch einmal so lang, bis sie wirklich nah waren. Zwischen zwei Häusern aus rotem Backstein marschierten sie durch ein eisernes Tor.

Hugo konnte schon lesen, noch nicht so gut, aber was oben ins Tor geschmiedet stand, entzifferte er stolz: »Arbeit macht frei«.

»Also dachte ich mir, hier muss man arbeiten. Ich bin neun Jahre, ich kann auch arbeiten. Ich helfe meinem Dada, der ist ein guter Arbeiter, und dann kommen wir schon wieder frei.«

Sie wurden in eine Holzbaracke geschickt, da zweifelte Hugo schon, ob das stimmte, was da geschrieben stand. In der Baracke wimmelte es von Menschen, Sinti, Juden, mehr als tausend. Kinder schrien und weinten, Erwachsene riefen nach ihren Kindern, stritten um Platz auf dem gefrorenen Erdboden. Mama? Hugo entdeckte sie in der Menge. Sie winkte und rief: Kommt her! Kommt alle hierher!

Über Gepäck, manche Kinder waren mit ihren Schulmappen gekommen, sich zwischen Menschen hindurchkämpfen zu ihr, die Onkel und Tanten, Cousinen und Cousins waren auch in der Nähe. Über hundert Verwandte. Januschek und Rigo weinten leise, Rosi sagte, was alle Kinder in der Baracke sagten: Ich habe Hunger. Ich will was trinken. Mama gab jedem ein winziges Stück von dem Speck, den sie bei sich trug. Sonst gab es nichts. Auf dem Lastwagen, sagte Mama zu Dada, sei sie ohnmächtig geworden und erst wieder zu sich gekommen, als sie vor der Baracke runter mussten. Männer in längs gestreifter Häftlingskleidung öffneten mit langen Stangen die Luken unter dem Dach.

Hugo und seine fünf Geschwister kauerten sich eng an Mama und Dada, dennoch zitterten sie vor Kälte und konnten nicht schlafen.

Als wenige Stunden später eine Klingel durch die Baracke schrillte, schreckten alle hoch, und erneut brach das Chaos aus, an die tausendfünfhundert Menschen sprachen und riefen, weinten und stritten. Der Erdboden war angetaut und matschig geworden. ALLES RAUS! AUFSTELLEN! Wieder Fünferreihen. Wieder Männer in Sträflingskleidung und Männer in SS-Uniformen. VORWÄRTS! Die Juden und die Sinti wurden voneinander getrennt, die Sinti marschierten zwischen zwei Stacheldrahtzäunen hindurch, über unwegsames Gelände wieder durch ein Stacheldrahttor, zwischen Stacheldrahtzäunen gingen sie lange, weit, wieder durch ein Stacheldrahttor. Da liegt ein Toter, sagte Mano. Neben einer Baracke sahen sie die Leiche. Da liegt ein totes Kind. Sie schauderten. Und gingen weiter. Bis es hieß: DA VORN ANSTELLEN! FAMILIEN BLEIBEN ZUSAMMEN!

Bald waren die Füße gefühllos vor Kälte. Jemand spuckte auf den Boden, die Spucke gefror sofort zu Eis. Irgendwann rückten sie in die Baracke ein, von SS bewacht.

An einem Tisch saßen zwei Häftlinge mit Papierstapeln. Familie für Familie musste vortreten, dem Alter nach wurden die Familienmitglieder aufgeschrieben. Name, Geburtsdatum, Geburtsort, Adresse, Beruf. Bei den Frauen erst Mama, dann Frieda, dann Rosi, bei den Männern Dada, Manfred, Hugo, Rigo und zuletzt Januschek. Mama sollte Januschek loslassen. DER JUNGE DA RÜBER! Aber sie schüttelte den Kopf, ließ ihn nicht los, auch als ein SS-Mann näher kam. Januschek klammerte sich an sie. Der SS-Mann sagte nichts mehr, tat nichts. Als Mama registriert war, ging sie mit Januschek zum Männertisch hinüber, sagte Januscheks Namen, Peter, und sein Geburtsdatum. Morgen war sein vierter Geburtstag. Von da an verloren sie das Zeitgefühl. Wussten nichts mehr von Tagen und Daten, wussten nur noch kalt oder warm, dunkel oder hell, hungrig und durstig. Der polnische Häftling namens Bogdan schrieb also Namen und Herkunft auf, davor eine Nummer. Anschließend musste Hugo ihm, so wie alle anderen zuvor, seinen linken Arm hinhalten. Mit einer Nadel stach er Punkt für Punkt die Nummer hinein, rieb in die Stiche schwarze Tinte, jetzt war die Zahl auf die Haut tätowiert.

Merk dir die Nummer, sagte Bogdan. So heißt du jetzt.

Ab jetzt war Hugo nicht mehr Hugo, neun Jahre alt, aus München, ab jetzt war er eine Nummer, die mit Z für Zigeuner begann: Z-3529. Manfred war Z-3528, Dada Z-2527, Rigo Z-3530, Januschek Z-3531, die Mama hatte Z-3971, Frieda Z-3972 und Rosi Z-3973. Bis hierhin hatte die Prozedur der Registrierung schon stundenlang gedauert, vor und hinter ihnen standen hunderte Männer, Frauen und Kinder in der Schlange. Immer wieder starrte Hugo auf die Nummer und las die Zahlen einzeln. Aber es war eine ganze Zahl: Dreitausendfünfhundertachtundzwanzig, sagte Manfred. Frieda rechnete später die Zahlen zusammen, es mussten schon über 7500 Sinti und Roma mit ihnen an diesem Ort sein. Und es kamen noch viel mehr, einen Zug hatten sie schon ankommen sehen. Stehen bleiben und reden war nicht möglich. WEITER, WEITER! So wurden sie an den nächsten Tisch getrieben. Oben frei machen, ihr werdet gegen Fleckfieber geimpft. Dada, Mama, Hugo, alle Geschwister und Verwandten öffneten der Reihe nach ihre Hemden ein Stück, dann wurde ihnen links und rechts oberhalb der Brust eine Flüssigkeit in den Körper gespritzt. WEITER! SCHNELLER! Nur ein paar Sekunden für die Spritzen. WEITER! Sie wurden gehetzt, getrieben von diesen schreienden Männern.

»Man ist da mitgelaufen. Es kommt Angst, die Angst wird immer schlimmer. Das nimmst du alles in Kauf, wenn du siehst, was alles passiert, da liegt ein Toter, da liegt einer, dann lässt du alles über dich ergehen.«

Im nächsten Raum standen Stühle, darauf mussten die Neuankömmlinge sich setzen und ihnen wurden von Häftlingen die Haare erst abgeschnitten, dann der Kopf kahl geschoren. Haufenweise lag das Haar auf dem Boden. Auch Hugo hatte bald einen kahlen Kopf. Er schaute seine Geschwister an, einmal, zweimal, um sie wiederzuerkennen. In ein paar Monaten sind sie nachgewachsen, flüsterte Manfred. Als Mamas Haare fielen, liefen ihr erst die Tränen die Wangen hinab, dann schluchzte sie so, dass sie kaum Luft holen konnte. Und Hugo schaute, ihm rollten die Tränen, wie er sie so sah, er konnte die Mama nicht trösten, nicht beruhigen, sie durften nicht hin. Nur der Kleine war bei ihr und weinte mit.

Von dort aus jagte die SS sie in eine andere Baracke zum Waschen in einen großen Raum.

»Als ich meine Mama so hab weinen sehen dort. Wie sie geweint hat, da habe ich dann gesehen, was los war. Und alle haben sich nackt ausziehen müssen, egal, ob vor den Kindern, vor Frauen, vor Männern, die Mama habe ich doch in meinem Leben nie nackt gesehen. Oder meinen Dada. Die haben sich alle geschämt. Ob es Onkel, Tante oder Enkelkind war – es war alles zusammen. Da wusste ich, oh, das wird schlimm. Man steht kurz vor der Hölle.«

Ausziehen und die SS-Männer sahen zu, begafften besonders die Frauen. Die Männer zogen sich aus, blieben auf einer Seite und wendeten den Frauen den Rücken zu, die Frauen schauten weg, blieben nackt ausgezogen auf der anderen Seite. Sie drängten sich zusammen, schämten sich schrecklich voreinander, zur Freude der SS-Männer. Die Kleidung wurde von Häftlingen weggeräumt. BEEILUNG! SCHNELLER! WEITERGEHEN! Von den Seitenwänden lief Wasser aus Brauseköpfen, sie mussten durchlaufen und waren ein bisschen nass, da schrie es wieder: WEITER!

Entlausung. Häftlinge hielten einen Schlauch, der aus einem Behälter kam, mit einer Pumpe vorne dran. Die Männer wurden zwischen den Beinen mit einem weißen Pulver eingestäubt. Hände hoch, unter die Arme, über den Kopf. Das Gleiche bei den Frauen, den Kindern wurde nur der Kopf eingestäubt. Das weiße Pulver schwebte überall im Raum. RAUS! ANTRETEN! LOS! LOS!

Um eine Ecke herum standen Häftlinge an Tischen mit Bergen von Kleidung. Die Häftlinge schauten, ob etwas größer oder kleiner war und der Person ungefähr passen könnte, und gaben die Sachen aus. Warfen sie zu. Von jedem Haufen durfte jeder ein Stück nehmen. Hugo nahm an einem Haufen zwei und hielt die Sachen fest im Arm. Und jeder griff schnell etwas, schnell waren sie jetzt selbst, alle wollten sich bedecken, nicht mehr voreinander nackt stehen. SCHNELL! SCHNELL! SCHNELL! In einiger Entfernung sah Hugo seine Mama stehen, verkrampft, in eine Ecke gedrückt, einen Arm über die Brüste, den anderen über den Bauch und ihre Mitte. Es gab Hugo einen Stich. Warum quälen sie meine Mama? Sie schämt sich doch.

Irgendwelche Schuhe greifen. Onkel Konrad war ein Riese, er konnte die Hose, die er erwischt hatte, nicht zuknöpfen und musste eine andere nehmen.

Essgeschirr wurde ausgeteilt, für jeden einen kleinen Emailletopf mit Henkel. Hugos war rot.

Hugo und seine Geschwister und hunderte andere glatzköpfige, verängstigte Menschen mussten über die Lagerstraße durch den Schnee durch das Barackenlager, bis es hieß: HIER REIN!

HIER REIN! JEDE FAMILIE EINE BUCHSE. Rechts und links entlang der Bretterwände standen dreistöckige nummerierte Holzgestelle. Die Baracke war leer. Darin gab es keine Fenster und keine Lampen. Unter dem Dach verliefen in der ganzen Länge der Baracke rechts und links schmale Oberlichter, durch die das Tageslicht schimmerte. Sie warteten, und als Mama und Dada kamen, suchten sie sich eine Schlafbuchse. Das waren mal Pferdeställe, sagte Dada.

Es kamen immer mehr hinein. Alles war voll mit Menschen. Jede Buchse diente als Schlafstätte für fünf, sechs, manchmal sieben, acht Menschen. Die von Hugo, seinen Eltern und Geschwistern befand sich ganz am Ende der Baracke, da waren sie fast wieder draußen, am hinteren Tor. Sie legten ihre Sachen in diese unterste Buchse. Manche Familien blieb nur noch eine freie Stelle am Boden. In der Mitte der Baracke erstreckte sich ein langer Ofen, fast die ganze Länge von einem Tor zum anderen, der war kalt. Man konnte sich kaum bewegen, ohne jemanden anzustoßen. Hugo hatte Hunger. Seitdem sie hier waren, hatten sie nichts zu essen und zu trinken bekommen.

Zwei Männer schleppten einen Kübel hinein, und sofort hatten sich alle angestellt, um ihre Ration zu bekommen. Jetzt wusste Hugo, wozu er das rote Emailletöpfchen mit dem Henkel brauchte. Dahinein wurde ihm eine braune Brühe geschöpft. Es war Wasser, in dem zwei, drei Bröckchen von irgendwas schwammen, und schmeckte ekelhaft. Hugo kippte es draußen weg. Zum Glück hatte Mama noch ein bisschen Speck, noch von zu Hause aus München. Zu Hause ... das war

Eine Holzbaracke in Birkenau, wie
es sie im »Zigeunerlager« gab,
ursprünglich als Stall für 57 Pferde
gebaut. Auf den dreistöckigen
Buchsen waren bis zu 900 Menschen
zusammengepfercht. Der lange Ofen in der Mitte wurde nie geschürt.

weit weg, Hugo konnte sich kaum noch vorstellen, wie das Haus in der
Deisenhofener Straße aussah. Es war so weit weg wie eine verblassen-
de Fotografie.

Draußen wurde es dunkel, drinnen war es schon finster. Sie rückten eng zusammen auf der Buchse. Nach dem Abpfiff war Blocksperre, da durfte niemand mehr die Baracke verlassen. Hugo hörte viele
neue Wörter: Blocksperre hieß Nachtruhe, Blocksperre am Tag hieß
Gefahr, die Baracke hieß Block, jeder Block hatten einen SS-Mann als
Blockführer, der jederzeit hereinkommen konnte, tags und nachts, das
braune Wasser hieß Suppe, Essen Ration, die Buchse hieß Bett. Sechs
mal drei Buchsen zusammen waren eine Stube, da gab es einen Stubendienst, der für Sauberkeit und Ordnung sorgen sollte, und für alle
sechs Stubendienste einen Stubenältesten, der für die Verteilung der
Rationen verantwortlich war. Es gab einen Blockältesten mit grünem

Winkel an der Kleidung, der nicht so abgemagert war wie andere Menschen, die Hugo draußen gesehen hatte. Der Blockälteste hatte eine eigene Stube, das war ein Holzverschlag mit Bett, Tisch und Stuhl und einer Tür, die er hinter sich schließen konnte, vorn am Eingang. Grün hieß kriminell. Auf der schwarzen Binde an seinem Arm stand mit weißer Schrift »Blockältester«. Toilette hieß Latrine, eine lang gestreckte Grube mit einer Stange darüber, auf die sich alle hockten, Männer und Frauen, ohne noch darauf achten zu können, ob sie allein waren. Den Weg zwischen den beiden Barackenreihen, in dem tiefe hart gefrorene Spurrinnen von Lastwagen waren, hieß Lagerstraße. Und wer eine bestimmte Arbeit machen musste, war in einem Arbeitskommando.

Mensch an Mensch lag in den Buchsen und auf der Erde, auch Fremde drückten sich eng aneinander, weil sie froren. Der Wind pfiff durch die Ritzen der Bretterwände. Im Dunkeln war viel Seufzen und Weinen und das Jammern der Kinder nach Essen und Trinken, die Stimmen der Mütter, die die Kinder beruhigten, dann war es eine Weile still, bis die Kinder vor Hunger wieder aufwachten.

Hugo schreckte in der Nacht immer wieder hoch, weil Leute über andere hinwegstiegen, austreten.

Durch einen Alarmton wurde er hellwach.

ALLES RAUS ZUM APPELL!, schrie der Blockälteste. Alle sprangen auf, auch die kleinen Kinder mussten raus in den Schnee und sich neben der Baracke aufstellen. Der Blockälteste schlug alle, die nicht schnell genug liefen.

Es war noch dunkel. Hugo taumelte, er wurde hin und her gestoßen, aber er tat wie die anderen. Fünferreihen. Der Blockälteste zählte ab: Fünf, zehn, fünfzehn … Niemand durfte sprechen, sonst schlug er zu, sie mussten gerade stehen, nach vorn schauen wie eine Armee Soldaten. Vielleicht zehn Minuten dauerte es, bis der Blockälteste die genaue Zahl hatte. Aus den Augenwinkeln sah Hugo die Blöcke gegenüber. Überall innerhalb des Zaunes standen die Leute neben den Baracken stramm. Hugo zitterte vor Kälte. Der Blockälteste war fertig mit dem Zählen, war zur Schreibstube vorgelaufen, zurückgekehrt, jetzt stand er vorn und wartete. Worauf? Hugo spürte, wie die Kälte seine Beine lähmte. Er sah, wie der dampfende Atem der Menschen zusammenschwebte. Dass der Himmel allmählich heller wurde. Die Wachtürme und die bewaffneten SS-Männer darin. Als er dachte, Mama, gleich falle ich um, da hörte er zackige Stimmen, ACHTUNG!, dann knirschende feste Schritte, Stiefelschritte. Plötzlich hatte er Angst, Herzklopfen. Drei SS-Männer erschienen, der Lagerführer war dabei, und blieben vor dem Blockältesten stehen, der mit der Mütze in der Hand rief: BLOCK 17 VOLLZÄHLIG ANGETRETEN MIT 821 MANN!

Der SS-Lagerführer sah einen anderen SS-Mann an, sie nickten und gingen weiter, die anderen folgten ihm. Das Geräusch der hohen schwarzen Stiefel entfernte sich. Hugo wollte sich am liebsten fallen lassen, er machte eine Bewegung, wollte sich umdrehen und in den Block gehen, aber ein Mann hielt ihn fest. Sie mussten so lange stehen, bis die SS das Lager verlassen hatten und die Glocke zum Ende des Appells läutete. Alle eilten in die Baracke zurück, dort war es ein wenig wärmer.

Draußen dämmerte es.

Zwei Frauen schleppten einen Kübel mit Tee herein. Eine Kelle davon in Hugos Topf. Hugo kostete, es schmeckte nach muffigem lauwarmen Wasser. Aber er trank. Der Stubendienst gab jedem eine eckige Scheibe schwarzes Brot.

Hugo, Frieda und Manfred gingen damit hinaus, das Tor war geöffnet, sie wollten draußen essen, drinnen war es zu eng. Hugo hatte gerade das Brot am Mund, kurz vor dem Hineinbeißen, batsch, grabschte es ihm ein Junge aus der Hand und stopfte es sich noch beim Wegrennen in den Mund. Bevor Hugo überhaupt etwas sagen oder hinterherlaufen konnte, war der kleine Junge schon zehn Meter davon. Drei weitere Jungen mit ihm. Sie wollten etwas abhaben. Komisch. Habt ihr das gesehen? Der hat mir das Brot geklaut.

Mir der andere, sagte Frieda.

Mir auch einer, sagte Manfred.

Was machen denn die?

Was soll denn jetzt das? Ich hätte es ihm doch gegeben, warum hat er nicht gefragt.

Wir bekommen ja später wieder was.

Sie gingen in den Block, suchten Mama. Sie saß mit Januschek und den anderen auf dem Ofen.

Mama, ein Junge hat mir das Brot weggerissen.

Was? Mama schüttelte den Kopf, holte den Speck aus der Innentasche ihres Rocks und schnitt ihren Kindern je ein winziges Stück ab.

Am Abend trank Hugo die Wasserbrühe aus seinem Topf. Er war hungrig. Wie hatte Mama eigentlich den Speck bis hierher gerettet? Der schrumpfte allmählich und sie behielt ihn immer in der Tasche an der Innenseite ihres Rocks. Wenn sie ihn hervorholte, um kleine Stücke abzuschneiden, ließ sie niemand, selbst die Kinder nicht, den Speck auch nur berühren.

Am nächsten Morgen schlug wieder die Glocke am Lagereingang: Ling, ling, ling, ling, ling. Dann die Glocke in der Baracke. Neben der Baracke war ein weißer Strich auf dem Boden gezogen, dahinter musste die erste Fünferreihe stehen, dann die nächste und immer so weiter.

»Die Glocke höre ich heute noch. Man springt auf und stellt sich draußen auf. Ich glaube, dass es Soldaten nicht besser machen als Kinder. In zwei, drei Minuten haben die 700, 800 Menschen in Reih und Glied gestanden.«

Wieder Appell. Der wird jetzt jeden Tag sein. Hugo lernte. Nacht hieß Frieren, Tag hieß Frieren, Appell hieß Frieren. Appell hieß Angst vor dem Umfallen, vor Schlägen des Blockältesten. Eine alte Frau war umgekippt und von ihm fast totgeschlagen worden, bis andere sie wieder auf die Beine ziehen konnten. Appell bedeutete auch, jeden Tag eine andere Zahl von Häftlingen. In der Nacht war jemand gestorben. Hugo sah den Toten mit Schrecken. Also stirbt man hier auch. Der

Tote wurde hinter die Baracke gelegt, der Blockälteste musste mit der Karte, auf der die Nummer des Toten stand, zur Schreibstube vorlaufen zum Rapport. Rapport hieß Bericht. Die Zahl der Häftlinge war der Stand. Und der Stand musste stimmen, bevor die SS-Männer kamen. Und so lange dauerte der Appell. Bis alle den Rapport korrekt fertig hatten und der Stand stimmte. Von allen Blöcken. Schon am zweiten Tag dauerte der Appell vier Stunden, weil irgendwo anders der Stand nicht stimmte. Weil sie sich verzählt hatten oder jemand fehlte. Nach dem Appell warten auf die Ration. Ein Stück Brot. Hugo war schlauer als am Vortag. Die Hälfte der Scheibe aß er. Mit der anderen Hälfte in der Hand gingen er und Manfred hinaus – komm, Mama, ich zeig dir, was gestern geschehen ist. Die ganze Familie stand vor dem Block und schaute. Ja, es strichen Kinder in kleinen Gruppen um die Baracken. Schlenderten zwischen den Menschen hindurch, als gingen sie nur zufällig gerade jetzt dort entlang. Hugo sagte zu Mama hin: Gib Acht, was jetzt passiert. Er hob sein Stückchen Brot zum Mund und bevor er beißen konnte, batsch, da grabschte ein Junge es, und ehe er nur zwei Schritte getan hatte, war es schon in seinem Mund verschwunden. Am Barackentor standen die Eltern und schauten stumm dem Jungen nach. Er hat es im Laufen schon gegessen, sagte Mama, so dass es ihm keiner mehr wegnehmen kann. Hugos Geschwister, Cousins, Cousinen lachten.

Am nächsten Tag gab es kein Brot, nur diese braune Flüssigkeit, die sich heute Kaffee nannte.

Nach einer Woche war Mamas Speck aufgebraucht.

Und das Leid ging los.

Sie hatten nur morgens die braune Brühe, Kaffee oder Tee genannt, manchmal eine Scheibe Brot dazu, abends die Wassersuppe. Nur anfangs gab es für die ganz kleinen Kinder noch Milchsuppe. Hugo lernte, auf seinen Topf aufzupassen. Einem Jungen war seiner gestohlen worden. Und er konnte nicht essen – nur was er mit den Händen aus dem Kübel schöpfen und schnell hinunterschlingen konnte oder was seine Familie mit ihm teilte. Von da an bewachte Hugo seinen kleinen Topf, ließ ihn nie aus den Augen, schlief nachts mit dem Kopf darauf. Zum Zählappell durfte er ihn nicht mitnehmen, aber er legte ihn immer so auf den Boden an die Barackenwand, daß er ihn im Blick behalten konnte. Denn eins war klar – der Junge würde versuchen, sich einen Topf zu organisieren. Und wenn er wieder einen hatte, würde jemand anderem einer fehlen.

Mama, ich habe Hunger. Ich auch. Ich auch. Mama, hast du was zu essen? Die Kleinen weinten und jammerten. Hugo weinte auch vor Hunger.

Wenn wir rauskommen, dann koche ich euch, so viel ihr wollt.

Wann kommen wir raus? Wann gehen wir wieder nach Haus?

Bald. Lange kann es nicht dauern. Bald kommen wir raus.

Alle Mütter suchten Antworten für ihre Kinder. Hugo reute es, dass er zu Anfang die Wassersuppe ausgeschüttet hatte. Jetzt würde er sie gern schlucken. Ach, wenn ich gewusst hätte. Jetzt würde sie mir schmecken.

Täglich kamen tausende Menschen. Wenn sie vorn durch das Tor gingen, saß eine Kapelle dort vor ihrer Bretterbude auf Stühlen und spielte fröhliche und leichte Musik. Daramdarada. Auch wenn SS angekündigt war, musste die Sintikapelle ihnen mit Geigen, Gitarren und anderen Instrumenten zum Empfang aufspielen. Jetzt standen Hugo und seine Geschwister manchmal beim Zugangsblock für die Neuen, die noch nicht wussten, wie es hier war, und belauerten die Kinder. Denn Hugo war immer hungrig. Er, Manfred und Frieda, Cousin Mano und die Cousinen strichen um die Baracken der Neuankömmlinge und beobachteten die Kinder, wenn Brot ausgegeben wurde. Sie schlichen sich an. In der Baracke war es viel zu voll und eng, da konnten 800, 900 oder 1000 Menschen nicht essen. Also hielten fast alle sich draußen auf und schlangen ihr Essen hinunter. Wenn ein Kind nichts ahnend mit dem Brot in der Hand herumstand und schaute, schlich Hugo sich an, schnappte das Brot weg und stopfte es sich sofort in den Mund. Die Neuen hatten noch nicht gelernt, schnell zu essen oder das Essen festzuhalten. Manche Kinder rannten hinterher, die größeren erwischten Hugo manchmal, dann gab es Prügel. Aber das war ihm egal, dann hatte er das Brot schon geschluckt, das konnte ihm keiner mehr nehmen. Einen Tag, höchstens zwei Tage klappte es, dann passten die Neuen auf, dann wussten sie schon, dass das Essen zum Leben nicht reichte. Sie brauchten sich bloß die Menschen anzuschauen, die schon länger im Lager waren, wie ausgemergelt die aussahen. Und auch die Neuen bemerkten sofort die Toten.

Aber es kamen ja fast jeden Tag Neue, die verängstigt herumstanden. Sooft es im Zugangsblock Brot gab, war Hugos Schnappkommando in der Nähe. Doch auch die Schnappkommandos wurden immer mehr.

Seine Cousinen, die Töchter von Onkel Konrad und Tante Notschga, konnten gut schnappen und gut rennen. Von klein an kannte Hugo Musla, ihre Schwestern Weichsla und Lolichai, ihre Brüder Luki und den kleinen Baptist. Fast jeden Tag hatten sie sich draußen gesehen und miteinander gespielt, waren zusammen geritten und in die Schule gegangen. Mit dabei waren auch Mano und Lili, die Kinder von Tante Derndl und Dadas Lieblingsbruder Onkel Babist und noch viele andere. Am liebsten mochte Hugo eine Cousine von Mano. Sie war acht Jahre alt und Hugo fand sie wunderschön und bildhübsch, am liebsten verbrachte er alle Zeit mit ihr. Sie hieß Malla.

Morgens beim Appell, wenn Hugo aufgesprungen und sich stramm und gerade in eine Reihe gestellt hatte, suchte er, ohne den Kopf zu bewegen, nur mit den Augen zuerst nach Mama. Aha, da steht sie, Dada ist dort, Januschek bei Mama. Eines nach dem anderen suchte er die Geschwister, alle da. Hugo durfte den Kopf nicht wenden, die Hände musste er an der Hosennaht halten. Malla? Da, schräg vor ihm. Malla war mutig. Sie drehte ihm ihren Kopf zu, lächelte ihn an und stand schon wieder gerade. Zum Glück hatte der Blockälteste nichts gemerkt. Es galt Sprechverbot beim Appell. Der Blockälteste hatte gestern Leute blutig zu Boden geschlagen, weil er sie beim Flüstern erwischt hatte.

Wenn Hugo morgens aufwachte, schaute er nach Malla. Und sie schaute aus der Buchse raus nach ihm.

Manchmal, nach dem Appell, nach der Ration, setzten sie sich draußen an die Barackenwand und redeten über Wenn-wir-rauskommen.

Wenn wir rauskommen, ziehen wir uns die schönsten Sachen an, du ganz in Weiß, ich in Schwarz.

Mit Lackschuhen, sagte Malla.

Und mit weißen Handschuhen.

Wir tragen jeder eine ganz neue dicke weiße Kerze mit Tüll und grünen Blättern. Die Sonne scheint und es wird Frühling.

Die Vögel zwitschern.

Und dann gehen wir zusammen zur Kommunion.

Und dann gibt es ein Fest, unsere Dadas haben schon eine Kapelle besorgt.

Hugo und Malla bekamen die besten Kuchen.

So lecker mit Nüssen und Schokolade.

In meinem Stück sind Rosinen.

Ach halt, ich hab was vergessen. Wir gehen nicht zu Fuß zur Kirche. Mein Dada und meine Mama haben das Fuhrwerk mit Girlanden geschmückt und da sitzen wir hinten auf einem blauen Plüschsofa. Die besten Geschirre haben die Pferde um, das Leder ist geputzt und die Metallteile blitzen, die Pferde sind mit Blumen geschmückt.

Jetzt erzähl noch vom Kuchen.

Sie träumten sich fort, sie träumten in Farbe. Sie froren nicht, sie hungerten nicht, sie waren gar nicht da.

Nicht an diesem Ort mit der abgetretenen schlammigen braungelben Erde, auf der nichts wuchs, weil zehntausende Menschen jeden Tag darüber gingen, mit den braunen Holzbaracken, den grauen Betonpfeilern, an denen der graue Stacheldraht befestigt war.

Lagersperre! Drei junge tschechische Rom waren geflüchtet. Mit Scheinwerfern und Hunden suchten die SS-Männer sie und fingen sie wieder ein. Die Parolen flogen durch das Lager wie eine Bö. Zwei wurden am Lagertor mit Stockhieben bestraft und die Häftlinge mussten zuschauen. Auf einer Pritsche lag der dritte junge Mensch tot und wurde von vier Häftlingen durch jeden Block getragen, begleitet von SS-Männern. In den ersten Block hinein, hinten hinaus, in den nächsten hinten hinein, vorn hinaus, in Schlangenlinien durch das ganze Lager. In jedem Block setzten die Häftlinge die Pritsche ab und ein SS-Mann hielt eine kurze Ansprache. Nach einer Stunde kamen die Häftlinge mit der Pritsche und den SS-Männern durch den Block von Hugo. Er musste aufstehen, Mano stand neben ihm, sie durften nicht wegschauen, sie mussten Haltung annehmen, weil die SS im Block war. Der junge Mann war splitternackt, vielleicht 16 Jahre alt, sein Körper zerschossen, durchlöchert die Stirn. Das Blut tropfte unten aus der Pritsche heraus. Der SS-Mann rief mit schneidender Stimme: Denkt nicht, ihr kommt hier je heraus. Niemand kann von hier flüchten. Wer es versucht, dem ergeht es wie dem da. Merkt euch das. Auf jeden Fluchtversuch steht die Todesstrafe.

Durch das ganze Lager ging die Spur seiner Blutstropfen, in jedem Block blieb ein größerer Fleck dort, wo die Häftlinge die Pritsche abgesetzt hatten. Wenn sie sie wieder aufnahmen, lag der Tote noch am Boden, einen Moment, bevor er gehoben wurde, der Stoff der Pritsche hing durch, weil er durchnässt war.

Noch eine Stunde, bis der Tote durch alle Blocks getragen war und zum Krematorium geschafft wurde. Ende der Lagersperre.

Wenn wir rauskommen, sagte Malla, Hugo saß ganz dicht bei ihr und sie wärmten sich aneinander. Wollen wir dann zusammen in einem Haus wohnen?

Ja, aber wahrscheinlich haben wir kein Geld für ein Haus.

Ich finde einen Wagen sowieso schöner, sagte Malla. Da können wir wegfahren, wenn es uns irgendwo nicht gefällt.

Ich lasse uns einen schönen Ofen einbauen, sagte Hugo. Mit Kacheln. Welche Farbe möchtest du?

Rosa.

Gut, dann rosa.

Und morgens, wenn das Feuer ausgegangen ist, nehme ich die Asche raus und mache ein neues Feuer. Es wird herrlich warm und wir frühstücken Bratkartoffeln und schauen aus dem Fenster über die Felder bis zum Dorf und sehen die Leute in dicken Mänteln.

Aber Malla, wir haben auch warme Bettdecken, ganz dicke, mit Federn drin und da drunter ist es wie ein warmes gemütliches Nest.

Dada sagte, wir sind hier bestimmt schon fünfzehntausend. Tagsüber taute es. Die Lagerstraße verwandelte sich in ein Schlammfeld, in dem die Schuhe stecken blieben. Hugos Beine und die seiner Geschwister waren bis zu den Knien mit Erde verkrustet. Es gab kein Wasser. Dada und Mama beschlossen, die hintere untere Buchse aufzugeben, weil sie zu nah an der Latrine war. Sie tauschten mit einer Familie, die weiter vorn in der Baracke am Boden schlief.

Überall starben den Familien die kleinen Kinder an Krankheiten oder sie verhungerten. Tag und Nacht lag Weinen und Klagen in der Luft. Aber die Menschen sahen täglich so viele Tote, sie stumpften ab. Hugo erschrak bei dem Anblick nicht mehr.

Nachts so kalt. Wenn Hugo hinaus musste und zurückkam, war sein Platz weg. Die Menschen rückten sofort zusammen, sobald eine Lücke entstand, der Wind zischte durch die Baracke. Überall zog er durch Ritzen und Spalten. Hugo musste sich außen hinlegen und versuchen, sich wieder zwischen die Menschen zu wühlen, wo es wärmer war.

Aber manchmal breitete sich an einer Seite die Kälte aus, da war der Mensch tot. Hugo drehte sich andersherum, den Rücken dahin, wo es noch warm war. Oder er stand auf und zwängte sich woanders zwischen zwei lebende, warme Menschen. Manche schliefen auch auf dem kalten Ofen in der Mitte.

»Spielt alles keine Rolle, wo du haust, wo du bist. Nur das Frieren tut sehr weh, der Hunger tut weh und die Gedanken machen dich kaputt.«

Mit Malla sang Hugo das Lied, das gerade im Lager kursierte:

Ach du lieber guter Staatsanwalt,
warum hast du uns hier reingebracht?
Gib uns unsere Freiheit,
unseren Entlassungsschein,
mit dem nächsten D-Zug
fahr'n wir wieder heim.

Lagersperre! Alle Menschen mussten in den Blöcken bleiben, die Tore verschlossen sein, eine Wache aufgestellt werden.

Frieda hatte sich in der Holzwand eine kleine Ritze aufgemacht, wo sie hindurchschaute, wann immer Blocksperre war. Das war verboten. Wenn ein SS-Mann in den Block gekommen wäre und sie dabei erwischt hätte, hätte er sie sofort erschossen. Ob Kind oder Erwachsener, wenn ein SS-Mann jemanden beim Durchschauen erwischte, legte er sein Gewehr an und löschte ein Leben aus. Frieda schaute trotzdem durch die Ritze, und ihretwegen erfuhren Mama und Dada, was hinten am Krematorium geschah.

Lastwagen fuhren ins Lager, fünf, sechs. In der Baracke hörte Hugo das Brummen der Dieselmotoren. Die Lastautos fuhren bis nach hinten durch, wendeten, hielten vor der Baracke der polnischen Familien, die ihre Haare und ihre Kleidung hatten behalten dürfen. ALLES RAUS! ANTRETEN! AUFSITZEN! SCHNELLER!

Frieda schaute durch die Ritze. Die Menschen mussten aufsteigen und wurden weggefahren aus dem Lager, nach links, weiter nach links bis zu einem der neuen Gebäude mit den Schornsteinen. Nach einer Weile kamen die Lastwagen leer zurück und die SS-Männer räumten den Block ganz. Wieder kamen die Lastwagen leer zurück, der nächste Block war dran. Tausende Menschen verschwanden und wurden nie wieder gesehen. Frieda berichtete Dada, wie sie die Menschen ins Gebäude hatte gehen sehen, von den Lastwagen runter und hinein, weg. Kein Einziger sei wieder herausgekommen. Eine Stunde später schlugen Flammen aus den Schornsteinen und ein widerlich süßlicher Geruch kam mit dem Wind.

Vielleicht hast du Recht, mein Mädchen, sagte Dada und sah sehr erschrocken aus. Angstvoll, mit aufgerissenen Augen besprachen die Leute den Geruch. Und lauschten, ob die Lastwagen wiederkämen. Sie kamen nicht. Heute nicht.

Seitdem wussten alle, dass diese Gebäude mit den Schornsteinen keine Fabriken, sondern Krematorien waren. Aber sie hatten nichts gehört. Keine Schüsse. Und es war so schnell gegangen. Hatten die SS die Menschen lebendig verbrannt?

Die Menschen, sagte Frieda, müssen sich nackt ausziehen, an der Tür bekommen sie eine Seife, damit gehen sie hinein und kommen nicht mehr hinaus. Ihre Kleidung wird weggeschafft.

Und kurz darauf schießen die Flammen und der Rauch oben aus dem Schornstein. Sie bringen die Menschen um, die sie von hier wegholen.

Dada erkundigte sich. Und wenig später wussten es auch andere, bald wussten es alle. Es gab in den Gebäuden mit den Schornsteinen Räume, in denen Menschen durch Gas ermordet wurden. Die SS hatte verboten, darüber zu sprechen. Das Wort *vergasen* war bei Strafe verboten. DAS WERDEN WIR EUCH AUSTREIBEN, HIER LÜGEN ZU VERBREITEN! Aber manchmal sagte ein SS-Mann: HIER KOMMT IHR NUR DURCH DEN SCHORNSTEIN RAUS!

»Der Gestank alleine, wenn Menschen verbrannt werden, das riecht man Jahre. Jahre hat man den in der Nase drin. Den vergesse ich nie.«

Der Junge hatte wieder einen Topf für die Suppe. Es gab jede Nacht Tote, die konnten nicht mehr essen. Die Toten wurden hinter der Baracke aufeinandergelegt. Hinter jeder Baracke lagen morgens drei, vier. Überall starben die Kinder, die kleinen zuerst.

Hugo hatte Angst, dass er einmal dabei sein würde. Oder seine Geschwister, sein Dada. Oder noch schlimmer: seine Mama. Er weinte oft.

»Ich war neun Jahre, aber noch habe ich manchmal in ihrem Arm sein müssen, abends. Habe ich dann gesagt: Mama, nimm mich doch ein bisschen, Mama. Sie hat mich dann genommen und hat mich so gehätschelt. Im siebten Himmel war ich, wo sie mich gehätschelt hat.«

Nach dem Appell zogen Häftlinge einen Pritschenwagen mit zwei großen Holzrädern durch das Lager. Von Baracke zu Baracke gingen sie, warfen die Toten auf den Wagen, dann am Lagereingang auf einen Lastwagen, der sie zum Verbrennen fuhr. Hier kommen wir nur als Leichen raus, sagten manche.

Nein, nicht einmal als Leichen. Nur als Rauch durch den Schornstein. Ihr habt's doch gerochen.

Paul, der Mann von Tante Kerscha, war bei den Toten.

Mama, hier kommen wir nie wieder raus, sagte Hugo. Seine Geschwister glaubten das auch, sie alle hatten die Leute so reden hören.

Nein, Kinder. Denkt nicht, wir bleiben hier. Wir kommen wieder raus, wir kommen wieder heim, sagte Mama und wiederholte viele Male diesen Satz. Wir kommen wieder heim, ich weiß es. Ich weiß es. Alle Kinder hielten sich an ihr, an ihren Worten, fest. Denkt nicht, wir bleiben hier.

Hugo hoffte, dass Malla auch mit rauskommen würde. Wenn er groß war, wollte er sie heiraten. Und sie wollte ihn heiraten. Sie hielten sich an den Händen. Sie hatten es fest verabredet. Ihre Hochzeit, ihr Wohnwagen. Und Kinder wollten sie. Sie würden mit Pferden handeln und das Leben würde schön werden wie ein Paradies. In ihren Gedanken war es schon ein Paradies. Hugo war jeden Tag mit Malla zusammen und konnte sich das Dasein ohne sie nicht mehr vorstellen.

Zum Appell kam jemand aus der Schreibstube und las die Anordnung vor. Einteilung in Arbeitskommandos! Dada musste nun jeden Morgen weg. Das Lager war noch nicht fertig gebaut. Kurz darauf mussten alle ab zehn Jahren arbeiten, auch Manfred und Frieda. Männer und Frauen schaufelten eine Grube für die Grundmauern einer Baracke, die für die Entlausung vorgesehen war, Sauna genannt. Andere Frauen und Kinder mussten dafür Ziegel und Steine tragen, mit bloßen Händen. Ein Kommando musste die Steine im Laufschritt tragen. Nebenher fuhr ein SS-Blockführer mit dem Fahrrad. Stürzte eine Frau, hielt er und prügelte mit einem Stock auf sie ein, bis sie wieder aufstand. Und mit bloßen Füßen mussten Frauen eine schwere Straßenwalze ziehen, um das Gelände zu ebnen. Ihre Füße bluteten. Männer ebneten die Lagerstraße, Kinder schleppten dafür Ziegel und Steine heran, die Lagerstraße wurde befestigt und zum Teil betoniert.

Von den Gefangenen wurden die Entwässerungsgräben erweitert und vertieft. Um manche Baracken mussten gestochener Rasen gelegt und Blumen gepflanzt werden, je nach Geschmack des jeweiligen Blockführers. Der Rasen war bald wieder niedergetrampelt.

Alle Kinder bis sechs Jahre mussten in den Kindergarten in die letzten zwei Baracken. Die Kinder von sechs bis neun mussten täglich in den Kinderhort, auch Hugo und sein Cousin Mano. Der Kinderhort war ein Drahtkäfig im Freien, von dort aus sah Hugo die Erwachsenen, wie sie sich beim Bau der Sauna unter scharfer Bewachung abmühten. Auf der anderen Seite schauten sie durch den Lagerstacheldraht auf Baracken und Zäune der anderen Lagerteile, bis zum Horizont.

Malla verlor ihre Eltern. Erst starb ihr Vater, Tante Derndls Bruder, dann ihre Mutter. Malla blieb, wann immer möglich, dicht bei Hugo.

Nach einem Monat starb Onkel Friedla. Er ist an dem Schlag gestorben, sagte Dada. Aber vielleicht war es auch das Fleckfieber, das sich überall ausbreitete. Durch die Spritzen, die wir bekamen.

Und wenn als Nächstes wir sterben? Das fragten sich Hugo und Manfred. Was macht die Mama ohne uns?

Wer krank war, hatte großen Durst. Es gab keine Wasserleitungen, aber einmal am Tag wurden Fässer mit Wasser hereingebracht. Wer Fieber hatte, den quälte der Durst besonders. Manche Kinder verkauften ihr Brot für Wasser. Manche tranken das schmutzige Wasser aus den Gräben. Vor allem die Kinder. Und es wurden noch mehr Menschen krank. Sie bekamen Durchfall, die Latrinen waren weit und viele schafften es nicht bis dahin. Es gab auch kein Wasser zum Waschen.

Wenn wir überleben und rauskommen, sagte Malla, esse ich, bis mein Rock reißt.

Ich esse, bis ich durch keine Tür mehr passe.

Wenn wir überleben und rauskommen, sagte Malla, bleibe ich immer mit dir zusammen.

Ja, sagte Hugo. Wir machen alles zusammen.

Jeden Tag.

Ja, jeden Tag und jede Nacht. Und unsere Kinder sind immer bei uns und wir beschützen sie. Und sie richteten sich in Gedanken ihren Wohnwagen ein, hängten Bilder an die Wände und bekamen Besuch von ihren Geschwistern. Nur mit Malla hatte Hugo keine Angst.

Die Kinder mussten in den Kinderhort, egal wie das Wetter war, ob es stürmte oder regnete. Sechs Stunden täglich waren sie dort eingesperrt, auf einem Stückchen Erde mit Zaun drum herum, jeden Tag um die gleiche Zeit. Früh mussten sie dort sein, das Tor wurde verschlossen, am Nachmittag durften sie wieder hinaus und gingen zu ihrem Block zurück. Jeden Morgen beim Aufwachen hatte Hugo Angst aufzustehen, weil er in den Kinderhort würde gehen müssen.

Dort machten alle, was sie wollten – herumstehen, sitzen, warten, reden, auch spielen –, und einmal am Tag gab es Essen. Aber nicht für Hugo. Wenn in einem großen Kübel die Suppe gebracht und auf den Holzblock gestellt wurde, läuteten die Frauen die kleine Glocke. Manchmal war es sogar Milchsuppe. Alle Kinder stürmten dorthin, drängten und schubsten sich vor zum Kübel und stießen dabei Hugo weg. Auch wenn Hugo als Erster dagestanden hatte, wurde er jeden Tag von den anderen Kindern abgedrängt und war schließlich der Letzte in der Schlange. Bis er an die Reihe kam, war der Kübel leer und er bekam nichts mehr zu essen. Zum Umfallen hungrig war er. Jeden Tag drückte er sich in der Nähe der Glocke herum, manchmal stand er Ewigkeiten dort und wartete auf die Suppe. Immerzu dachte er, jetzt kann gleich die Glocke läuten, ich gehe hier nicht weg, jetzt stehe ich ganz vorn, heute kriege ich was zu essen, heute schubst mich keiner beiseite. Stundenlang wartete er so. Fest entschlossen, seine Stellung zu verteidigen, den kleinen Topf in der Hand. Als die Frauen kamen, den Kübel auf den Holzblock hievten und die Glocke schlugen, rannten alle Kinder herbei, kämpften um die besten Plätze, schlugen mit Fäusten, stießen mit Ellenbogen, warfen Kinder um. Hugo wollte sich vordrängen, aber ehe er etwas in seinen Topf bekommen hatte, konnte er den Kübel vor den Kindern schon nicht mehr sehen. Hugo hielt den roten Topf wie angeschweißt in der Hand, den konnte ihm niemand entreißen. Aber er bekam nie etwas hineingeschöpft. Die Kinder schlugen sich um das Essen, versuchten es sich gegenseitig zu entreißen. Die meisten Kinder ließen sich ruhig schlagen, aber ihre Suppe konnte ihnen niemand nehmen, die schluckten sie schnell hinunter.

»Da war ich zu feige dafür. Ich war immer ein Mensch, der sich hat bald alles gefallen lassen. Kleine waren auch vor mir. Ich hab dann den vorgelassen und den. Bis ich geschaut habe, war ich wieder der Letzte hinten. Wenn ich daran denke. Ich habe geheult vor Hunger.«

Wieder war der Kübel schon leer, bis Hugo ihn erreichte. Und nachmittags ging er in die Baracke und weinte, kaum dass er Mama erblickte. Sie nahm ihn in den Arm: Hast du wieder nichts gekriegt?

Nein, Mama, ich habe wieder nichts gekriegt.

Nach zwei Wochen war er so schwach, dass er kaum noch laufen konnte, nur taumelte und alles verschwommen sah. Und obwohl er nur unter größter Kraftanstrengung überhaupt den Weg dorthin schaffte, musste er weiter in den Hort. Mama weinte vor Angst, Hugo könnte verhungern. Sie hatte nichts zu essen für ihn. Auch wenn sie sich ein Stückchen Brot absparte und es ihm gab, es reichte nicht. Hugo war kurz vor dem Tod. Warum habe ich am ersten Tag die Suppe weggeschüttet? Ach, könnte ich sie jetzt trinken. Hätte ich sie jetzt. Es gab um sie herum Kinder, deren Haut sich wie Leder um die Knochen spannte. Wenn sie die Augen zumachen, dachte Hugo, sehen sie aus wie tot. Hoffentlich sterbe ich nicht. Vielleicht sehe ich auch so aus.

Vorn am Tor gab es eine Verkaufsstelle, die Kantine hieß. Dort erhielt man Zigaretten, Bier, Seife, Sodawasser, Zwiebeln und Kuchen. Alles war mindestens hundertmal so teuer wie draußen. An allem verdiente die SS. Seife brauchte man nicht, es gab kein Wasser. Wer Geld hatte, konnte sich eine Zwiebel kaufen. Oder Kuchen. Wer viel Geld hatte, kaufte sich Zigaretten, die er zum Tauschen gegen Essbares verwenden konnte, wenn er sie nicht selbst rauchte. Ein alter Mann aus der Familie von Manos Mama stand mit Dada zusammen. Hugo sah, wie er dem Dada zwei Goldstücke gab. Vielleicht hatte Dada ihm dafür etwas anderes gegeben. Mit den Goldstücken ging Dada vor in die Kantine und kaufte einen Kanister Wasser.

Mama ging sehr sparsam damit um. Vormittags, nachmittags, abends für alle Kinder je einen Schluck.

Das Wasser war nach zwei Tagen alle, die Goldstücke ausgegeben. Dada hatte kein Geld und kein Gold mehr.

Dada wollte etwas tun, sonst würden sie alle untergehen – eingehen und eines Vormittags ins Krematorium gefahren werden.

Er musste etwas werden, er wollte etwas zu sagen haben.

Als ein Mann starb, der Stubendienst war, meldete Dada sich sofort beim Blockältesten und bot sich als Ersatz an.

Der Blockälteste war einverstanden und Dada ab sofort für die Ordnung seiner Stube verantwortlich. Jeden Morgen zog er die Verhungerten oder an Krankheiten Gestorbenen aus den Buchsen und stapelte sie hinter der Baracke auf. Es wurden täglich mehr. Jeden Morgen lag ein Haufen Leichen dort, der manchmal so hoch war wie Hugo. Und manchmal waren Freunde oder Verwandte dabei. Kleine Kinder gab es fast nicht mehr.

Die meisten starben am Fleckfieber. Dada schrieb die Nummern der Gestorbenen von den Armen ab, meldete sie dem Blockältesten und der meldete sie in der Registratur. Der Blockälteste war ein deutscher Strafgefangener, er trug einen grünen Winkel an seiner Kleidung. Die SS hatte ihn als Kriminellen geholt und im Lager als Aufseher für einen Block eingesetzt. Für das Schneiden von Brot im Block war er auch zuständig.

Wenn es Brot gab, schnitt der Blockälteste es an einem Tisch, der vorn gegen den Ofen stand. Alle stellten sich an und bekamen ihre Ration. Natürlich sahen alle, dass die Brotscheibe nicht für jeden gleich groß war. Und dass sein eigener Anteil der größte war. Es blieb wochenlang dabei. Aber einmal gingen die letzten fünfzehn Leute in der Schlange leer aus.

Seppl, Seppl, komm doch her, rief eine alte Frau auf Romanes, eine Ungarin. Ihr Gesicht war runzlig und sie trug ein buntes Kopftuch. Der Dada ging zu ihr nach hinten. Wir haben nichts zu essen gekriegt. Schau doch her, jeder hat.

Darauf ging Dada vor zu dem Blockältesten und sagte: Was machst du für Rationen? Da sind fünfzehn oder sechzehn Leute, die nichts mehr zum Essen gekriegt haben.

Weg, du. Verschwinde!

Du betrügst uns um die Essensration für die armen Leute. Dada sprach weiter: Das kannst du nicht machen. Morgen fängst du von hinten an, dann kriegen die Ersten nichts.

Der Blockälteste redete nicht weiter mit Dada.

Dada untersuchte den Tisch genauer. In der Mitte war ein Spalt, durch den der Blockälteste beim Schneiden unauffällig Brotscheiben hineinfallen und so verschwinden lassen hatte. Das Brot war in einen Eimer gefallen. Dada warf den Tisch um, holte das Brot heraus und gab es der alten Frau und den Menschen, die nichts abbekommen hatten. Da schlug der Blockwart Dada ins Gesicht.

»Und Dada hat retour geschlagen. Mein Dada war Sieger, der Dada hat ihn richtig blutig geschlagen.«

Blutverschmiert rappelte der Blockälteste sich auf, rannte auf die Lagerstraße und schrie, er sei geschlagen worden. Er lief vor und meldete bei der Kommandantur, Nummer 3527 habe ihn angegriffen. Kurz darauf trat ein Häftling, ein Läufer, in den Block und rief: Nummer 3527 zur Kommandantur vorkommen!
Dada ging.
Und alle warteten.
Mehr als eine Stunde später taumelte ein Mann in die Baracke. Er blutete von Kopf bis Fuß, hielt eine Hand an seine Rippen und bedeckte mit der Jacke seinen Kopf. Wer ist das? Sein Gesicht war so aufgeschwollen, dass er die Augen nicht mehr öffnen konnte. Hugo starrte ihn an und erkannte Dada erst, als Mama schon bei ihm war.

»Das war das Erste, was wir mitgemacht haben. Das Gesicht und die Augen waren blutig. Ich sehe alles heute noch vor mir, das ist jetzt über sechzig Jahre her. Man sieht dann alles. Ich habe schon gewusst, das kann nicht stimmen, was oben am Tor stand. Am Anfang dachte ich, wenn das da so steht … Wir sind ja vorher nicht belogen worden. Es kommt dann die Angst, die Angst wird mit der Zeit immer schlimmer. Die Hoffnung wurde immer weniger, dass wir wieder freikommen.«

Leute, die gesehen hatten, was geschehen war, sagten später, Dada kam in der Kommandantur vor zum Lagerältesten, auch einem Grünwinkler, und einem SS-Mann, die wissen wollten, was geschehen war. Dada sagte: Ich bin Deutscher, ich lasse mich nicht von einem Zuchthäusler ums Brot betrügen, die Leute haben nichts zu essen gekriegt. Und ich lasse mich nicht schlagen.

Da wurde er vom Lagerältesten zusammengeschlagen. Sieben- oder achtmal schlug er Dada nieder. Sieben- oder achtmal rappelte er sich wieder auf und blieb stehen. Das Blut lief ihm über das Gesicht, die Augen waren zugeschwollen, aber er stand.

Ihr schlagt mich nicht tot, sagte er. Er stand so oft wieder auf, bis der Grünwinkler und der SS-Mann nicht mehr wollten, aufhörten und Dada gehen ließen.

»Die meisten Leute, wenn sie einen Schlag gekriegt haben, haben sich hingeschmissen und den Toten markiert. Die sind dann gestorben. Da haben sie so lange reingetreten, bis sie wirklich tot waren. Oder sie sind liegen geblieben und haben gestöhnt, au, au, au. Die sind dann totgetreten worden. Weil sie feige waren, haben sie dann gesagt.«

In der Baracke legte Dada sich hin und sprach kein Wort. Er konnte nicht mehr. Der Blockälteste kam nicht wieder. Die alte ungarische Frau ging zum Dada und zur Mama hin und sagte: Seppl, ich bete für dich und deine Familie. Ich bete und ich wünsche, dass du mit deiner Familie überlebst und rauskommst vom Lager.

In der Nacht hörte Hugo ihre Stimme: Latscho Seppl me rakarau mit mu debel da wes du mit diri familia dran go Lagra sasto bale wri.

Ich bete zu meinem Gott, dass du mit deiner Familie gesund aus dem Lager rauskommst. Als Hugo einschlief, betete sie noch.

Ein paar Tage darauf nach dem Appell rief der SS-Blockführer: 3527 VORTRETEN!

Hugos Herz raste vor Angst. Dada hatte noch ein blau geschlagenes, geschwollenes Gesicht.

Dada trat vor und legte seine Hand militärisch an die Stirn. Ab heute leitest du den Block als Blockältester. Abtreten!

Die dritte, die obere Buchse am Eingang, die bekam der Dada jetzt. Hugo, seine Geschwister, hatten große Freude. Auch Mama freute sich. Nicht mehr am Boden schlafen. Nachts würde keiner mehr über sie hinwegsteigen, sie würden nicht mehr in den eiskalten Nächten am Boden liegen.

Als Blockältester bekam Dada ein bisschen mehr zu essen. Es war nicht genug zum Leben, aber nun würden sie vielleicht nicht so leicht sterben wie viele andere.

Aber Hugo konnte nicht vergessen, wie Dada zerschlagen zurückgehumpelt kam, blutig von Kopf bis Fuß. Warum hat der Dada nicht ein, zwei von denen umgebracht? Warum hat er nicht retour geschlagen?

»Aber jetzt weiß ich, warum. Ich weiß, warum. Weil, wenn er retour geschlagen hätte, wären wir alle nicht mehr da gewesen. Der hat es für seine Familie gemacht, dass der Familie nichts passiert.«

Wenig später wurde der Kinderhort abgeschafft. Das rettete Hugo, jetzt konnte er bei der Mama in der Baracke sein, wenn einmal am Tag die Wassersuppe und das Brot, falls es welches gab, ausgeteilt wurden. Er würde seine Ration dort bekommen, ohne sich dafür schlagen zu müssen.

Oft hielt Hugo sich an der Mama fest und die Mama hielt Hugo und Manfred und auch Frieda fest im Arm. Oft weinte Hugo dicke Tränen und Mama sagte: Wir kommen raus, Junge. Wirst schon sehen, wir kommen raus.

Fast nie wichen die kleinen Geschwister von Mamas Seite. Besonders Januschek nicht.

»Ich versteh das heut noch nicht. Die Mama hat uns so viel Kraft gegeben. Im KZ hat sie uns so viel Kraft gegeben. Eines Tages sehen wir uns alle wieder draußen, hat sie gesagt. Vielleicht hat sie es anders gedacht. Das war die beste Mutter, die beste Mutter. Sie hat sich nichts anmerken lassen da drin.

Ich hatte dann mal vor Jahren das Lied White Christmas von Bing Crosby. Das hat sie zu Weihnachten meist spielen lassen. Wir waren alle zusammen, haben alle noch zu Hause gewohnt. Einmal ist sie dann

weg von mir. Und ich habe gesehen, wie sie hinten heimlich geweint hat. Ich bin hin zu ihr: Warum weinst denn du, Mama? Wir sind doch alle da. Hat sie gesagt: Ich habe auch einen Vater gehabt, ich habe auch einen Bruder gehabt mit Familie, die im Lager geblieben sind. Da kam ich drauf, ich Dummer. Hab ich sie gefragt, warum sie weint.«

Hugo hatte solche Kopfschmerzen, dass er den Appell kaum aushielt. Das Geschrei der SS-Männer war ihm egal, er wollte sich nur hinlegen. Die Beine, die Arme, der ganze Körper schmerzte, als wollten die Knochen sich umdrehen. Hugo durfte nicht einmal die Hände an den Kopf legen, die mussten an der Hosennaht bleiben. Er zitterte. Weil er nicht mehr konnte. Vor Kälte. Vor Angst. Der SS-Mann holte Leute raus zum Frühsport. Jeden Dritten. Das waren Männer und Frauen. Das Herzklopfen legte sich etwas, als nicht Mama und nicht Dada drankamen.

Die Schmerzen hörten nicht auf. Mama, mir tut alles weh. Hugo fühlte sich brennend heiß. Er legte sich auf die Erde. Alles verschwamm vor seinen Augen, der Himmel, die Krähen, die Wachtürme. Vielleicht nahm ihn jemand hoch. Er brannte und konnte nichts mehr erkennen, nichts mehr denken. War Tag, war Nacht? Und wo war er? Drinnen, draußen, im Krankenbau, bei Mama? Fieber. Und am ganzen Körper breiteten sich Flecken aus. Ewige Zeit verging. Und doch schleppte er sich morgens um vier hinaus zum Appell und stand stundenlang, danach fiel er wieder um und: ja, die Ration noch – sonst wusste er nichts.

Auch nicht, wie lange er weg war, als das Fieber abklang und er seine Familie wieder sah, erkannte. Ich war krank. Ja. Und die anderen sagten: Ich auch. Dada ist noch krank. Und der Januschek. Alle hatten das Fleckfieber und sie lebten noch. Alle waren noch da, auch Mano und Lili. Sonst waren aus jeder Familie welche weggestorben. Tante Notschga lag im Krankenbau. Dort durfte niemand zu Besuch hinein und niemand die Baracke verlassen. Es gab Häftlinge, die als Wachen eingesetzt wurden und das zu verhindern wussten.

Die Leichen der Nacht hinter den Baracken wurden täglich mehr, zu Bergen aufeinander gelegt. Mano und Onkel Babist mussten sie auf einen Pritschenwagen schichten und zum Tor bringen. Im Kinderblock, wo die Waisenkinder waren, war ein ewiges Weinen und Wimmern. Alles fiel Hugo überdeutlich auf, als sei er weit fort oder selbst schon tot gewesen.

Dada wurde gesund. Januschek kam zu sich.

An den Baracken wurden von Häftlingen Plakate mit großer Schrift befestigt. Hugo entzifferte sie: Eine Laus dein Tod! Dabei die Zeichnung einer großen Laus. Da müsste ich schon hundertmal tot sein. Wenn Hugo den Streifen über der Knopfleiste seines Hemds zurückschlug, wimmelte es von Läusen und Nissen. Fuhr er mit dem Daumennagel darüber, waren viele Läuse tot und der Daumen blutig. Aber die Läuse wurde er nicht los. Man musste sie einzeln knacken. Nichts half, alle hatten Läuse. Es gab tausende mehr Läuse als Menschen im Lager. Kratzte er sich irgendwo, hatte er zwei, drei Läuse unter den Nägeln.

Sie war auch krank. Malla. Hugo schaute jeden Tag nach ihr. Und an einem Morgen war sie fort.

Wo ist Malla?, fragte er ihre Schwestern. Sie weinten. Tante, wo ist Malla?, fragte er Tante Derndl.

Sie ist diese Nacht für immer eingeschlafen.

»Ich hab gedacht, mein Herz bricht raus.

Jeden Tag hieß es, der, die, jeden Tag sind welche gestorben. Wir hatten so viele Tote. Manchmal waren sie morgens einfach nicht mehr da.

So war es bei ihr.

Wir waren immer zusammen.

Wie sie nicht mehr da war, war ich wochenlang traurig.
Unsere ganzen Illusionen waren weg, weißt du, was wir uns aufgebaut haben.«

Es wurde kein Wasser mehr ins Lager gebracht. Und besonders die Kinder hatten Durst, immerzu Durst. Es gab keine Wasserleitungen, keinen Brunnen, keine Wasserzuteilung. Die Kinder legten sich auf die Erde und tranken aus den Entwässerungsgräben. Trinkt nicht das schmutzige Wasser, sagten die Erwachsenen immer wieder. Sie schimpften, drohten: Trinkt das nicht. Aber die Kinder tranken auch das Wasser aus den Pfützen, aus den Fahrspuren der Lastwagen, die Kinder hatten Durst. Es gab keine Wasserleitungen, es gab nichts zum Waschen, wo sie bei der Gelegenheit hätten trinken können, die Kinder hatten schrecklichen Durst und in den Gräben sahen sie Wasser. Auch Hugo legte sich hin und trank.

Die Krankheit, das Fleckfieber, breitete sich rasend schnell aus. Eine Laus dein Tod! Und die Erklärung, die sich alle anhören mussten: Im Kot der Läuse sind die Krankheitserreger. Wenn man sich kratzt, weil es furchtbar juckt, und sich dabei verletzt, was immer wieder geschieht, dringen die Erreger in die Blutbahn und man ist infiziert. Mehr als die Hälfte der Erkrankten stirbt. Hugo lebte noch, aber Malla fehlte. Ihm war, als sei in seinem Innern ein Loch, eine Leere. Er vermisste Malla, ein schöneres Mädchen konnte er sich nicht vorstellen. Wir hatten doch noch so viel vor.

Hugo dachte nicht mehr vor. Nur noch zurück. An das Haus in der Deisenhofener Straße. Wie schön es dort war. Mama hatte einen Garten. Hugo konnte sich an Mohrrüben erinnern. Und an die Tomatenpflanzen entlang der Hauswand. Hugo hatte oft nachgeschaut, ob sie schon gewachsen waren. Manchmal pflückten sie eine Tomate grün und aßen sie. Wartet, sagte Mama. Nächste Woche werden sie rot.

Hugo beobachtete die Wolken und die Vögel. Ach. Sonst gab es nur die Kamine der Krematorien und die Wachtürme. Er mochte ohne Malla kein Singen mehr hören.

Es kam wieder Neuzugang. Wie die meisten ging auch Mama schauen, gespannt, furchtsam, ob sie bei den Neuen jemanden kannte. Sie entdeckte ihren Dada, Perschko, und ihren jüngsten Bruder Pischeli bei der Zugangsbaracke. Mama stürzte hin und umarmte ihren Dada. Er war entsetzt, als er sah, wie abgemagert seine Dutscha und ihre Kinder waren. Ja, die Oma ist tot, schon bei der Fahrt. Mama und Dada wollten wissen, woher Perschko und Pischeli kamen, wie alles gewesen war. Hugo stand dabei, er und seine Geschwister hörten zu. Und wo waren die anderen? Sie hatten es alle bis Italien geschafft, ein paar Monate lebten sie dort. An einem Morgen, sehr früh, sie schliefen draußen auf einer Wiese, hatten Carabinieri sie entdeckt. Die Männer müssen mitkommen, sagten sie.

Sie nahmen den Opa und Pischeli mit, die Tochter legte sich über ihren Mann, zog die Decke hoch. Hier ist niemand mehr, sagte sie. Die Carabinieri ließen sie und die Kinder zurück und nahmen nur die beiden Männer mit, übergaben sie der Gestapo und die steckte sie in einen Zug nach Auschwitz.

»Mein anderer Onkel hat überlebt. Er hat dann eine Stelle als Dolmetscher gekriegt, er war nur drei Jahre in Italien, und er war ein sehr schlauer Mann, ein Sprachengenie. Er hat ein eigenes Büro betrieben in Italien. Unter anderem Namen natürlich. Nach dem Krieg kam er mit Frau und Kindern wieder rüber.«

Pischeli war verstört. Er war fünfzehn. Er sprach fast nichts. Seine Mama war tot. Nach zwei Wochen auch er.

Gleich darauf wurde Perschko krank, er hatte bei der Registrierung auch Spritzen bekommen, er konnte kaum stehen, zu sitzen gab es nichts. Dada war Stubenältester, er gab Perschko den Posten als Torwache und stellte ihm einen Stuhl an den Eingang. Perschko sollte zählen, wie viele rein-, wie viele rausgehen. Die Zahlen wollte keiner wissen, Perschko sollte aufpassen, dass nicht mehr hineingingen, als in der Baracke wohnten, und niemand aus einer anderen Baracke. Und er konnte sitzen. Nur beim Appell musste er stehen, wie alle, stundenlang. Nach zwei Wochen starb auch er.

In den nächsten Wochen verhungerten Mamas Cousins und Cousinen und deren Kinder.

Wer Geld für Porto hatte, durfte auf einem Formular einen kurzen Brief schreiben. Tante Kerscha schrieb an Onkel Eduard, wie die Zensur der SS es verlangte, dass es ihnen allen gut ging. Zu schreiben, dass sie etwas zu essen schicken sollten, war verboten, erst recht, dass Menschen gequält und ermordet wurden und an Krankheiten starben. Sie schrieb als letzten Satz: Grüß mir den Onkel Bock. Bok bedeutet Hunger auf Romanes.

Fast allen Leuten war das Geld ausgegangen. Als so gut wie niemand mehr in die Kantine ging, befahl der SS-Lagerführer, alle Wertsachen abzugeben.

Niemand befolgte die Anweisung. Mama gab Acht, dass ihr Medaillon mit dem Kreuz immer unter der Kleidung verborgen war und nie außen hing. Als ihr Dada, Perschko, gestorben war, hatte sie es an sich genommen. Jeden Abend betete Mama und berührte dabei das Medaillon. Heilige Maria, Mutter Gottes, lass uns leiden und hungern, so viel du willst, aber bitte bring uns noch mal hier raus. Oft hörte Hugo sie beten und manchmal heimlich weinen. Hugo hielt ihren Arm. Mama, wein doch nicht.

Sobald die Essenskübel vor den Blocks abgestellt wurden, umlagerten Menschen sie. Die Stubendienste mussten die Kübel bewachen, bis sie in die Baracken getragen wurden. Mussten aufpassen, wenn der Deckel gehoben wurde, und austeilen.

Denn wenn jemand den Kübel öffnete, versuchte jeder schnell mit seinem Topf hineinzulangen. Auch Hugo schaute nicht mehr, ob ein SS-Mann dabei war oder nicht, seinen Topf hatte er immer in der Hand, und wenn der SS-Mann sich umdrehte, schnappte er was und rannte weg. Noch im Rennen verschlang er, was er erbeuten konnte.

Tante Notschga war tot, sie war im Krankenrevier am Fleckfieber gestorben.

Luki, Lolitschai, Weichsla, Musla, Baptist, alle Kinder von Tante Notschga weinten. Onkel Konrad schaute wie wahnsinnig auf seine Kinder.

SS-Männer kamen. Achtung!, rief ein Stubendienst. Hugo bekam immer Herzrasen, wenn SS sich näherte. Die SS schlenderte zur Inspektion der Ordnung in den Block. Es durfte tagsüber nichts auf dem langen Ziegelofen liegen, der Boden musste penibel sauber sein, die Buchsen ordentlich. Irgendetwas passte dem SS-Blockführer nicht. ALLE STUBENDIENSTE RAUS! Fünf traten vor. Jawoll! Man musste immer Jawoll! sagen, wenn man mit der SS zu tun hatte. Der sechste Stubendienst war verschwunden. Dem SS-Mann war es egal. Dann der Blockführer! Herkommen!

Zwei vom Stubendienst mussten den hölzernen Bock von vorn holen und auf die Lagerstraße vor die Baracke stellen. ALLES RAUS! AUFSTELLEN!

Der ganze Block musste antreten und zuschauen, wie ein Mann nach dem anderen mit dem Oberkörper auf dem Bock festgeschnallt wurde. Jeder, der geschlagen wurde, musste die fünfundzwanzig Stockschläge auf sein Hinterteil mitzählen.

Manchen versagte die Stimme schon beim fünften oder sechsten Schlag. Verzählte sich einer, wurde von vorn begonnen. Nach den ersten paar Schlägen platzte die Haut und blutete.

Manchmal schlugen die SS-Männer selbst, aber meistens zwangen sie Häftlinge dazu, ihre Mithäftlinge zu schlagen.

Hugo wollte am liebsten weglaufen und sich verstecken oder in

Luft auflösen. Oder wenigstens den Kopf abwenden oder die Augen schließen. Aber das war verboten. Er musste hinschauen. Und er war voller Angst, spürte das Herzklopfen im ganzen Leib.

Jetzt war Dada dran.

Er musste sich über den Bock legen, wurde festgeschnallt, sein Kopf hing vorn, die Beine hinten runter. Die Stockschläge begannen, auch Dada musste mitzählen. Eins! Zwei! Drei! Der Mann hieb mit aller Kraft. Vier! Und obwohl Dada schon blutete: FÜNF! Er schrie die Zahlen heraus: SECHS! Hugo schloss die Augen. SIEBEN! ACHT! Hoffentlich verzählt mein Dada sich nicht. NEUN! ZEHN! ELF! ZWÖLF! Alles war rot. DREIZEHN! Dadas Gesicht zuckte, aber er zählte und zwischen den Schlägen biss er die Zähne aufeinander. Bei jedem Schlag zuckte Hugo zusammen.

»Oft habe ich drüber nachgedacht. Dada war doch ein Mann, der sich nicht gefürchtet hat, nicht vor hundert Stück. Und da drin war er für mich nur noch so klein. Ich dachte, warum lässt der sich so viel bieten? Ich habe richtig Angst gehabt.«

Auf der Lagerstraße bemerkte Hugo einen Jungen aus einem anderen Block, den er noch nicht gesehen hatte. Hugo schaute ihn an. Der Junge blieb stehen. Wo kommst du her?, fragte er.

Ich bin von München.

Wir aus Nürnberg. Wie heißt du?

Hugo.

Wie alt bist du?

Neun.

Genau wie ich.

»Ich weiß seinen Namen nicht mehr ... Ich hatte ihn noch lange in meinem Kopf drin ... so lange. Wir waren auf einmal zusammen und haben uns unterhalten. Wir haben uns gefunden und sind nicht mehr auseinander. Der war für mich mehr wie meine Brüder.«

Hugo und der Junge trafen sich jeden Tag und fragten sich nach ihrem Leben früher, nach draußen. Zusammen erinnerten sie sich, dass jenseits des Stacheldrahts noch eine andere Welt existierte. Sie machten »draußen« lebendig.

Sie erzählten sich von ihren Eltern und Geschwistern. Wenn sie sich am Abend trennen mussten, drehten sich beide noch mehrmals um und winkten sich zu. Es war verboten, andere Baracken zu betreten, und bei Blocksperre durfte niemand sich auf der Lagerstraße aufhalten. Wer das trotzdem tat, wurde von den Wachposten sofort erschossen. Blocksperre war manchmal plötzlich, tagsüber, und jede Nacht – von sechs oder sieben oder acht bis zum Ende des Morgenappells. Nachts streiften die Suchscheinwerfer über das Lager. Hugo wartete sehnsüchtig auf den Morgen und den Moment, da der Appell vorüber und die Blocksperre aufgehoben war. Kaum ertönte das Signal, trafen Hugo und sein Freund schon wieder auf der Lagerstraße zusammen.

Wenn ich rauskomme und erwachsen werde, lerne ich einen Beruf, sagte sein Freund.

Ich auch.

Ich will, wenn ich erwachsen werde, bei der Bank arbeiten, sagte er.

Wenn ich rauskomme, will ich später mal Lokführer werden.

Lokführer? Da kannst du weiter nichts werden mit Lokführer.

Aber du, ich komme in der Welt rum. Ich fahre Zug von früh bis nachts.

Ich will was Hohes werden im Leben. Viel Geld verdienen. Ich werde ein Bankmann.

Hugo verbrachte alle Zeit nur mit seinem neuen Freund. Seine Geschwister, seine Cousins waren vergessen. Am nächsten Tag sagte Hugo: Eigentlich wollte ich früher Lokführer werden. Aber jetzt nicht mehr. Nach den fünf Tagen im Zug will ich nie mehr Zug fahren.

»Wenn wir uns gesehen haben – ich weiß nicht, was das war, wir haben andere Gedanken gekriegt: was wir machen möchten, was wir tun werden. Ich glaube, zuletzt haben wir uns geeinigt, dass wir Pferdehändler werden.«

Plötzlich war es nicht mehr nur Angst, es war wieder ein Leben. Der Verlust von Malla tat nicht mehr so weh.

»Wir waren ja wie – ich kann das gar nicht sagen, ich habe seitdem nie mehr so einen Menschen gehabt, glaubst du das?«

Appell stehen – mit der morgendlichen Quälerei begann der Tag. Ling, ling, ling, ling, wurde die Glocke am Lagertor geschlagen und drinnen die Glocke des Blockältesten. Tausende Menschen sprangen aus dem Schlaf heraus auf und rannten nach draußen, sie hatten nur die Kleidung, die sie am Körper trugen. Raus und immer fünf nebeneinander.

Stimmte beim Appell die Zahl der Menschen nicht, musste so lange gezählt werden, bis sie stimmte. So lange mussten die Menschen stehen. Und wenn es fünf oder sechs Stunden dauerte. Fehlte jemand, konnte es noch länger dauern, sogar den ganzen Tag. Dann waren sie den Schikanen der SS-Männer besonders ausgeliefert. JEDER hat auf den Nachbarn zu achten. Flieht dein Nachbar, dann bist du verantwortlich, hieß es. Fehlte wirklich jemand und fand sich nicht krank oder noch schlafend in einer Baracke, wurden SS-Wachmannschaften mit Hunden losgeschickt, die Umgebung absuchen. Bis jetzt war nur einer Frau die Flucht gelungen. Alle anderen, die eine Flucht versucht hatten, waren geschnappt und erschossen worden. Manchmal schreckte Hugo auf, da war er im Stehen eingeschlafen und auf denjenigen neben ihm gesunken. Oft war er so müde, dass er die Angst vergaß. Wenn Manfred oder Frieda oder Mama neben ihm stand, konnten sie sich aneinander lehnen. Oder Hugo hielt Mamas Hand. Wenn es lange dauerte, bis die SS kam, fingen die Menschen an, miteinander zu flüstern. Der Blockälteste gab ein Signal, sobald die SS das Lager betrat, dann wurden die tausende Menschen so still, dass Hugo den Atem der Nachbarn hörte. Manchmal standen sie schon Stunden, dann wurde der Appell abgeblasen, weil die SS absagte.

Den SS-Männern war zu Ohren gekommen, dass die Menschen in Dadas Block gestern überhaupt keine Suppe bekommen hatten. Der Kübel war vor der Baracke abgestellt worden, aber dann verschwunden und bis heute nicht aufgetaucht. Ein paar Leute, so dachte Hugo, hatten ihn wahrscheinlich leer getrunken und verschwinden lassen. DAS STEHLEN WERDEN WIR EUCH SCHON NOCH AUSTREIBEN!

Die aufgereihten Menschen wurden abgezählt. JEDER DRITTE RAUS! Plagge, König und Palitzsch waren dabei. Alle zitterten vor Angst. Eins, zwei, drei, eins, zwei, drei. Dada erwischte es, er war der Dritte, musste mit vor auf die Lagerstraße. Und alle anderen mussten zuschauen. Auch Hugo. Die Ausgesuchten, vielleicht zwanzig, mussten sich auf den Boden legen. Die SS-Männer lachten und traten manche in die Seite. Dann sprangen sie mit ihren schwarzen Stiefeln den Menschen auf den Rücken, jeder Fuß auf einem anderen, und brüllten: LOS! HÜ HOTT! ROBBEN! VORWÄRTS!

Mit Knüppeln und Ochsenziemern schlugen sie den Menschen über den Rücken und den Kopf und befahlen ihnen, über die Lagerstraße zu robben. Die Stiefel hatten Eisen an den Sohlen, Hugo sah die Nagelköpfe, und er sah, wie das Blut durch die dünne Kleidung den Menschen den Rücken hinunterlief. Die SS-Männer lachten, sie konnten nicht genug bekommen. Wer nicht mehr robben konnte, wurde totgeschlagen. Wie Stunden kam es Hugo vor, bis sie endlich aufhörten zu schlagen und zu lachen und das Lager verließen. Sieben Tote blieben liegen. Dada war durchgekommen.

»Die SS waren meistens junge Männer. Die haben nur probiert, Leute umzubringen, egal wie, nur schikanieren bis zum Tode. Dada war doch bei den Soldaten und hat sich nichts gefallen lassen, von

keinem Menschen. Und da drin dachte ich mir, warum schlägt er nicht so einen SS zusammen, was lässt er sich da bieten. Ich war richtig enttäuscht. Ich dachte immer, der kann alles. Ich kann mich erinnern, als ich fünf war. Wir waren auf dem Dultplatz, ich habe einen Luftballon gehabt und der ist mir weggeflogen. Ich hab gesagt: Dada, Dada, flieg doch nach, bitte. Als wie: der Dada kann alles, was es gibt. Später, wenn du selbst Vater wirst, kommst du drauf. Der hätte sich auch rumhauen können da drin. Aber er hat gedacht, wenn er was macht, bringen sie ihn um. Und seine Familie ist weg. Drum hat er es sich bieten lassen. Ich wäre heute genauso. Wenn ich allein wäre, könnten sie mich keinen Meter wegbringen. Ich tät zuschlagen, dass alles aus wäre. Aber wenn ich denke, meine Frau, meine Kinder, wenn ich weg bin, werden sie umgebracht ... Dann musst du dir das gefallen lassen. Darum muss man Respekt vor solchen Leuten wie dem Dada haben.«

Onkel Babist arbeitete in der Küche. Mit ausgebeulten Hosenbeinen ging er vorsichtig über die Lagerstraße. Zwei SS-Männer wurden auf ihn aufmerksam, hielten ihn an und schnitten ihm mit einem Messer die Hosenbeine unten auf, die gekochten Kartoffeln kullerten auf die Lagerstraße. Die SS-Männer zertraten sie und Onkel Babist wurde zusammengeschlagen.

Von den heißen Kartoffeln hatte er Brandblasen an den Schienbeinen. Aber manchmal gelang es ihm doch, etwas zu essen für seine Familie mitzunehmen.

Ein Häftling kam aus der Schreibstube. Nummer 3964 vorkommen! Tante Kerscha fasste sich ans Herz vor Schreck. Weshalb wurde sie vorgerufen? Sie wurde blass, ging und kam wenig später erleichtert zurück. Ein Päckchen war angekommen, es war geöffnet, aufgerissen durch die SS-Männer. Darin lag ein ganzes Brot. Völlig verschimmelt. Ach.

Wie hätte es wunderbar sein können, wenn Onkel Eduards Frau ein altes hartes Brot eingepackt hätte. Gewiss wollte sie ihnen etwas

Der 1.Lagerarzt d.K.L.
Auschwitz II-Zig.Lag.—   Auschwitz II-BIIe, den 13.März 1944

Betreff : Männliches Küchenpersonals — Sputum Proben.—

An die
Hyg.-bakt.Untersuchungsstelle der Waffen SS
A u s c h w i t z.

Gleichzeitig erhalten Sie 86 Sputum - Proben mit dem Ersuchen
dieselben auf Koch-Bazillen zu untersuchen:

Nr.	Z	Nummer	Name		Nr.	Z	Nummer	Name
1.	Z	25/2334	Hartmann Robert		40.	Z	6527/2373	Baranyai Rudolf
2.	Z	26/2335	Hartmann Robert		1.	Z	6537/ 4	Baranyai Josef
3.	Z	27/ 6	Hartmann Karl		2.	Z	669 / 5	Kreis Ludwig
4.	Z	378/ 7	Janson Josef		3.	Z	6706/ 6	Horvath Josef
5.	Z	519/ 8	Ernst Anton		4.	Z	6708/ 7	Horvath Eduard
6.	Z	634/ 9	Blum Franz		5.	Z	6759/ 8	Nikitsch Johann
7.	Z	705/2340	Deusing Adolf		6.	Z	6758/ 9	Horvath Franz
8.	Z	813/ 1	Dolyhai Wenzel		7.	Z	6760/ 80	Sarka Georg
9.	Z	830/ 2	Daniel Wenzel		8.	Z	6807/ 1	Horvath Johann
10.	Z	886/ 3	Holomek Stefan		9.	Z	6890/ 2	Karoly Alois
1.	Z	1600/ 4	Wachter Hermann		20.	Z	6899/ 3	Karoly Georg
2.	Z	2081/ 5	Trollmann Hermann		1.	Z	6909/ 4	Karoly Alois
3.	Z	2623/ 6	Steinberger Georg		2.	Z	6940/ 5	Horvath Stefan
4.	Z	2937/ 7	Schröder Waldemar		3.	Z	7007/ 6	Adlersberg Josef
5.	Z	2986/ 8	Schröder Max		4.	Z	7025/ 7	Weiss Alfred
6.	Z	2989 9	Herzberg Siegfried		5.	Z	7103/ 8	Brandt Hugo
7.	Z	2998/2350	Wappler Eichwald		6.	Z	7131/ 9	Papai Raymund
8.	Z	3256/ 1	Rosenbach Ewald		7.	Z	7135/2390	Wagentrest Franz
9.	Z	3354/ 2	Weiss Julius		8.	Z	7132/ 1	Papai Georg
20.	Z	3355/ 3	Weiss Waldemar		9.	Z	7139/ 2	Horvath Georg
1.	Z	3356/ 4	Weiss Gustav		30.	Z	7141/ 3	Horvath Rudolf
2.	Z	3487/ 5	Blum Anton		1.	Z	7142/ 4	Horvath Sylvester
3.	Z	3500/ 6	Klibisch Edmund		2.	Z	7454/ 5	Krystof Alfred
4.	Z	3998/ 7	Rzeznicki Ignatz		3.	Z	7531/ 6	Daniel Miroslaus
5.	Z	4931/ 8	Franz Konrad		4.	Z	7592/ 7	Klauder Franz
6.	Z	5281/ 9	Dewis Heinrich		5.	Z	7610/ 8	Kubik Franz
7.	Z	5343/2360	Strauss Adam		6.	Z	8188/ 9	Larsche Oskar
8.	Z	5371/ 1	Witisch Albin		7.	Z	8354/2400	Bongilai Johann
9.	Z	5477/ 2	Hoff Alfred		8.	Z	8761/ 1	Daniel Ladislaus
30.	Z	5564/ 3	Pawlowski Johann		9.	Z	8847/ 2	Laubinger Willi
1.	Z	5716/ 4	Ujvary Gregor		50.	Z	8990/ 3	Baranyai Franz
2.	Z	5742/ 5	Stojka Karl		1.	Z	1208/ 4	Holomek Franz
3.	Z	6055/ 6	Burianski Anton		2.	Z	9260/ 5	Pohl August
4.	Z	6137/ 7	Horvath Eugen		3.	Z	9032/ 6	Weindlich Andreas
5.	Z	6419/ 8	Scharközi Emmanuel		4.	X	47/ 7	Pazdro Josef
6.	Z	6489/ 9	Horvath Franz		5.	Z	231/ 8	Sichrawa Kazimir
7.	Z	6590/2370	Scharközi Ludwig		6.	Z	1040/ 9	Bronilowsko Jan
	Z	6503/2370	Scharközi Ludwig		7.	Z	3629/2410	Urbanski Anton
8.	Z	6508/ 1	Scharközi Josef		8.	Z	6643/ 1	Salski Jan
9.	Z	6509/ 2	Scharközi Emmerich		9.	Z	24233/ 2	Pasek Wladyslaw
					80.	Z	88164/ 3	Marcysiak Adam
		81.	Z 2348/2414	Hettich Josef				
		82.	Z 3567/ 5	Köhler Josef				
		3.	Z 3525/ 6	Höllenreiner				
		4.	Z 6538/ 7	Baranyai Josef				
		5.	Z 7626/ 8	Brandt Erwin				
		6.	Z 8867/ 9	Bürkenfelder				

Der 1.Lagerarzt
d.K.L. Auschwitz II
SS-Untersturmführer   (382/30)

Onkel Babist mit der Nummer 3525 arbeitete in der Küche. Alle dort Beschäftigten
wurden auf ihre Gesundheit untersucht, weil die Häftlinge auch für die SS kochten.

Gutes tun und hatte, nachdem sie im Brief vom Hunger gelesen hatte, ein frisches Brot losgeschickt. Und weil die Post so lange ging, war es nun verdorben. Vielleicht hatte noch mehr im Päckchen gelegen und die SS-Männer hatten es gestohlen?

Die SS-Männer und die Blockältesten stahlen alles, was sie bekommen konnten, auch die Sonderzuteilungen Margarine und Milch, die es anfangs für die Waisenkinder gab. Und Gemüse aus den Küchen, das für die Häftlinge gedacht war. Und wenn tatsächlich zusätzliche Nahrung für die Kinder ankam, ging es durch die Hände der Betreuer, die auch hungrig waren. So wie alle im Lager. Wer von den Kindern keine Eltern und keine Familie mehr hatte, war todgeweiht. Und immer mehr Kinder verloren ihre Eltern, täglich starben mehr Menschen. Durch das Fleckfieber, den Hunger, vor Schwäche beim Appellstehen oder weil die SS-Männer sie totschlugen. Oder sie erschossen. Oder sie ins Gas schickten.

An einem Abend wurde ein Kübel aus der Latrine gezogen, ausgekippt und für Hugos Block mit Suppe gefüllt. Es war der verschwundene Kübel. Sie waren alle zu hungrig, um genau hinzusehen. Und wenn sie den Unrat auch sahen, sie aßen trotzdem.

Dann war Dadas Schwester Lona tot.

Sie hatte fünf Kinder. Die großen Mädchen mussten ihre kleinen Schwestern mitversorgen.

Was auch geschah, Hugo hatte seinen Freund.

Jeden Morgen freute er sich, ihn wiederzusehen.

Über die Lagerstraße gingen sie meistens Hand in Hand oder die Arme einander um die Schultern gelegt. Wochenlang von früh bis spät, außer wenn Appell oder Blocksperre war.

Wenn wir rauskommen, bleiben wir zusammen.

Wir gehen nie mehr auseinander.

Wo wohnen wir dann?

Ihr könnt zu uns nach München kommen.

Au ja, ich spreche mit meinen Eltern, dass wir nach München run-
terziehen. Vielleicht macht mein Dada auch mit Pferden.

Er kann vielleicht mit meinem Dada zusammenarbeiten. Dann
wohnen wir zusammen.

Und auch, wenn wir erwachsen werden und schon arbeiten, bleiben wir zusammen.

Wir bleiben immer Freunde.

Wir besuchen uns gegenseitig, jeden Tag.

Du kommst zu mir, ich komme zu dir.

Wir verdienen viel Geld.

Wenn ich erst mal ein Bankmann bin, dann, boah, haben wir viel
Geld.

**»Wir haben uns große, viele, schöne Pläne gemacht, ganz schöne
Pläne. Das Gefühl von Hunger hat man immer, bloß man denkt halt
dann weniger daran. Wenn es mir heute ganz mies geht, manchmal
kriege ich Depressionen, dann denke ich, Moment mal, mach dich jetzt
nicht fertig. Das war schon oft da, das vergeht schon wieder. Ich mache
das so. Pläne kann man so viel machen und an was anderes denken,
und irgendwie geht es mir dann wieder besser.«**

Manchmal rannten Hugo und sein Freund los, er kam aus dem
einen, sein Freund aus dem anderen Block, und in der Mitte trafen
sie sich.

Stundenlang besprachen sie die Zukunft, die beginnen würde, sobald sie rauskämen. Sie redeten auch über die Gegenwart, wer gestorben war, aber nur kurz – dann sprachen sie wieder darüber, wie es
werden würde, sollten sie leben und rauskommen.

Sie fanden eine leere Konservenbüchse und hockten sich damit
gegen die Barackenwand. Mit dem scharfen Deckelrand schnitten sie
sich jeder ins Handgelenk und pressten die Arme aneinander, so dass
ihr Blut sich mischte.

Jetzt sind wir Blutsbrüder, sagte erst Hugo, dann sein Freund.

Mama hatte die beiden entdeckt und schimpfte: Was macht ihr da, Kinder? Sie kam näher. Was soll das überhaupt?

Mama, sagte Hugo. Wir haben noch mal einen Bruder gekriegt.

Da schwieg Mama, aber sie nahm ihnen die Büchse weg.

Von da an gingen Hugo und sein Freund nur noch Hand in Hand, einzeln bloß, wenn sie zueinander wollten. Morgens rannten sie aufeinander zu. Und das Leben war weniger Angst und Schrecken als ein Warten auf bessere Zeiten, die gewiss kommen würden. Das Leben war schon besser. Der Freund brachte Hugo auch zu seinen Eltern, um ihnen seinen neuen Bruder vorzustellen.

Hugo und er freuten sich auf draußen, in ihren Gedanken wurde es täglich wundervoller. Erst zusammen zur Schule gehen, dann einen Beruf lernen oder beginnen, mit Pferden zu handeln. Jeder wollte sich ein Haus bauen, eines neben dem anderen. Sie würden beide heiraten und eine Familie gründen. Und ihre Kinder spielten jeden Tag miteinander. In Gedanken hatten sie viele Kinder, die in Freiheit miteinander spielten. In Gedanken waren sie selbst ihre Kinder. Sie würden das glücklichste, schönste Leben haben, und Hugo sah sein Haus, seine Kinder und vor allem seinen Freund im Grünen auf einer blühenden Wiese unter grünen Bäumen. Sonnenschein war dabei und ein frohes, leichtes Gefühl.

Die Kinder hatten keine gestreifte Kleidung, und von den Erwachsenen nur die, die in Außenkommandos arbeiteten. So wie Dada, der vor den Krematorien die Sachen wegräumen musste, die von den jeden Tag ankommenden Menschen dort zurückgelassen werden mussten. Wenn Dada mit seinen Kollegen die Sachen aufhob, waren die Besitzer meistens schon tot oder schon Asche. Als die Lagerstraße glatt gefroren war, musste Asche gestreut werden. Und alle ahnten, woher sie stammte.

Die anderen Erwachsenen trugen Zivilkleidung mit einem schwarzen Dreieck mit einem weißen Z darin.

Jemand fehlte beim Appell und konnte nicht gefunden werden. Es war klar, dass eine schreckliche Strafe bevorstand. Der Plagge ließ abzählen, jeder Dritte, es waren fast vierzig Menschen, bis er genug für den Sport hatte. Dada als Blockältester musste auch raustreten. Er hatte einen Zebraanzug an und musste sich auf der Lagerstraße auf den Bauch legen. Neben ihm vier andere, dahinter wieder fünf. In Fünferreihen, so wie man bei Appell stand, mussten sie sich hinlegen. Und dann sprangen die sechs SS-Männer wieder auf die Rücken. Die Männer und Frauen mussten vorwärts robben, während die SS-Männer von Mensch zu Mensch sprangen und mit den Ochsenziemern über die Köpfe peitschten. Als die Ersten zusammenbrachen, fiel Mama in Ohnmacht. Hugo und Frieda hievten sie schnell wieder hoch, auch die Frauen hinter ihnen halfen, Mama zu halten. Mama, bleib doch stehen. Sie kam wieder zu sich und atmete tief durch, versuchte sich zusammenzureißen. Wenn ein Mensch zu Boden ging, trat ihn der SS-Mann, bis er wieder hochkam. War er tot, stellte der SS-Mann den Fuß auf einen anderen Rücken und die Stubendienste mussten die Toten herausziehen und zur Seite legen. Plagge, Palitzsch und König versuchten lachend auf den kriechenden Menschen ihr Gleichgewicht zu halten. Als einer auf Dada sprang und er zusammenbrach, wurde Mama wieder bewusstlos, und wieder hoben die Umstehenden sie auf. Hugo sah, wie Dada die Zähne zusammenbiss, wie die Kiefermuskeln arbeiteten, wie der Schweiß ihm über das Gesicht lief. Und Blut. Als die SS-Männer endlich genug hatten, abstiegen und lachend fortgingen, waren acht Menschen tot. Es erschallte eine Trillerpfeife. ABTRETEN! Der Stubendienst räumte die Leichen fort. Die anderen halfen den noch Lebenden auf. Dada erhob sich unter Mühen, langsam, aber er wollte sich nicht helfen lassen. Im Gesicht war er nicht verletzt, aber am Rücken. Und er atmete schwer. Manche Frauen lebten noch, doch ihr Rücken war kaputt. Sie mussten fortgetragen werden und wurden nicht wiedergesehen.

Mano weinte. Ein Hund, ein kleiner Hund.

Wo?

Auf der Lagerstraße.

Wie ist er hier reingekommen? Hugo hatte nichts gemerkt, Mano erzählte es ihm. Wie plötzlich das Stimmengewirr der zigtausend Menschen verstummte. Sie hatten sich zurückgezogen, sich in den Eingängen der Baracken oder daneben verdrückt. Die Lagerstraße war menschenleer. Alle schauten auf den winzigen Hund. Die feinen zarten Beinchen, das braune Fell, der kleine Kopf mit den großen Augen. Ein Rehpinscher. Ein friedliches Wesen von draußen. Der kleine Hund war nervös von rechts nach links getrippelt, hatte nie angehalten, außer um zu schnuppern, Spuren zu folgen, er war kreuz und quer gelaufen, hatte gesucht.

Der hat seine Leute gesucht, sagte Hugo.

Er hat sie verloren, er ist ganz allein, sagte Mano mit Tränen in den Augen. Vielleicht zwanzigtausend Menschen in völliger Stille hatten zugeschaut, wie der kleine Hund verlassen über die ganze lange Lagerstraße gelaufen war, durch das ganze Lager bis nach hinten zum Zaun. Und sich dann auf den Rückweg gemacht hatte, schnuppernd, suchend. Dann ein Knall, ein SS-Mann, der kleine Hund umgefallen, erschossen, ein Aufheulen der Menschen im Lager. Diejenigen aus dem Block, der dem toten Hund am nächsten war, stürzten auf den kleinen Hund.

Hätten wir ihn doch, dann hätten wir ihn …

»Wir haben die Eltern nicht gefragt, wann wir rauskommen. Ich wusste ja, dass es nur eine Vernichtung gewesen ist. Man weiß, nur mit großem Glück kommt man raus, sonst nicht. Der Dada hat keine Schuld, die Mama hat keine Schuld. Das sind andere, die Schuld haben, dass wir da drin sind, dass wir hier sterben müssen. Man hat ja täglich gesehen, wie viel ermordet worden sind. Die Kinder denken genau wie Erwachsene. Das ist kein Kinderspiel da drin. Es ist nur Mord. Hoffentlich werde ich nicht ermordet. Man hat ja gewusst, fragst du die

**Eltern, wann wir rauskommen, die können dir keine Antwort geben.
Also hat man nicht mehr gefragt.«**

Hugo und sein Freund knoteten sich aus einem Lumpen einen Ball und spielten damit. Manchmal machten die Geschwister und Cousins mit. Der Ball war nicht rund, aber fest genug, um ihn hin und her zu kicken. Bis zur Blocksperre spielten sie damit. Die Mama sagte: Jungs, lasst doch das Fußballspielen, ihr habt doch nichts in den Därmen, ihr fallt noch um.

Aber sie hörten nicht auf Mama. Sie tollten mit dem Ball herum, und alle wunderten sich, woher die Jungen die Kraft hatten.

Wenn wir rauskommen, essen wir Krapfen, Braten, Kartoffeln, Äpfel, Weißwurst, Kuchen, Rouladen ...

Keine Suppe mehr.

Doch, Suppe auch, dicke Erbsensuppe, Kartoffelsuppe, Bohnensuppe, Linsensuppe. So dick, dass der Löffel ganz langsam hineinsinkt.

Und Brot. Brot mit Marmelade.

Brot mit Leberwurst. Brot mit Käse. Oh, und Leberkäs.

Wenn er mit seinem Freund zusammen war, konnte Hugo für Momente alles um sich herum vergessen.

Einmal nahmen sie den Ball an der Schnur, die heraushing, und warfen ihn zwischen sich hin und her.

Wenn wir rauskommen, spielen wir mit einem richtigen Ball.

Wenn wir rauskommen, gehen wir auf die Wiese spielen.

Und wenn wir Pause machen, essen wir.

Hugo schleuderte den Ball, er flog hoch, beide schauten, der flog weit. Sein Freund konnte ihn nicht fangen, der Ball eierte ein paar Meter weiter in Richtung Zaun. Es passiert was. Oben auf dem Wachturm unterhielten sich drei SS-Männer in langen schwarzen Mänteln, die Gewehre in den Händen. Ich geh da nicht hin, dachte Hugo. Hugos Gedanken rasten durcheinander, so schnell wie sein Freund dem Ball hinterherrannte und sich danach bückte. Die Männer legten die Gewehre an.

Paff, paff, paff!

Moment mal, dir ist ja nichts passiert. Sein Freund hatte den Ball schon und nahm ihn hoch. Ist ja nichts passiert. Vielleicht haben sie nur Warnschüsse abgegeben. Wenn du kommst, muss ich mit dir schimpfen, wir dürfen nicht mehr da in die Nähe hin.

Hugos Freund richtete sich auf, schaute Hugo an, schaute. Oh, es ist ... Dann rannte der Freund auf ihn zu. Aber er läuft ja her. Neun, zehn Schritte. Ich bin froh, dass nichts passiert ist. Ach, ich bin ja so froh, ich dachte schon ... Kurz bevor er bei Hugo anlangte, schwappte Blut aus seinem Mund, aus den Augen, aus der Nase, schubweise, er brach zusammen. Hugo schlang seine Arme um ihn und versuchte ihn hochzuheben. Der Bauch war offen, voller Blut und alles quoll heraus. Sein Freund schaute ihn an, als wollte er noch etwas sagen. Hugo legte ihn vorsichtig hin.

Mama, Mama! Hugo rannte. In die Baracke hinein. Mama, er blutet, sie haben geschossen, der Ball ist weggerollt, wir haben gespielt. Hugo wurde vom Schluchzen geschüttelt.

Mama hielt Hugo fest in den Armen und streichelte ihn. Man kann jetzt nichts tun, sagte sie. Bleib hier. Andere kamen und sagten, der Junge habe drei Schüsse. Jeder SS-Mann habe ihm in den Rücken geschossen, als er sich nach dem Ball gebückt hatte. Man kann jetzt nichts machen.

Am Tor hat ein kleiner Lastwagen gehalten. Jetzt holen sie ihn, sagte Mama. Hugo flossen die Tränen aus den Augen, er hielt sich an Mama fest, krampfte sich in ihren Rock. Jetzt bringen sie ihn gerade weg.

Mama, ich kann nicht, ich kann ihn nicht anschauen.

Jetzt kamen die Cousins: Sie haben ihn zum Haupttor vorgebracht und auf den Wagen raufgeschmissen.

Ein neuer Weinkrampf schüttelte Hugo. Mama. Was soll ich ohne ihn machen?

Du kannst nichts machen. Wir können nichts tun. Bleib, bleib hier.

Später, als Mama Hugo losließ, suchte er seinen Freund. Er war weg. Wo er gelegen hatte, war das Blut in die Erde gesickert.

Wo ist er? Obwohl er es wusste, fragte er.
Er ist tot, sagten die anderen. Er ist weg.

»Das hat mir so wehgetan. Glaub mir, es tut mir so weh. Ich war neun Jahre alt und er auch. Wir waren Blutsbrüder. Wir waren täglich von früh bis spät zusammen, bis er erschossen wurde. Es tut mir so weh. Da habe ich einen richtigen Alptraum drüber. Ich will es nie erzählen, aber immer wieder muss ich es erzählen. Ich habe sogar gewusst, es passiert was. Ich mache mir auch noch Vorwürfe, weil ich den Ball geschmissen habe ...«

Hugo wusste, dass sein Freund nicht mehr da war. Doch morgens aufwachen, Appell stehen, die Stunden. Und die stundenlangen Gedanken. Nach dem Signal lief er hinüber zum anderen Block. Es war ihm, als würde sein Freund ihm entgegenlaufen, das warme Gefühl der Freude. Aber nichts. Was suche ich denn hier? Er ist ja gar nicht da. An dem anderen Block ging Hugo vorüber, dann wieder zurück, vorbei, zu seinem Block. Schon musste er sich wieder umschauen und wieder hinlaufen. Als könnte sein Freund eines Tages wieder auftauchen. Hugo rufen. Hugo, wir kommen zu euch nach München runter. Ich war nie da, aber ich weiß, München ist schön. Die Mama des Jungen schaute Hugo an, von weitem schon, schüttelte den Kopf und brach in Tränen aus. Du bist sein Freund. Du warst sein Freund.

»Die Frau hat Gott gesehen, wo sie mich gesehen hat. Sein Papa kam zu mir, ich sehe den Mann heute noch vor mir mit seiner Glatze. Er hat mich immer gestreichelt. Und ich hab geweint und geweint und geweint und die Frau auch, das war schlimm.«

Hugo drehte um und rannte zu Mama. Junge, vergiss das. Vergiss das, Kind. Man kann nichts ändern. Vergiss das, es geht nicht anders.

»Wenn man heute so Filme sieht, wird einer erschossen. Gut, ist er erschossen worden, aber wenn du weißt, es war dein guter Freund. Dann schaut er mich noch an und schaut mich an. Ich mache mir immer noch Vorwürfe. Ich sehe seine Augen noch. Wie er mich angeschaut hat, als wollte er sagen, wir sehen uns nicht mehr. Die ängstlichen Augen. Und wie das Blut aus sämtlichen Öffnungen kam und die ängstlichen Augen.

Wie der weg war, da ging das Leiden wieder los in mir. Da habe ich die Angst wieder in mir gekriegt, wie ich sie am Anfang gehabt habe. Der ganze Alltag dort war wieder da. Es war ganz schlimm mit mir, ich dachte, ich habe alles schon gewusst, wie es läuft. Als Malla gestorben ist, das war schlimm für mich, aber für den war es mir hundertmal schlimmer.«

Die Zukunft war einmal mehr verschwunden, die Welt draußen wieder fort.

»Ich habe seitdem tausend Freunde gehabt, aber nie so einen wie ihn. Dass ein junges Leben ausgelöscht wird, nur weil er seinen Ball holen will, darüber komme ich nicht weg. Das kann ich nicht begreifen.«

Hugo wurde wieder heiß. Er bekam hohes Fieber, Bauchschmerzen, er konnte nichts mehr in sich halten. Tagelang war er halb bewusstlos. Bauchtyphus, sagte Mama. Sie brachte ihre Kinder nicht in den Krankenbau. Dort sterben die Menschen schneller, so redete man im Lager, von dort kommt man nur auf dem Leichenwagen wieder raus. Oder wird lebend ins Gas gefahren. Wie viele hatten sich im Krankenbau Hilfe erhofft und waren nie wieder gesehen worden.

»Ich habe nie darüber gesprochen, was da drin war. Ich habe auch nie darüber gesprochen, dass ich Alpträume habe.

Ich dachte, wenn ich das sage, vielleicht hat derjenige auch Alpträume, und ich weiß, wie schlimm das ist.

Es ist so schlimm, dass ich dann drei, vier Tage richtig weg bin.

Dann geht es überhaupt nicht mehr zum Schlafen. Hypernervös innen drin. Ich sehe meinen Dada, wie sie ihn so geschlagen haben, dann sehe ich meinen Freund. Ich sehe alles genau wieder vor mir, wie es war. Wenn ich aufgeregt bin und schlaf dann ein, oder wenn ich was Schlimmes lese oder im Fernsehen sehe, dann wacht es wieder auf. Es ist mir so schlimm, ich kriege dann einen Schweißanfall, ich muss mich umziehen, frisch machen, so einen Schweißausbruch kriege ich dann. Und die Angst, die Angst. Denke ich mir, Hugo, du brauchst keine Angst zu haben, was hast du überhaupt Angst? Aber das ist so schlimm, das ist unwahrscheinlich.

Ich brauche dann zwei, drei Monate richtige Ruhe, und dann lässt es langsam wieder nach. Wenn ich im Urlaub bin, ist bald gar nichts.

Ich habe manchmal fünf-, sechsmal, manchmal zehnmal im Jahr Alpträume. Ich denke manchmal, jetzt wird es weniger, und dann kriege ich es zwei-, dreimal hintereinander.

Das hört nicht auf.«

Manchmal gingen SS-Männer durch das Lager und suchten sich Frauen aus. Die mussten dann mitgehen. In der SS-Blockstube war ein abgeteilter Raum, da übernachteten die Frauen, drei, vier zusammen. Und wenn die SS-Männer Zeit hatten, kamen sie abends rein, legten die Mützen ab, tranken Schnaps, schlossen sich ein und benutzten die Frauen. Essen und Schokolade bekamen sie dafür, sie waren nicht so abgemagert wie alle anderen.

Gingen SS-Männer nachts durch das Lager, waren sie oft betrunken. Manche SS-Männer wollten immer dieselben Frauen.

Es gab Frauen, die ließen alles geschehen, die bereiteten sich auf den Abend vor, kämmten sich die Haare, zogen sich gut an. Sie hatten etwas Besseres zum Anziehen, nicht nur Lumpen. Und etwas Besseres zum Essen, nicht nur Wassersuppe. Diese Frauen ließen sich ein, weil sie von den SS-Männern zu essen bekamen. Und manche Väter oder Ehemänner hatten nichts dagegen, weil die Kinder von dem Essen überlebten. Die Frauen, die die SS-Männer für sich haben wollten, durften sich waschen. Es gab Frauen, die sich weigerten mitzugehen. Die SS zwangen sie und sie wurden nie wieder gesehen. Auch manche Blockälteste kauften sich mit Nahrung Frauen. Neben dem Zigeunerlager befand sich auf einer Seite das Männerkrankenbaulager und das SK, das Sonderkommando. Auf der anderen Seite das Männerlager. Manche Frauen standen am Zaun zum Männerlager herum. Dort waren auch Kapos, Häftlinge, die Aufseher von Arbeitskommandos waren. Sie mussten selbst nicht arbeiten, aber die anderen dazu antreiben. Sie bekamen mehr zu essen. Sie standen in Kontakt zu SS-Männern, weil sie ihnen Bericht erstatten mussten und von ihnen die Befehle erhielten.

Die Frauen standen am Zaun und schauten hinüber. Drüben guckten Kapos und andere reiche Häftlinge und machten Zeichen. Die Frauen drehten sich um, dass keiner sie beobachtete, dann hoben sie schnell den Rock hoch, die Kapos zeigten auf einzelne Frauen – auf eine. Die Frau machte Zeichen für die Blocknummer. Der Mann machte Zeichen für Ja oder Nein oder zeigte, was er ihr geben konnte. Eine Konservendose mit Fleisch zum Beispiel. Manche Frauen sprachen auch Kapos oder sogar SS-Männer an. Hallo, sagten sie und mehr. Das Weitere hatte Hugo nie genau gehört. Aber Hugo konnte auch das Lied singen, das im Lager überall gesungen wurde:

Man kennt sie am Gang und an den Haaren,
was Lubije sind und Lubije waren,
für ein Stück Weißbrot geben sie alles hin,
und wenn's drauf ankommt, für latscho kil.
Sie stehen am Zaun mit ihren Figuren,
die Hose runter, die Minsch gezeigt,
dann hat der Kapo alles erreicht.

Die Häftlinge bestachen die SS-Wachen am Tor mit Geld, Wertsachen oder Zigaretten und kamen nachts ins Lager zu den Frauen. Gegen Zigaretten, Brot, Butter oder andere gute Dinge.

»Lubije sind Huren und latscho kil heißt gute Butter. Das Lied war nicht gut gemeint für sie. Wir kennen viele Frauen, die sich mit der SS haben abgegeben. Die sich gesagt haben, egal, ich lebe, vielleicht komme ich aus dem KZ raus. Die es nur aus Not gemacht haben. Oder denen alles egal war. Ich kann sie nicht verurteilen. Die sind aber trotzdem von den Sinti verurteilt worden, weil sie sich haben eingelassen. Die mussten ein Leben lang drunter leiden. Aber man muss so ein Mädchen auch wieder verstehen. Die Mutter vielleicht noch todkrank da oder der Dada oder ihr Bruder. Die wo einen Kopf haben, die haben es gemacht. Die haben sich gesagt, egal, Hauptsache, ich komme wieder raus und ich lebe weiter. Kann auch sein, die SS kommt und nimmt sie. Hat sie es nicht gemacht, dann ist sie weggekommen.«

SS-Männer kamen ins Lager. Alle Menschen rannten in die Baracken, oder wenn sie überrascht wurden, standen sie stramm und schauten geradeaus. DU DA, HERKOMMEN! Es wurden alle Dudas, die zufällig in der Nähe standen, zusammengerufen. Und alle mussten aus den Baracken kommen, antreten und zuschauen. Wieder Sport. Mama war nicht schnell genug weggerannt, diesmal musste sie auf den Boden. Nur wer sich an der Barackenwand hinter den Buchsen verstecken konnte, entkam. Mama!

Der Plagge und der Palitzsch holten sich die Menschen für Sport zusammen. Mama und die anderen mussten auf alle viere. Die SS-Männer stiegen auf ihre Rücken. ROBBEN! Wie können wir ohne Mama sein. Hugo hatte schreckliche Angst um sie. Hinterher waren Mamas Knie kaputt. Sie konnte nur ganz vorsichtig laufen. Aber sie lebte.

Hugo saß nur herum, er konnte den Verlust seines Freundes nicht verwinden. Täglich starben Menschen, Hugo erschrak darüber nicht mehr, wenn es auch Verwandte waren. Aber um seinen Freund trauerte er noch.

Lolitschai, Onkel Konrads Tochter, hatte Schläge bekommen. Sie wand sich, klagte, schrie, Blut sprudelte ihr aus dem Mund. Sie verbiss sich in den Pfosten der Buchse vor Schmerzen, verkrampfte sich. Die Frauen versuchten sie zu halten, zu beruhigen. Sie biss sich am Holz fest.

Dann starb sie.

Sie wurde weggeräumt und zum Krematorium geschafft wie alle Toten, die spurlos verschwanden. Aber jeden Tag sah Hugo die Abdrücke ihrer Zähne im Holz des Balkens.

Immer wieder gab es Gerüchte im Lager, Parolen. Wir kommen bald raus, sagten die Leute. Es kann nicht mehr lange dauern, vielleicht einen Monat noch. Wir müssen durchhalten, bald ist hier alles zu Ende. Die Parolen ließen manche wieder hoffen, die sich nur jeden Morgen zur Arbeit schleppten, denen alles egal war. Jedes Gerücht gab ein bisschen Kraft. Es brauchte nur jemand zu sagen: Ich habe gehört, morgen kommen wir alle raus – sofort sprach es sich herum, und alle, die schon lieber sterben wollten, wollten doch noch weiterleben.

ENTLAUSUNG! ALLES AUSZIEHEN! KLEIDUNG KOMPLETT ABGEBEN!

Es lag Schnee. IN FÜNFERREIHEN ANTRETEN! VORWÄRTS MARSCH! Der SS-Blockführer begaffte die Frauen. Es war bitterkalt, Hugo zitterte vor Kälte und schlug die Arme um den mageren Körper. Die kleineren Kinder weinten. Eine Kompanie Gerippe mit Haut marschierte zur Sauna. Dort wurden alle von bekleideten Häftlingen eingesprüht mit weißem Pulver. Kopf, vorn, hinten, unter den Armen. Und raus. Mama!, riefen die Kinder. Mama! Aber sie wurden wieder still, sie sahen ja, dass ihre Mamas und Dadas nichts tun konnten. Männer, Frauen, Kinder, Alte, Junge, alle mussten nackt im Schnee warten. An der Saunabaracke hingen Eiszapfen.

Die Kleidung war noch nicht fertig, also mussten sie nackt im Schnee stehen und warten. Der Atem dampfte, die Menschen kauerten sich eng zusammen, drückten sich aneinander. Bei jedem eisigen Windstoß, der in die Haut schnitt, heulten sie auf. Hugo sah, dass der Schnee um seine Füße schmolz. Er war also doch noch wärmer als der Schnee. Wie beim Transport ließ die Mama den Januschek nicht vom Arm, sie hielt ihn fest. Ebenso wie Tante Derndl die Lili. Manche Mütter waren zu schwach, um die Kleinen zu halten.

Die SS-Männer lachten. Sie brachten die Menschen aus dem nächsten Block. Ist ein bisschen kalt? Dann bewegt euch, faules Pack.

Die Angst, Hugo hatte immer die Angst in sich, und in solchen Momenten kam ein tödlicher Schrecken dazu. Aber die SS-Männer gingen weiter.

Irgendwann brachten Häftlinge aus der Wäscherei die Kleidung aus dem Entlausungsbad. Sie war noch nass, aber auch Hugo zog seine Sachen an.

Das Hemd legte sich kalt wie die Hand des Todes auf seinen Oberkörper. Abmarsch in den Block. Dort legten die Menschen sich in die Buchsen und auf ihre Plätze am Boden. Sie mussten die eiskalten Sachen mit ihrer Körperwärme trocknen. Hugo lag die ganze Nacht in feuchten Sachen. Auch als sie am nächsten Morgen Appell standen, waren die Sachen noch klamm. Einige aus dem Block starben an Unterkühlung und Lungenentzündung.

Das Frieren blieb den ganzen langen polnischen Winter. Nachts fror Hugo, beim Appell fror Hugo, tags. Er hatte keine Schuhe, nur Tappiche, so nannten sie die um die Füße gewickelten und gebundenen Lumpen. Oder er musste barfuß gehen. Seine Füße und die Fußsohlen waren schwarz und hatten eine dicke Hornhaut. Wenn er nachts auf dem Boden zwischen Menschen lag, ging es, dann kam die Eiseskälte nur von zwei Seiten, von oben und unten.

»In meiner Erinnerung war es immer kalt. Etwas anderes weiß ich nicht, nur dass ich immer gefroren habe. Daher habe ich meine Kreuzschmerzen. Im September geht's los, und im April, Mai geht's erst wieder weg.«

Sie hatten nicht nur mit Läusen zu kämpfen, die immer wiederkamen. Auch Ratten lebten mit ihnen im Lager und suchten zu fressen, sie nagten die Toten an. Kleine Käfer mit einem Punkt auf dem runden Körper bissen sie in der Nacht. Diese Stellen brannten sehr.

SS kam in die Baracke. MÄNNER VON SECHZEHN BIS FÜNFUNDZWANZIG VORTRETEN!
Manos Cousin Schlimmi war dabei. AUSZIEHEN!
Die jungen Männer mussten sich nackt ausziehen und einzeln vor den SS-Mann treten. Dann wurden die Abgezehrten nach links, die Kräftigeren nach rechts geschickt. Irgendwann hatte die SS genug. ABTRETEN! – die auf der linken Seite. MITKOMMEN! – die auf der rechten Seite. Schlimmi sah sich noch um, aber er konnte nichts sagen, er zog sich an und ging mit.

Die Menschen diskutierten, die haben die Kräftigeren mitgenommen. Bestimmt zum Arbeiten. Wenn es ins Gas ginge, hätten sie die Schwächeren mitgenommen.

Schlimmi kam am Abend wieder. Von nun an musste er drüben im Sonderkommando arbeiten. Mit einem Pferdewagen brachte er täglich die Leichen vom Lagertor ins Krematorium. Es gab Berge, hundert, zweihundert Tote jeden Tag.

Wer nicht an der SS, dem Hunger und dem Fleckfieber starb, den erwischte Bauchtyphus oder Malaria – oder Doktor Mengele. Es gab Parolen, dass er Experimente an Menschen machte, die diese nicht überlebten.

Die meisten glaubten es nicht, weil Doktor Mengele freundlich mit den Kindern sprach. Manchmal verteilte er Bonbons an sie.

Dadas Cousin arbeitete im Waschraum. Wenn die Frauen aus dem Zugangsblock in die Sauna kamen, mussten sie sich nackt ausziehen. Und Dadas Cousin musste mit dem Schlauch die vierzig oder fünfzig Frauen mit kaltem Wasser abspritzen. Er schämte sich vor den Frauen und sie schämten sich vor ihm.

»Die SS wussten, dass sich die Sinti furchtbar schämen. Eine Demütigung ist das. Keine Frau, nein, ihn haben sie nackt ausgezogen und er hat das machen müssen.«

Tante Kerscha holte jeden Tag mit einer anderen Frau zusammen die Wassersuppe für ihren Block. Sie schleppten den 50-Liter-Kübel von der Lagerstraße in die Baracke. Im Gehen drehten sie den Deckel des Kübels auf, Tante Kerscha schaute sich um, ob ein SS-Mann in der Nähe war, löste eine Hand vom Griff, verschob den Deckel und schöpfte mit ihrem Topf schnell hinein, goss sich die Flüssigkeit in den Mund, ließ den kleinen Topf los, er baumelte an einer Schnur von ihrer Hüfte. Die andere Frau hatte das Gleiche getan. Schon war der Deckel wieder auf dem Kübel. Es hatte vielleicht dreißig Sekunden gedauert. Da zeigte ein SS-Blockführer auf Tante Kerscha. Nummer? 3964! Er ließ die Frauen vorbei. Kaum war der Kübel im Block abgesetzt, kam ein SS-Mann: 3964 VORTRETEN! ACHT TAGE STEHBUNKER WEGEN DIEBSTAHLS! DA WIRD DIR DER APPETIT SCHON VERGEHEN!

Oh Gott, murmelte Mama, als Tante Kerscha vom SS-Mann abgeführt wurde. Nach fünf Tagen im Stehbunker und ohne Essen und Trinken waren die meisten Menschen tot. Nun musste Tante Kerscha Tag und Nacht bis zum Kinn im Wasser stehen. Wer zusammenbrach, ertrank.

Hugo wachte in der übernächsten Nacht auf, Dada war nicht da.

Mama?, wisperte er. Wo ist Dada?

Psst, mein Junge.

Hugo konnte nicht mehr schlafen. Wo war sein Dada? Das nächste Mal wachte er auf, als Dada in die Buchse kroch. Hugo hörte ihn mit Mama flüstern und verstand, dass Dada im Schutze der Baracken zum Stehbunker gerobbt war und seiner Schwester Trinkwasser und ein Stückchen Brot hineingegeben hatte.

Jede Nacht bangte Hugo um seinen Dada, es war ja verboten, nachts die Baracken zu verlassen, außer zur Latrine. Und was, wenn die in der

Nacht suchenden Scheinwerfer sich auf ihn richteten? Als nach acht Tagen der Stehbunker geöffnet wurde, fiel Tante Kerscha um. Sie musste auf einer Pritsche in den Block getragen werden. Aber sie lebte.

Hugo hatte zuerst rote Stellen an den Fingern und Handgelenken. In der Nacht juckten sie so furchtbar, dass er sie aufkratzte. Er bekam überall schuppige Stellen, sein ganzer Körper war wie mit Fischhaut bedeckt. Und nicht nur er, alle bekamen sie, nicht nur im Block, im ganzen Lager hatte sich die Krätze ausgebreitet. Wenn man kratzte, kratzte man ins Fleisch hinein, die Fingernägel waren voller Blut. Aber Hugo musste kratzen, das Jucken war nicht auszuhalten, nachts jammerten die Menschen im Block, nachts war es am schlimmsten. Und es gab keine Linderung und nichts, was die Häftlingsärzte tun konnten. Als schließlich das gesamte Lager befallen zu sein schien, wurde im Krankenrevier eine Lösung aus Wasser und Salzsäure in Becken gefüllt. Block für Block musste antreten, die Kleidung abgeben und durch dieses Wasserbad gehen. Die Kleineren wie Rosi und Rigo schrien vor Angst, denn das Wasser reichte ihnen bis zum Hals, manchmal bis über das Kinn, obwohl sie auf Zehenspitzen standen. Wären sie in der Brühe gestolpert, gefallen, wären sie tot gewesen. Und weil Rigo solche Angst hatte, musste er noch einmal durch und noch einmal und noch einmal. So bestimmte es der SS-Mann. Bis Rigo nicht mehr schrie und weinte, sondern die Zähne zusammenbiss. Dann hieß es wieder, nackt im Frost stehen und auf die Kleidung warten. Die Kälte schmerzte wie Schläge. Wie bei allem, was die SS unternahm, starben auch diesmal viele Menschen. Und wie jedes Mal, wenn jemand krank wurde, war es ein großes Unglück, denn meistens wurde man nicht oder zu Tode behandelt.

Tage später erhielt das Krankenrevier eine neue Salbe. Mitigal hieß sie, die wurde ausgegeben, damit rieb Hugo sich ein. Sie linderte den Juckreiz.

Onkel Konrad fragte im Revier nach Mitigal. Der SS-Arzt sagte, das Mitigal sei ausgegangen. Aber er würde etwas anderes mit ihm probieren. Ein Onkel von Mama war dabei. Die beiden wurden mit unverdünnter Salzsäure übergossen. Ein Mädchen, die mit Mama verwandt war, hatte sie schreien hören. Sie war verstört, als sie es erzählte. Solche Schreie habe ich nie gehört. Am nächsten Tag war der Onkel tot. Onkel Konrads Körper war nur noch rohes Fleisch, er konnte kein Wort mehr sprechen. Aber er überlebte und kam aus dem Krankenbau wieder raus. Hugo hatte fast alle Krankheiten durchgemacht, die es im Lager gab. Und er lebte noch. Seine Geschwister, seine Eltern lebten noch. Vielleicht, weil die alte Ungarin für sie gebetet hatte.

Über ein Jahr waren sie schon gefangen. Hugo war zehn. Es hatte keinen Geburtstag, kein Weihnachten, kein Sylvester, keinen besonderen Tag gegeben. Nur besonders schlimme. Und Frühling, Sommer, Herbst, Winter, allmählich wurde es wieder Frühling. Plötzlich sollten alle arbeiten, auch in Außenkommandos. Auch Hugo, Manfred und Frieda. Auch Mama. Bisher arbeiteten nur die Männer und die Frauen ohne Kleinkinder und hauptsächlich in Innenkommandos, die Zigeuner ließ man nicht häufig aus ihrem Stacheldrahtkäfig hinaus.

Der Lagerführer ließ ansagen, wer bei der Wehrmacht war und für Deutschland an der Front kämpfen möchte, solle sich in der Schreibstube melden. Diejenigen würden dann eingekleidet, einer Kompanie zugeordnet und später, nach dem Sieg, freigelassen werden. Dada und seine beiden Brüder, Onkel Babist und Onkel Konrad, besprachen sich. Was wird dann mit unseren Familien?

Sie beschlossen, sich erst einmal für den Krieg zu melden, vielleicht wäre das für alle ein Weg hinaus aus dem Lager. Und sie hörten Parolen, der Krieg sei bald aus, die Russen kämen näher, von Westen marschierten die Engländer und Franzosen, von Süden die Amerikaner nach Deutschland. Aber wann würden sie da sein? Aber wann würden sie die Gefangenen befreien können?

Und könnten die Menschen so lange überleben?

Vielleicht hundertfünfzig Männer meldeten sich in der Schreibstube.

Doch anschließend geschah nichts.

»Es gab viele Parolen, weißt du: Wir werden morgen freigelassen. Parolen sind sehr gut, die Menschen wieder aufzumuntern.«

Oft schaute Hugo in den Himmel, schaute, wie die Wolken zogen und nichts und niemand sie aufhielt. Auch schießen konnte man nicht auf sie. Die Wolken – grüßt mir mein Zuhause! Er würde zur kleinen Holzbude von Frau Söllner vorgehen und für drei Pfennig Brausepulver kaufen. Wie schön war es auf der Denkalm. Er sah die schneebedeckten Bergspitzen vor sich, die Wolken hingen daran. Wolke, bring mich fort! Wie schön war das Leben. Hugo sah die Wiese und wie er hinter Luki auf dem Pferd zur Beppelwiese ritt. Und wie schlecht kann das Leben sein mit der Angst im Nacken und der Hetzerei.

Es wurden Schaufeln ausgegeben, Männer und Frauen hoben Gräben für Wasserleitungen aus, die gelegt werden sollten. Jetzt, da die meisten schon gestorben waren, auch an Bauchtyphus, weil viele, vor allem die Kinder, vor Durst das schmutzige Wasser aus den Gräben getrunken hatten. Hugo auch. Was für eine Erleichterung das war. Aber hinterher die Bauchschmerzen, das Fieber, der Durchfall.

Nun gab es im Zigeunerlager viel mehr Kapos, Häftlinge, die die Menschen beim Arbeiten beaufsichtigen und antreiben mussten. Die Kapos waren der SS Rechenschaft schuldig für ihr Arbeitskommando. Machte jemand Fehler, schlug ihn der Kapo und der Kapo bekam Schläge von dem SS-Mann. Gräben für die Wasserleitungen mussten auch draußen ausgehoben werden. Viele Frauen wurden auf die andere Seite von Birkenau kommandiert, dort mussten sie Erde in Schubkarren schaufeln und woanders wieder auskippen. Der Boden sollte für neue Baracken und Lagerstraßen geebnet werden, das Lager sollte vergrößert werden. Mama musste auch Erde schaufeln. Ihre Hände

Oft schaute Hugo in den weiten Himmel, aber die Wolken konnten ihn nicht aus dem Lager tragen. Hugo am 2. August 2004 am Tor zum »Zigeunerlager« in Auschwitz-Birkenau, anläßlich des 60. Jahrestags der Ermordung aller noch im Lager befindlichen Sinti und Roma.

waren voller Blasen, manchmal wankten die Frauen vor Erschöpfung und Schwäche, wenn sie aus dem neuen Lagerabschnitt nach zehn Stunden Arbeit zurückkamen. Am Tor saß die Sinti-Kapelle und spielte bei der Rückkehr der Arbeitskommandos fröhliche Musik oder Märsche. Die Schaufeln mussten geputzt werden, sie mussten glänzen und durften nicht verbogen sein, sonst gab es Schläge oder Sport oder andere Strafen für das ganze Kommando. Und es war wie immer: Jede

Strafe konnte den Tod bedeuten. Also polierten alle die Schaufeln, und wenn sie es an der eigenen Kleidung taten, bevor sie sie abgaben. Am nächsten Morgen wurden die Schaufeln wieder ausgegeben.

Bevor Hugo und Manfred irgendwo hinbefohlen werden konnten, nahm Dada sie mit. Am Tor sagte er: Nummer 3527 mit drei Mann. Der Dritte war ein fünfzehnjähriger Junge. Hugo und Manfred waren die einzigen Kinder, die an der Rampe arbeiteten, aber die SS am Tor ließ Dada mit drei Mann passieren. Vor dem Lagertor standen dreißig, vierzig Loren. Hugo und Manfred gingen vorn an der Lore und zogen, Dada und der Junge, Schmidt hieß er mit Nachnamen, schoben. Die Schienen führten durch mehrere Stacheldrahtzäune und zwischen den Lagern entlang zur Rampe und zum Krematorium. Mit den Spaten mussten sie Rasen stechen, die Stücke in die Lore laden, vor das Krematorium bringen, dort auf die Erde legen und zu einem Rasen zusammensetzen. Dada kontrollierte es und sagte, da muss es höher sein, also nahmen sie den Rasen an der Stelle wieder ab und schütteten Erde auf, um die Fläche auszugleichen, und legten die Rasenstücke auf. Dada fügte die Nähte zusammen und schloss sie, so dass die Fläche aussah wie ein einziges Stück Rasen.

Hugo war stolz auf ihre Arbeit. So schön schaut es aus, flüsterte er Manfred zu. Ja, das haben wir spitze gemacht. Hugo traute sich nicht, noch etwas zu erwidern, es war unter Strafandrohung verboten, bei der Arbeit zu sprechen.

Manchmal fand Dada einen goldenen Ring. Aber er behielt ihn nicht, er gab ihn einem der SS-Männer. Denn wenn sie abends zurück ins Lager kamen, wurden sie abgetastet und durchsucht. Wäre da bei jemandem etwas gefunden worden, wäre er sofort erschossen worden.

Später unterhielten Manfred und Hugo sich darüber, erzählten auch Mama, Dada und Frieda von ihrer Arbeit. Die Menschen, die ankommen, sollen denken, hier sieht es schön aus, es ist kein schlechter Ort. Hier passiert uns nichts. Die sagen sich, das kann doch nie eine Mordstätte sein.

Dass es doch eine war, wussten ja alle im Lager. Sie sahen die Menschen zu tausenden von Lastwagen steigen und in den Gebäuden verschwinden. Angezogen. Das Gepäck blieb draußen stehen. Sie sahen die Flammen, die aus den Schornsteinen drei, vier Meter hoch in den Himmel schossen, Tag und Nacht. Sie rochen den Geruch nach Menschenfleisch. Tag und Nacht wurden Menschen verbrannt. Sie wussten, wie die Menschen im Gebäude umgebracht wurden. Sie wussten von den riesigen Gruben, die mit der Asche der Toten aufgefüllt wurden. Manches wussten sie von Manos Cousin im Sonderkommando. Manches von einem anderen Sinto, Dadas Freund, der direkt im Krematorium arbeitete.

Die drei Schienenstränge, die von Häftlingen fast bis ans Krematorium verlegt wurden, waren kurz vor der Fertigstellung. Das Herrichten und Verschönern mit Rasen und Blumen gehörte auch dazu.

Bald waren die Bauarbeiten beendet und die todgeweihten Menschen wurden nicht mehr in Lastwagen herangeschafft. Ab sofort fuhren die Züge rückwärts direkt nach Birkenau hinein und hielten kurz vor den Krematorien. Die Lok wurde abgekoppelt und fuhr wieder hinaus. Die Wachmannschaft des Transports öffnete die Türen und die Menschen schauten auf die Postenkette von SS-Männern. AUSSTEIGEN! DAS GEPÄCK KÖNNT IHR LIEGEN LASSEN.

Frieda hatte schon davon berichtet, in den Nächten schaute sie manchmal immer noch durch die Ritzen zwischen zwei Brettern. An einem Abend, als schon Blocksperre war, rief sie: Komm mit, Hugo, komm! Sie stiegen auf die Buchse und schauten hinüber zur Rampe, wo gerade ein Zug einfuhr. Dieses Mal war es in der Dämmerung, sonst kamen die Züge meistens in der Nacht an, wenn alles schlief. Gingen dann drüben die Scheinwerfer an, wachte Hugo auf oder Frieda weckte ihn, dann schauten sie wieder. Die Scheinwerfer waren auch jetzt eingeschaltet und legten die Rampe in gleißendes Licht, Hugo und Frieda konnten alles genau erkennen, jedes Brett der Waggons, die Hände an den Türriegeln, die Hinterköpfe der SS-Männer, die ihre Gewehre anlegten, während andere brüllten: ALLES RAUS! SCHNELL! SCHNELLER!

Die Menschen waren, nach Tagen in den dunklen Waggons, vom grellen Licht geblendet. Sie bewegten sich steif und kraftlos und hatten Mühe beim Aussteigen, denn die Waggons standen sehr hoch. Fast immer schwiegen sie. Manchmal stiegen mehr als tausend aus den fensterlosen Waggons und man hörte fast nichts von ihnen. Nur wenn ein Kind seine Mutter verloren hatte, schrie es. Oder eine Mutter rief ihr Kind. Oder ein SS-Mann erschoss ein schreiendes Kind, dann schrie auch die Mutter und paff, paff. Stille.

Reiche Leute mit Schmuck und in Pelzmänteln, arme Leute in Lumpen und mit Bündeln, ganze Familien mussten sich auf der Rampe in langen Reihen aufstellen, nach Männern und Frauen getrennt, die Kinder zu den Frauen. Wollte ein Mann zu seiner Frau, schlug ihm ein SS-Mann das Gewehr oder einen Knüppel über den Kopf, dass er blutete und nicht wagte, noch einmal aus der Reihe zu treten. Oder die Frau machte ihm Zeichen, dort zu bleiben, weil sie nicht wollte, dass ihm Leid angetan wurde. Die Ersten mussten ihr Gepäck ablegen und weitergehen. Ihre Jacken und Mäntel ausziehen, auf einen Haufen legen und weitergehen. Die Nachfolgenden hatten unter dem Gebrüll der SS-Männer das Gleiche zu tun. GEPÄCK ABSTELLEN, DIE SCHUHE ZUSAMMENBINDEN, DAMIT IHR SIE SPÄTER WIEDERFINDET! Alle Schuhe auf einen Haufen, so dass alles schon sortiert war. Wer bei den Schuhen war, sah die Menschen vorn in der Reihe schon halb nackt, ganz vorn standen sie völlig nackt.

Weiterlaufen, Hose oder Rock ausziehen, weiterlaufen. Kurz vor dem Gebäude waren alle nackt, Männer, Frauen, Kinder. Ihnen wurde am Eingang ein Stück Seife in die Hand gedrückt, dann gingen sie hinein.

»Da haben die Leute gesehen, oh, Seife gibt's, da ist da drin bestimmt das zum Waschen. Das war eine Totenfabrik, wo die Leute alle hineingehen und keiner kommt mehr, man sieht bloß noch Flammen oben aus dem Kamin. Ich verstehe heute noch nicht, warum da alles so ruhig war. Andere würden schreien: Was wollt ihr, ihr Mörder, wollt ihr uns umbringen oder was? Die haben alles über sich ergehen lassen, die Leute.«

Hugo und Frieda wussten, was mit den Menschen weiter geschah, alle im Lager, bis auf die Neuankömmlinge, wussten es schon lange. Denn als Frieda die Prozedur an der Rampe zum ersten Mal gesehen und Dada und Mama davon erzählt hatte, hatte Dada es weitergesagt und Dadas Freund, der Sinto, der im Krematorium arbeitete, hatte berichtet, was weiter geschah.

Kaum waren die nackten Menschen innen um die Ecke gegangen und konnten von draußen nicht mehr gesehen werden, nahm ihnen ein anderer Häftling die Seife wieder ab. Dann wurden sie in die Duschräume geschickt. Sobald einer mit achthundert oder tausend Menschen voll war, schoben Häftlinge sie weiter hinein, schlossen die Eisentüren und verriegelten sie. Die Duschen wurden angestellt, aber aus den Duschköpfen kam kein Wasser, sondern Giftgas, an dem die in den Kammern Eingesperrten erstickten.

Manchmal wurden die Menschen vorher aussortiert, das nannte die SS Selektion. Manche mussten nach links treten, manche nach rechts. Auch Doktor Mengele bestimmte links und rechts. Die Kräftigen wurden ins Männer- oder Frauenlager gefahren oder getrieben und die anderen bekamen Seife.

Dadas Freund war für Aufräumarbeiten eingeteilt. Nachdem die Menschen am Gas erstickt waren, musste er die Eisentüren aufmachen. Die toten Menschen waren ineinander verkeilt. Die Mutter mit den Kindern, der Vater mit der Frau, sie waren fest aneinander geklammert, als hätten sie sich im letzten Moment noch helfen wollen. Der Sinto und ein Jude mussten die Toten auseinander nehmen, damit sie in die Verbrennungsöfen passten. Aber zuvor mussten sie mit einem Montiereisen die Münder aufbrechen und hineinschauen, ob da Goldzähne waren. Die Goldzähne zogen sie mit einer Zange heraus und warfen sie in einen Bottich. Manchmal rissen sie zugleich das ganze Gebiss mit heraus und schmissen es in den Kübel. Dann lagen darin eine Reihe normaler Zähne mit einem Goldzahn dazwischen.

Der Jude sagte zu dem Sinto: Hast du gerade was gehört?

Nein, warum?

Sie waren allein in der Gaskammer und standen einen Moment still. Da hörten sie ein schwaches Wimmern. Der Sinto schaute hoch – oben auf dem Balken lag ein Bündel. Er nahm es: ein kleines Baby, das noch atmete. Der Jude nahm es dem Sinto aus dem Arm und sagte: Sieh mal, es hat überlebt.

Das Baby war fest in Stoff eingewickelt.

Ach, ist noch was übrig geblieben?, sagte eine Stimme.

Hinter ihnen stand ein SS-Mann, blickte über die Schulter des Juden auf das Baby, zog seine Waffe. Paff. Schoss. Durch das Baby und durch die Hand, die das Baby hielt. Der SS-Mann ging und der Jude legte das Baby zu den Toten. Dann mussten der Jude und der Sinto weiterarbeiten.

Der Sinto sagte zu Dada: Sepp, wenn du so was siehst, du schreist, du fängst an zu weinen, so was hast du noch nicht gesehn, die verkrampften Leute, die sich gegenseitig festhalten.

Dada gelang es, in ein Arbeitskommando an der Rampe befohlen zu werden. Dort sammelten sie die zurückgelassenen Habseligkeiten auf, sortierten sie und brachten sie zur Effektenkammer, dem Magazin, Kanada genannt. In Kanada standen mehrere große Baracken, die bis unter die Decke gefüllt waren mit dem Besitz der Ermordeten. Und weil fast nichts mehr hineinpasste, lagen die Sachen auch draußen, zwischen den Baracken, überall häuften sich Koffer, Schuhe, Kleidung an. Oft war die Kleidung blutig und verschmutzt. Dada und sein Kommando durften Kanada nicht betreten. Sie musste die Aufräumarbeiten machen und die Sachen den Häftlingen von Kanada übergeben.

Sooft es möglich war, nahm Dada Hugo und Manfred dorthin mit. Für die Rasenflächen hatten sie eine Woche gebraucht, die waren fertig. Immer wenn nachts ein Zug angekommen war, sagte Dada am nächsten Tag: Kommt, wir müssen wieder rüber. Und bald kamen Tag und Nacht Züge an. Irgendwann, davon waren alle überzeugt, sind wir an der Reihe. Dann gehen wir durch den Schornstein. Es gab für die Loren einen Schienenstrang vom Lagertor bis zum Krematorium. Die Arbeit an der Rampe konnte für den Tag ihr Überleben bedeuten. Denn manchmal fand Dada in den am Boden liegenden Sachen etwas zu essen und steckte es seinen Söhnen schnell in den Mund. Mal ein Butterbrot, mal ein Stück Apfel, mal ein Stück Speck. Sie sortierten die hinterlassenen Dinge, Koffer, Taschen, Schuhe, Strümpfe, Hosen, Röcke, Hemden, Blusen, Jacken, Mäntel. Es waren tausende Kleidungsstücke und die Lore wurde schnell voll. Auch Brillen, Haarspangen, Kämme, Fotos, Schmuck, Puppen, Spielsachen sammelten sie ein, aber es war streng verboten, etwas zu nehmen. Und strengstes Sprechverbot. Immer bewachten und beobachteten SS-Männer mit Gewehren sie bei der Arbeit und hätten nicht gezögert, sie zu erschießen. Wenn bei der nächtlichen Ankunft eines Zuges Leute misstrauisch wurden, sich nicht ausziehen wollten und fragten: Was macht ihr mit uns? Peng, peng, peng. Hugo sah durch die Ritze, wie die Leute zusammenbrachen. Andere schrien verzweifelt, besonders Kinder, wenn sie ihre Mutter stürzen sahen, die SS-Männer erschossen weiter, bis alle vor Angst verstummten. Dann war die Rampe voller Blut, wenn sie am Morgen dort zum Aufräumen hinkamen. Bald arbeiteten sie auch dort, während Menschen ankamen. Sie hinterließen Berge von persönlichen Sachen.

»Das laute Schreien der SS ist einem durch Mark und Bein gegangen. Die Leute haben vom Zug rausmüssen, Männer auf eine Seite, die Frauen auf die andere.

Die SS haben das schlau angepackt. Die haben gesagt, erst müssen die Männer baden, da haben sie die Männer erst umgebracht. Und dann war es leichter mit den Frauen und Kindern.

Die SS haben sich alles erlauben können. Wir haben doch zugeschaut, wie die Leute ausgestiegen sind, tausende und tausende von Menschen. Ein Zug kam an, fuhr raus, der nächste Zug kam, weiter.

Menschen, Menschen, Menschen. Ich habe nicht einmal richtig einen Schrei gehört, Was wollt ihr von uns? Oder: Ihr wollt uns umbringen! Mörder! Gar nichts. Wie Schafe sind sie gelaufen. Weil jeder nach seiner Familie, seiner Mama oder seinem Papa oder den Kindern geschaut hat, dass nichts passiert. Drum haben sie alles über sich ergehen lassen. Die SS haben das studiert, wie sie es am besten machen.

Wenn ich jetzt noch einmal, toi, toi, toi, bei irgend so was dabei wäre, ich hätte ein, zwei Mann bei mir, ich würde mir den nächsten SS-Mann greifen. Und die anderen täten dann auch mithelfen, wenn sie sehen, der und der liegt dort tot, und dann täte wahrscheinlich jeder kämpfen. Die zwei, drei Mann, bevor die zum Schießen kommen, liegen sie alle.«

Einmal fand Dada einen Schuh und dachte, die Sohle könnte er nehmen und auf seinen Schuh binden oder nageln. Und vielleicht das Leder noch brauchen. Weil es nur ein Schuh war und der zweite sich nicht fand, durfte er ihn mitnehmen. Im Block riss er den Absatz ab. Hugo und die Geschwister schauten zu – ein Goldstück lag darin.

Der Mann hat vorher gedacht, ich mache es da rein. Wenn wir in Not sind, habe ich noch was, das ich für Essen tauschen kann, sagte Hugo.

Ja, und jetzt ist er tot. Und wir können es für Essen tauschen.

Ein anderes Mal fand Dada drei Feigen. Zwei aß er auf, eine tauschte er an der Rampe gegen Brot für die Kinder. Der Mann, der sie erstanden hatte, sah sich um und steckte sie in den Mund. Es gab ein Knirschen. Er hatte auf ein Goldstück gebissen. Das gehörte nun dem Mann, und er wusste nicht, wie er es ins Lager schmuggeln sollte. Es gab Leute im Lager, die mit dem Gold oder anderen Wertsachen mit der SS Geschäfte machen konnten.

Tag und Nacht kamen Züge an, abertausende von Menschen wurden ermordet. War an der Rampe jemand laut, wurde er von einem der jungen SS-Männer sofort erschossen. Brach jemand zusammen, mit einem Schuss war er erledigt. Einmal sangen Menschen etwas auf Hebräisch. Einmal erzählte man sich im Lager, wie ein zwölfjähriger Junge ohne Eltern nicht lockergelassen hatte und Doktor Mengele überzeugen wollte, dass er gut arbeiten könne. Aber er musste dennoch ins Gas.

Hugo sah die Selektionen, während er an der Rampe arbeitete und Sachen auflud. Sah sie aus dem Augenwinkel oder wenn er wie zufällig den Kopf hob, denn natürlich durfte er nicht hinschauen. Er sah, dass Doktor Mengele nicht brüllte wie die anderen SS-Männer. Ruhig stand er, betrachtete die Menschen, die einzeln zu ihm vortraten, und zeigte mit dem Stiel der Reitpeitsche nach links oder rechts. Wenn ein Kind links und die Mutter rechts stand und die Mutter ihn bat, ihr Kind zu sich auf die Seite zu holen, schickte er die Mutter nach links zu ihrem Kind. Manchmal ließ er Kinder zur Seite treten, meistens Zwillinge, aber auch andere. Er ging in die Hocke und sprach mit ihnen. Hugo konnte nicht verstehen, was er sagte, aber oh, der ist freundlich, nicht wie die anderen SS-Männer, der ist nicht verkehrt, dachte Hugo.

Die Kinder, die Doktor Mengele ausgesucht hatte, wurden von einem SS-Mann auf einen Lastwagen gehoben und zum Krankenbau gefahren. Sie wurden auch nie mehr gesehen.

Ein neues Lied kursierte, Hugo sang es mit:

Auschwitz, deine Kamine,
die brennen bei Tag und in der Nacht,
tausende Menschen gingen in die Kabine,
und die Leute sind nie mehr aufgewacht.

Auschwitz, deine Kamine,
die brennen bei Tag und in der Nacht,
tausend Sterne stehen in weiter Ferne,
und der Stubendienst hält seine Wacht.

Zu den Krematorien gehörten sechs Schornsteine. Die Flammen, die meterhoch herausschossen, erhellten nachts den Himmel. Einmal gab es einen Krach, ein lautes Knacken, das im ganzen Lager zu hören war, aus der Richtung der Krematorien 4 und 5. Was war geschehen? Alle hofften. Und es kam auch alsbald die Parole durch. Krematorium 5 ist ausgefallen, weil der Schornstein wegen zu großer Hitze gerissen ist. Mit Bulldozern wurden Gräben ausgehoben, Frauen und Kinder hineingetrieben und von SS-Männern mit Maschinengewehren erschossen.

Als Hugo und Manfred kurz darauf wieder mit Dada die Lore in Richtung Krematorium schoben, auf zwei SS-Männer zu, wisperte Dada: Schaut bitte nicht nach rechts. Hugo und Manfred wendeten nicht ihre Köpfe. Aber aus den Augenwinkeln sah Hugo trotzdem, weshalb Dada das gesagt hatte. Und später sagte Manfred, er habe es auch gesehen. Es war eine breite, mit frischer Erde aufgeschüttete Grube. Aus der Erde ragten vereinzelt ein Knie, ein Fuß, eine Hand oder ein Kinderarm, der sich noch bewegte. Und Hugo sah, dass sich an manchen Stellen die Erde hob. Manche waren lebendig begraben worden. Die SS brachte mehr Menschen um, als in den übrigen drei Krematorien verbrannt werden konnten. Der Rest kam in Gruben. Auch noch lebendig. Dada musste Erde darüber schaufeln, damit die Fläche eben und nichts zu sehen war. Hugo, Manfred und andere mussten wieder Rasen stechen, um die Gruben abzudecken. Solange der eine Kamin ausgefallen war, schickten die SS die Starken in die Gaskammern und die Wehrlosen, Frauen mit kleinen Kindern und Alte, erschossen sie vor den Gruben.

Ein Zug kam nach dem anderen, die Rampe wurde gar nicht mehr leer. Menschen aus Ungarn wurden gebracht.

»Hätten die Jungen gesehen, dass die Alten erschossen werden, hätte es bestimmt einen Aufstand gegeben. Hätten sie sich aufgeregt oder Mörder geschrien oder sich zusammengetan. Dann wären auch ein paar SS tot gewesen. Die Nazis haben es so schlau gemacht.«

Es waren zwei ungarische Jungen mit roten Gummistiefeln da. Hugo sah sie tanzen. Einer war vielleicht wie Januschek vier oder fünf Jahre alt, einer ein bisschen größer, vielleicht sieben. Sie steppten mit den roten Gummistiefeln. Hugo stand und schaute. Von den Gummistiefeln hörte man nichts, aber die Jungen bewegten ihre Beine so schnell, dass man kaum sah, wie sie den Boden berührten. Das beobachtete ein SS-Mann und ließ sich ihre Nummern nennen. Später kam er mit einem anderen SS-Mann. Eine Glocke wurde geschlagen, links am Tor die Stühle aufgestellt, die Sintikapelle musste kommen, die beiden Jungen wurden geholt und mussten für die SS tanzen. Hugo stand direkt daneben. Noch mehrmals kamen SS-Männer ins Lager, um die beiden Jungen in den roten Gummistiefeln tanzen zu lassen.

»Ich hab den Tanz bestimmt schon zehn- oder fünfzehnmal nachgeträumt. Das werde ich nie im Leben vergessen. Wie eine Maschine sind die Füße gegangen. Und nach so einem Takt. Ich habe solche Tänze seitdem nie mehr gesehen.«

In einer Nacht wurden viele ungarische Roma gebracht und in die drei leeren Baracken für die Neuzugänge eingewiesen. Am Morgen sah Hugo sie, den Schrecken in ihren Augen, als sie die Abgemagerten bemerkten, die ersten Toten sahen. Sie blieben und lebten nur ein paar Tage.

LAGERSPERRE! Alle aufstellen zur Selektion. Ein Schaudern, ein Aufschrei, die Menschen wussten, dass Selektion für einen Teil von ihnen den Tod bedeutete. Arbeitskräfte, so hieß es, würden selektiert und auf Transport geschickt. Wenn sie Arbeitskräfte herausziehen, was geschieht dann mit allen anderen? Der großen Mehrheit, die nicht arbeiten konnte, den Kindern? Doktor Mengele wählte aus – mit dem Griff der Reitpeitsche in der rechten Hand zeigte er auf diejenigen, die auf die rechte Seite treten sollten. Von Tante Lonas fünf Mädchen schickte er die drei großen nach rechts, die zwei kleinen nach links. Ihre Eltern waren tot, die Kleinen weinten, die Großen weinten. Eine der Großen, die Zweitälteste, verabschiedete sich von ihren Schwestern und ging nach links zu den Kleinen hinüber. Tante Kerscha kam nach rechts, sie würde mit den beiden Großen auf Transport gehen.

Alle, die weg mussten, und alle, die blieben, dachten, sie würden einander nie wiedersehen.

Dada und Mama blieben bei den Kindern, so wie die meisten Eltern. Jetzt sind wir dran, da war Hugo sicher. Gleich schreien sie: SCHUHE AUSZIEHEN UND ZUSAMMENBINDEN! VORTRE-TEN! AUFGEHEN! HOSEN AUSZIEHEN! Und so weiter. Seine Knie zitterten, er hielt sich wie die kleinen Geschwister an Mama fest, Manfred hielt Dadas Hand.

Nein. Nichts geschah. Ein paar hundert Menschen kamen auf Transport. Mit ihnen Tante Kerscha und Tante Lonas Töchter, Traubela und ihre Schwester. Und die anderen weinten schon, aber sie wurden nicht umgebracht. Noch nicht.

Hugo war froh, seinen hässlichen, engen, stickigen Block wiederzusehen. Im Block sein hieß, nicht in der Gaskammer sein. Appell stehen war kein Anstehen vor dem Krematorium. Noch nicht.

Es war eine normale Nacht mit Menschen, die schliefen, stöhnten, starben. Kindern, die jammerten, schrien. Am schlimmsten klang Hugo das Weinen und Wimmern aus dem Waisenkinderblock nebenan in den Ohren. Sie weinten die ganze Nacht vor Hunger, vor Durst, und niemals war jemand da, um sie zu trösten.

»Ich kann heute das Laute von den Kindern nicht vertragen, das kann ich nicht in meinen Kopf reinbringen, weil ich das so viel in den Lagern drin gehört habe. Die Todesschreie, die ich gehört habe. Wenn ich heute Kinder laut höre – lasst, geht weiter weg, Kinder, es geht mir auf die Nerven.«

Am nächsten Tag merkte Hugo etwas. Die Blockältesten waren unterwegs. Sie hatten etwas zu besprechen. Dada sprach mit Onkel Babist und ein paar anderen Männern. Am Abend war wieder Lagersperre. Kamen da leere Lastwagen? Gewöhnlich fuhren sie voll mit Menschen hinein und leer hinaus. Jetzt ist unser Ende nah. Leere Lastwagen kamen durch das Haupttor ins Lager, einer nach dem anderen, acht Stück. Sie wendeten hinten vor der Sauna und hielten am letzten Zugangsblock, in dem die Neuankömmlinge aus Ungarn untergebracht waren. Diese Menschen wurden alle aufgeladen und weggefahren. Sie wussten nicht, wohin, aber Hugo wusste es. Frieda, Manfred, Hugo, Rigo, Rosi, Januschek, alle unter die Decke. Über alle Kinder hielt die Mama oben auf der dritten Buchse, direkt am Eingangstor, ihren Arm. Bleibt alle da, sagte sie, bleibt alle da. Die Lastwagen kamen zurück, wendeten, wurden mit Menschen voll geladen. Der letzte Block war leer. Ihr müsst euch vor nichts fürchten, Mamas Stimme klang nicht beruhigend. Sie zitterte. Wenn wir jetzt hier rauskommen, dann braucht ihr keine Angst nicht haben. Wir kommen in einen großen Raum und von da geht es weiter bis nach Hause. Die Lastwagen kamen zurück, die SS räumte den nächsten Block. Braucht ihr keine Angst nicht haben, es passiert uns gar nichts. Ihr müsst nur dicht bei mir bleiben. Dada stand unten. Hugo kroch ein Stück vor und schaute auf seinen Dada hinab. Er redete laut mit Onkel Babist und anderen. Jetzt ist es so weit. Kommt her, wir lassen uns nicht einfach umbringen. Es kamen aber nur wenige Männer, die Angst war zu groß. Draußen war es noch dämmrig. Sie machen den dritten Block leer, sagte jemand, der durch eine Ritze die SS beobachtete. Alle werden rübergefahren, sagte Frieda ganz leise. Durch ihre Ritze blickte sie in die andere Richtung. Jetzt kam der leere Lastwagen wieder ins Lager, wendete hinten, jetzt kommen sie zu uns. Die Bremsen quietschten. Der Motor wurde ausgeschaltet und stotterte noch zwei-, dreimal. Stille. Bleibt alle hier, flüsterte Mama. Hugo bibberte und zitterte vor Angst am ganzen Körper. Er wusste ja, was geschah, wenn die Züge ankamen. Wusste, was ihnen bevorstand.

Schritte von Stiefeln kamen zum Tor. AUFMACHEN! ALLES RAUS-TRETEN! Hugo sah seinen Dada sehr gerade stehen vor der geschlossenen Eingangstür, in der Hand einen Pickel. Neben ihm der Sinto Ernst Steinbach mit einem Stock und am anderen Türflügel Onkel Babist mit einem Schaufelstiel. Ein vierter Mann war dabei. Wie hatte Dada den Pickel und die Schaufel ins Lager gebracht? Drei Sinti kamen dazu, alle hatten etwas in der Hand, das sie als Waffe gebrauchen konnten. Die meisten blieben nah bei ihren Familien, viele hatten zu viel Angst, sich da vorn dem Unheil entgegenzustemmen und gleich zu sterben.

»Mir läuft es kalt über, ich weiß es noch genau, ich sehe ihn heute noch dastehen.«

Alles geschah in einem Augenblick. Die Stiefelschritte, Schritte von vielen Männern, das Kommando eines SS-Mannes. Und Dadas Schrei, dass die ganze Baracke zitterte und die Leute zusammenfuhren. Von unten herauf mit der Kraft seines Lebens schrie Dada: KOMMT IHR REIN! WIR KOMMEN NICHT RAUS! WENN IHR WAS WOLLT, MÜSST IHR REINKOMMEN. HOLT UNS RAUS! WIR WARTEN HIER! DANN PASSIERT WAS GROSSES! Draußen hielten die Schritte an, kein Laut, kein Befehl. Im Block sprangen andere Männer von den Buchsen und gingen langsam nach vorn zu Dada, Onkel Babist und den beiden anderen. Jetzt riefen viele durch die Tür, es war fast ein Tumult. WIR KOMMEN NICHT RAUS! Dann verstummten sie. Draußen sprachen die SS-Männer miteinander. Minutenlang. Im Block Stille, kein Kind weinte. Schießen sie jetzt alles zusammen? Metzeln sie uns alle nieder?

»Hätten die SS-Männer das Eingangstor geöffnet, könnten sie nicht eintreten, ohne sich selbst zu gefährden. Hätten sie höchstens reinschießen können, hätten sie Arbeit gehabt. Die Toten nehmen, alle Leute sehen zu, wegbringen.«

Ein Motorrad fuhr über die Lagerstraße und hielt vor dem Block. Wieder sprachen die SS-Männer miteinander. Dann Schritte, die Tür des Lastwagens wurde geöffnet und zugeschlagen. Der Motor angelassen. Das Motorrad fuhr weg, der Lastwagen hinterher, aus dem Lager hinaus.

Und kam nicht zurück. Ein Jubel brach los, im Block lachten und weinten alle vor Freude und Erleichterung. Hugo kletterte schnell aus der Buchse zu seinem Dada. Hugo machte Freudensprünge. Sie hörten auch die Schreie vom Krematorium. Immer wieder Schüsse, dann war Stille. Dann war Stille. Und Hugo lebte. Sie alle lebten noch. Viele kamen von den Buchsen runter und sagten: Ich hätte auch gekämpft. Ich auch.

»Die SS haben gedacht, wenn sie reinkommen, vielleicht schießen sie ein paar zusammen, aber dass unsere von denen auch ein paar umbringen. Die haben sich erhalten wollen. Und so muss es in den anderen Blöcken auch gewesen sein. Und wenn es auf die anderen Lagerabschnitte übergreift. Vielleicht waren sie in dem Glauben, dass alle Männer der Baracke dastehen und zuschlagen werden.

Da bin ich heute noch stolz drauf, das hat es selten gegeben. Und ich höre heute noch Dadas Schrei, wie ein Todesschrei, glaubst du das?«

Später unterhielt sich Dada mit Onkel Konrad und seinen Cousins. Alle Leute wollten wissen, was in den anderen Blocks vor sich gegangen war. Überall auf der Lagerstraße standen am nächsten Abend die Menschen zusammen und tauschten Neuigkeiten aus. Viele hatten Dadas Schrei bis in ihre Baracken gehört. Onkel Konrad hatte auch so geschrien: So leicht machen wir es euch nicht! Kommt nur rein! Aber zuvor hatte er im Block alle aufgescheucht, war die ganze Länge bis nach hinten gegangen: Was ist hier los? Unsere Familien werden umgebracht. Lasst ihr euch das jetzt gefallen? Ich kämpfe auf alle Fälle, ich kämpfe.

Die Menschen sprachen am nächsten Tag über Onkel Konrad. Oh, wie der im Block geschrien hat. Raus! Alles raus. Seid ihr Männer? Wir müssen unsere Familien verteidigen. Wir müssen es probieren!

In seinem Block sind dann viele zum Eingangstor vorgekommen, bereit, sich gegen die SS zu stellen. Jeder hatte etwas in der Hand, Werkzeug, Latten, Steine, Gabeln, Messer, die sie sich aus Löffelstielen geschliffen hatten. Manche hatten aber nur die bloßen Hände.

In keinem Block, von dem sie an dem Abend hörten, hätten die Menschen sich ohne Widerstand zu den Gaskammern transportieren lassen. Überall waren zumindest einige Männer bewaffnet.

»Wir haben gewusst, als die abgezogen sind, vielleicht machen sie was Neues, aber so leicht machen sie es nicht. Das hast du als Kind schon gewusst, jetzt merken die, halt mal, die Leute kämpfen diesmal und von uns gehen ein paar drauf. Die können wir nicht ohne Probleme vergasen.«

Aber Hugo wusste nicht, dass in allen Baracken der Widerstand geplant war, während er seinen Dada mit dem Pickel in den Händen unten vor dem verschlossenen Tor stehen sah. Als er es am nächsten Abend erfuhr, da keimte eine Hoffnung in ihm auf. Sein Dada würde vielleicht noch etwas erreichen, er ließ sich doch nicht alles gefallen.

Zwei, drei Tage waren vergangen.

Ein SS-Mann kam. Plötzlich stand er vor Hugo, es gab kein Verstecken mehr, nur still stehen, geradeaus schauen.

Wer bist du?

3529!

Und der? Der SS-Mann zeigte auf Manfred.

3528!, sagte Hugo und spürte schon sein Herz schlagen.

Seid ihr Brüder?

Jawoll!

Wie alt seid ihr?

Ich zehn und er zwölf.

Der SS-Mann nickte und ging fort. Zwei Tage später stand er im Eingang des Blocks und rief: 3528 und 3529!

Hugo erschrak, er und Manfred schauten sich an. Hugo sah seine Angst in Manfreds Augen. Sie beide und Mama kletterten von der Buchse und traten vor den SS-Mann.

Mitkommen!, sagte er. Ihr werdet untersucht.

Mama brach in Tränen aus. Sie lief schluchzend zum SS-Mann, legte ihre Hände zusammen.

Meine Kinder, lasst bitte bitte meine Kinder bei mir. Lasst sie doch bei mir, bitte. Bitte lasst sie, bitte bitte.

Die Tränen liefen ihr über das Gesicht. Wein doch nicht, Mama, sagte Hugo.

RUHE!, schrie der SS-Mann zu Mama hin und noch ein paar Schimpfwörter dazu. Hugo umarmte sie fest. Manfred sah traurig aus, aber er sagte keinen Ton.

Mama, wir kommen doch wieder, Mama, du brauchst doch nichts zu denken.

Der SS-Mann riss Hugo von ihr los.

Vorwärts!

Hugo und Manfred mussten raus, die Lagerstraße entlang, Mama stand weinend und schaute ihnen nach. Hugo drehte sich noch einmal um und versuchte zu lächeln. Wir kommen nie mehr zu dir zurück, dachte er. Wir müssen jetzt sterben. Aber er sagte nichts, Manfred war bleich und wie versteinert.

Du brauchst nicht traurig schauen, wir kommen wieder her, sagte Hugo. Den ganzen Weg über fragte Manfred: Was machen wir jetzt, Hugo? Was machen wir jetzt?

Komm, ist nicht so schlimm. Wir gehen mit.

Der SS-Mann brachte sie am Lagereingang zu einem Lastwagen und fuhr sie in den Krankenbau zu Doktor Mengele. Hugo erschrak bis ins Mark, als er richtig begriff, wohin. Doktor Mengele spazierte manchmal durch das Lager und sprach mit den Frauen und Kindern. Er war sehr freundlich und hatte sogar manchmal Bonbons für die

Kleinen. Aber wen er mitnahm, wurde nie wieder gesehen, der kehrte nie mehr ins Lager zurück. Einmal hatte Doktor Mengele Mano bemerkt, Hugos Cousin. Er war auch zehn Jahre alt.

Du bist blond, bist du auch ein Zigeuner?

Ja, sagte Mano.

Doktor Mengele nahm Mano mit und gab ihm seine Stiefel zum Putzen. Mano polierte die langen schwarzen Stiefel, die zur SS-Uniform gehörten, bis sie glänzten. Doktor Mengele kontrollierte die Stiefel und sagte: Morgen kommst du wieder. Von da an putzte Mano jeden Tag die Stiefel und musste bald auch andere Aufgaben übernehmen. Zum Beispiel Gläser aus der Krankenbaracke in eine andere tragen. In den Gläsern schwammen Organe von Menschen in einer durchsichtigen Flüssigkeit. Mano sah auch Kisten mit Armen und Beinen. Er sah, wie Kinder vom Dach der Baracke springen mussten. Weil sie davor Angst hatten und nicht wollten, gab ihnen Doktor Mengele Regenschirme in die Hand und sagte, sie könnten damit fliegen. Dann befahl er ihnen zu springen. Die Kinder sprangen und brachen sich die Beine. Doktor Mengele und seine Mitarbeiter wollten untersuchen, wie die Knochen ohne Behandlung zusammenwachsen. All das hatte Mano im Block erzählt, seinen Eltern und seinen Cousins. Vielleicht sechs Wochen war er jeden Tag bei Mengele zum Arbeiten, dann brauchte er nicht mehr hinzugehen.

Es gab viele Berichte und Gerüchte, und Hugo und Manfred konnten sich vor Angst kaum bewegen, als sie nun die Krankenstation betraten, ihr Herz spürten sie bis in den Kopf. In einem grau gestrichenen Raum mit grauen Vorhängen standen graue Liegen in zwei langen Reihen von je zehn, zwei waren frei für Hugo und Manfred, die nun graue Kittel trugen. Auf den anderen Liegen lagen graue Kinder, still, manche stöhnten leise, es war verboten zu sprechen. Ein Junge war auf dem Weg irgendwohin, doch er konnte sich kaum auf den Beinen halten. An dem langen Tisch mit der angeschraubten Bank, der in der Mitte zwischen den Liegen stand, stützte der Junge sich ab, aus seinem Mund rann Blut.

Tag um Tag lagen Hugo und Manfred auf den Liegen, Manfred links von Hugo. Sie flüsterten vorsichtig miteinander, ganz langsam, damit es nicht auffiel.

Manchmal setzten sie sich wie die anderen Kinder auf die Bank oder sie gingen am Tisch entlang hin und her. Es gab auch hier fast nichts zu essen, nichts zu trinken. Jeden Tag trat ein Mann in weißem Kittel ein, darunter trug er die SS-Uniform, zeigte auf ein Kind und sagte: Komm. Durch die Tür hindurch und weg. Manchmal kam das Kind wieder, manchmal nicht mehr. Die, die wiederkamen, bluteten, sie waren schwach und konnten nicht aufstehen.

»Ich kann nicht sagen, wie lange wir da waren. Es können zwei Monate gewesen sein oder nur drei, vier Wochen. Man hat kein Zeitgefühl da drin. Man denkt nur jede Minute, jetzt habe ich überlebt. Jetzt habe ich wieder überlebt. Wenn die Nacht kam, kurz bevor du eingeschlafen bist – jetzt habe ich überlebt. Hoffentlich morgen noch. So laufen die Gedanken.«

Einmal unterhielten sich Hugo und Manfred wieder ganz leise, da kam wacklig und langsam ein Junge zu ihnen. Tschawo hieß er und war zehn. Ich darf nichts sagen, aber schaut her, sagte er und hob seinen Kittel hoch. Was die mit mir gemacht haben. Ich bin ein Mädchen geworden.

Sein Geschlechtsteil war nicht mehr da. Er begann heftig zu schluchzen.

Ich will doch gar kein Mädchen sein. Ich will kein Mädchen sein, warum machen die das mit mir?

Ein Mädchen kam und hob seinen Kittel. Ich war ein Mädchen, schau, was ich jetzt habe. Ein zweites Mädchen näherte sich. Die Kinder konnten sich nur mühsam bewegen und leise sprechen, sie waren so schwach, dass Hugo ihre Stimmen kaum hören konnte. Das Mädchen erzählte alles, was schon geschehen war. Mädchen werden zu Jungen und Jungen zu Mädchen umgewandelt, manchen werde der

Bauch aufgeschnitten und etwas genommen, manchen etwas hinein-
operiert. Als ein Kind nicht bald wieder aufstehen konnte, sei es geholt
und nicht zurückgebracht worden. Wo die hinkommen, wissen wir
nicht, die kommen nicht mehr.

Hugo und Manfred blickten sich an, sie wussten es ja.

Das Mädchen sagte: Aber sprecht bitte nicht darüber, ihr dürft
nicht sprechen. Einer hat schon gesprochen, der ist nicht mehr da, den
sehen wir nicht mehr.

Verratet mich bitte nicht, sagte der Junge.

Nein, nein, wir verraten dich nicht, um Gottes willen.

Die Kinder legten sich wieder auf ihre Liegen. Hugo und Manfred
sahen sich an, wieder erkannte Hugo sein Entsetzen und seine Angst
in Manfreds weiten Augen. Sie schwiegen. Alles, was Hugo vor dem
Lager erlebt hatte, spielte sich vor seinem inneren Auge ab. Was er
gespielt hatte, als er noch ganz klein war, die Auer Dult, Lenggries,
Sophie vom Café, wie der Dada die Fliegerabzeichen gebracht hatte,
wie gern er Zug fahren wollte, die Pferde, die Schule. Sein Freund. Wie
schön das Leben war. Sogar die Schule, wo er bespuckt und geschlagen
wurde, sogar die Schule war schön. Sogar die Disteln sah er, die er für
sein Pferd gepflückt hatte, weil es die so gern mochte.

**»Immer wieder, kurz bevor du am Tod warst, ist dein Leben wieder
vorgekommen. Es war ein richtiger Film, was du alles erlebt hast. Und
die Gedanken. Was macht meine Mama, was macht mein Dada, was
machen die, wenn ich nicht mehr da bin? So geht es dann immer im
Kreis. Du siehst deine Mama, du siehst deinen Dada, du siehst deine
anderen Geschwister. Wenn Dada stirbt oder die Mama stirbt, was ist
dann? Dann müssen die Kinder sterben, die werden vergast. Wir haben
ja den ganzen Lauf gewusst.«**

Manfred war sicher, dass sie aus diesem Gebäude nicht lebend
hinauskommen würden. Gib auf, lass alles, sagte er. Was soll schon
werden mit uns.

NEIN, sagte Hugo da. Wirst schon sehen, wir kommen wieder raus. Er dachte an Mama, wie sie ihm den Kopf streichelte, den kleinen Januschek und Rosi an der Seite, und sagte: Denk nicht, wir bleiben hier. Wir kommen wieder raus.

Und Hugo wollte ihr immer glauben, er glaubte ihr, er wollte nicht weinen, und so wie Mama flüsterte er zu Manfred hin: Halte durch. Wirst schon sehen, wir kommen bald raus.

Nein, sagte Manfred. Nein, schau doch, was sie da machen. Schau doch den Buben, haben sie dem Buben was weggemacht. Was denkst du denn, was machen sie mit uns? Genauso machen sie es mit uns.

Nein, sagte Hugo. Mit uns machen sie es nicht. Nein. Wir sind doch Deutsche, Dada war bei den Soldaten. Wir werden untersucht und dann kommen wir raus.

So lange flüsterte Hugo, bis Manfred nur noch schaute und nichts mehr erwiderte. Hugo legte sich auf den Rücken und konnte von den Gedanken nicht los, wenn die mir jetzt das abschneiden und mich zu einem Mädchen machen, dann möchte ich vorher lieber sterben. Und wieder hatte er den ganzen Film seines Lebens vor Augen, wie er draußen spielte, wie sie mit Mano und seinen Freunden rauften, das Leben war so schön. Und wenn ich doch weiterlebe und rauskommen sollte? Werde ich heiraten und eine eigene Familie haben? Die Gedanken an die Zukunft waren nur wie kurz aufzuckende Blitze, dann sah er wieder die Vergangenheit.

»Ich wollte nie in die Schule gehen. Aber wenn man dann in eine Enge getrieben ist, dann denkt man zurück. Da war sogar die Schule eine herrliche schöne Zeit. Da hat man solche Gedanken, die gehen nicht mehr aus dem Kopf.«

Schließlich wurden sie beide geholt und warteten in einem Gang. Vor ihnen wurde ein Junge herausgetragen. Als Hugo ihn anschaute, schüttelte er mit dem Kopf. Manfreds Nummer wurde aufgerufen, aber Hugo sah Manfreds Gesicht und ging als Erster. Er wollte ihm zeigen, dass es bestimmt nicht so schlimm sein würde. In einem kleinen Raum stand ein Tisch, zwei Häftlinge erwarteten Hugo. Er musste sich auf den Tisch legen. Ein Häftling spreizte seine Beine und befestigte einen Holzstab zwischen den Fußgelenken, so dass Hugo die Beine nicht mehr schließen konnte. Sie beugten seine Knie und machten das Holz fest, so dass Hugo die Beine aufgestellt lassen musste und nicht mehr strecken konnte. Ein anderer Häftling schraubte Hugos Kopf fest, um seine Ohren schlossen sich vor Schmutz fast schwarze Polster so fest, dass es schmerzte. Hugo konnte in dem Schraubstock seinen Kopf weder senken noch heben. Seine Arme wurden festgeschnallt. Dann kam Mengele. Erst schaute er freundlich. Der tut mir nichts Schlimmes. Mengele trug wieder einen weißen Kittel über der SS-Uniform. Er schaute Hugo an und setzte sich vor seinen Unterleib auf den Hocker.

»Mama hat Mengele in Auschwitz ein paarmal gesehen. Das muss ein schöner Mann gewesen sein. Mama hat nur gesagt, ich hätte nie gedacht, dass er so was tut. Er muss freundlich geschaut haben, aber wo wir ihn dann kennen gelernt haben, hat er ein anderes Gesicht gehabt. Der war richtig ... Ich sehe seine Augen heute noch, der hat durch und durch mich geschaut. Ich dachte, der durchsticht mich mit den Augen.

Als ich dann später gehört habe, was er alles getan hat, wusste ich, dass er schon bei der Operation war, wo er uns gesehen hat. Dass er verfallen war in Aufschneiden.«

Mengele verlangte nach einem Instrument, und Hugo sah, wie der eine Häftling ihm einen glänzenden Metallstab reichte, lang wie ein Lineal, vorn spitz, dann gewellt mit einer Krümmung darin wie ein Haken. Mengeles Blick war kalt und stier geworden. Hugo versuchte mit aller Kraft seinen Kopf zu heben, er hatte Angst, er wollte sehen, was mit ihm getrieben würde. Es gelang ihm nicht, an seinem Körper hinabzuschauen, nur so weit, dass er Mengeles Gesicht deutlich vor Augen hatte, als er sich Hugos Unterleib zuwendete. Mit dem langen

Metallinstrument drückte er von unten in Hugos Bauchhöhle. Dabei brauchte er alle Gewalt, schnaufte heftig und hatte Schweißperlen auf der Stirn. Es gab einen Ruck und er hatte das Instrument in Hugos Körper hineingestoßen. Nun bohrte er hinein.

»Ich war ohne Narkose. Ich sah nicht seine Hände, aber sein Gesicht, und hatte furchtbare Angst. Ich wusste ja, der tut etwas, dass ich sterbe. Oder er macht mich zu einem Mädchen. Lieber wollte ich sterben als das.«

Mengele murmelte die ganze Zeit über etwas vor sich hin, während er mit dem Gerät etwas in Hugos Leib tat. Hugo hatte sich den Zipfel seines Kittels in den Mund gesteckt und biss jetzt fest darauf. Hugo spürte den Schmerz bis zum Herzen hinauf. Je mehr er schreien wollte, desto fester biss er auf den Stoff. Der Häftling neben Mengele riss die ganze Zeit über Papier von einer Rolle und saugte das Blut auf, wischte es weg. Und Hugo sah die starren Augen von Mengele.

»Der hat mir den Haken zwischen die Beine gestoßen, so hoch, so weit, dass ich bald nichts mehr gesehen habe, mir war schwarz vor Augen. Der hat da rumgefummelt und rumgemacht, ich wusste nicht, was er da macht, aber war im Glauben, dass ich sterilisiert worden bin.«

Hugo glaubte zu sterben, aber er wollte nicht schreien. Er hatte andere Kinder schreien hören: Au, au, hört auf, hört auf, au! Hugo wollte durchhalten, denn sein Bruder saß draußen und sollte ihn nicht hören und noch mehr Angst bekommen. Und er dachte, wenn ich schreie, dann ist der Tod da, dann bringen sie uns gleich um. Ich sterbe nicht, sagte er sich immer wieder, komm, ich sterbe nicht, ich lebe weiter.

»Ich habe nie erzählt, was der Mengele mit uns getan hat. Das weiß noch keiner. Auch meine Leute wissen nichts von dem. Ich habe eine Scham in mir, ich habe es nicht meiner Mama erzählt. Mama hat ja gemerkt, was mit uns los war, aber ich habe nie drüber gesprochen. Auch nicht der KZ-Stelle. Und jetzt, vielleicht vor drei oder vier Jahren habe ich wieder Schmerzen bekommen, bin zu meinem Hausarzt gegangen und habe ihm das gesagt. Da hat er es angeschaut, sagt er, au, ist das schlecht gemacht worden. Die haben gerissen da drin. Die Narben allein sind so schlimm. Ich habe dann einen Antrag gemacht für eine Entschädigung, da hieß es, das ist vorher nicht gesagt worden, das kann vorher oder später geschehen sein. Die warten nur, dass sie absagen können.«

Sobald Mengele mit Hugo fertig war, ging er hinaus. Der Häftling stopfte viel Papier zwischen Hugos Beine. Hugo wurde losgeschraubt, auf eine Bahre gelegt und an Manfred vorbeigetragen. Er hatte solche Schmerzen, dass er sich am ganzen Körper verkrampfte. Aber er versuchte die Blutflecken auf seinem Kittel in den Falten zu verbergen, damit Manfred sie nicht sehen konnte.

Es hat gar nicht wehgetan, sagte Hugo noch zu ihm. Manfred musste hinein. Nach einer Stunde wurde er gebracht. Voller Blut, der Kittel durchtränkt.

Es hat doch wehgetan, sagte er.

Bei mir hat es nicht wehgetan.

Doch, doch, erwiderte Manfred schwach.

»Man ist da mit zehn, elf Jahren wie einer mit zwanzig, fünfundzwanzig Jahren. Das geht schon, wir halten durch. Man ist da so. Und wir haben auch durchgehalten.«

Jetzt lagen Hugo und Manfred auf den Pritschen und waren sogar zum Sprechen zu schwach, so wie sie es zuvor bei anderen Kindern gesehen hatten. Der Film im Kopf hielt nicht mehr an, die Gedanken drehten sich im Kreis, Tag um Tag. Und jedes Mal, wenn die Tür sich öffnete, die Angst, sie könnten wieder zu Mengele gerufen werden. Hugo und Manfred berichteten einander, was mit ihnen geschehen war. Bei beiden war es gleich. Nur dass der Metallstab, den Mengele bei Manfred verwendete, rot von Blut war.

»Wir wussten schon, dass wir Sinti waren, aber dass wir, unsere Familien deswegen vergast und verbrannt, gedemütigt, angespuckt, gequält werden, das begreife ich nicht. Das tut mir weh, wenn ich heute einen sehe, der aus einem anderen Land hierher kommt und hier sein Brot verdienen oder studieren will, dass der angegriffen wird. Dahin reicht mein Horizont nicht.«

Ein Mann in weißem Kittel rief: Nummer achtundzwanzig und neunundzwanzig bei Doktor Mengele melden!

Die Jungen schauten sich an – Hugo war die neunundzwanzig, Manfred die achtundzwanzig. Jetzt ist es so weit, dachte Hugo, wahrscheinlich bringen sie uns jetzt um. Manfred flüsterte: Vielleicht bringen sie uns jetzt rüber. Da wusste Hugo, dass Manfred dasselbe dachte.

Hugo sagte: Wahrscheinlich konnten sie mit uns nicht viel machen, weil wir zwei Brüder sind.

Wenn einer von uns ein Mädchen gewesen wäre, sagte Manfred.

Aber die haben schon was mit uns gemacht.

Und jetzt? Er konnte wieder laufen, langsam, und erhob sich mit Mühe, Manfred konnte noch nicht laufen. Komm, sagte Hugo, komm. Er hakte seinen Bruder unter, stützte ihn und sie gingen durch die Tür.

Achtundzwanzig? Neunundzwanzig?, fragte Doktor Mengele.

Jawohl.

Ihr kommt raus.

Jawohl!

Das ist nicht wahr, dachte Hugo. Draußen stand ein Lastwagen, da kletterten sie hinauf, Hugo half Manfred auf die Ladefläche, Manfred legte sich hin, seinen Kopf auf Hugos Beine. Hugo hielt ihn fest, jedes Ruckeln des Lastwagens verursachte ihm Schmerzen. Nichts sprachen sie, sie schauten sich nur an, sie wussten, wenn der Lastwagen nach links fahren würde, ging es zum Krematorium, nach rechts zurück ins

Lager. Manfred nahm Hugos Hand und hielt sie mit aller Kraft, mit der Kraft seiner Angst. Wirst sehen, sagte Manfred.

Hugo dachte, das ist unser letzter Weg, wir sehen Mama nie wieder, Dada nie wieder, das Leben war doch schön, was hätte ich noch alles werden können.

Nein, sagte Hugo, du wirst sehen, wir kommen wieder zu Mama.

Der Lastwagen fuhr ein Stück, auf das Tor zu, hindurch, Manfred umklammerte Hugos Hand, der Lastwagen fuhr zur Straße vor und bog rechts ab.

Siehst du, ich habe Recht gehabt.

Manfred lag und weinte und schluchzte. Wir kommen doch noch zur Mama heim. Er hielt Hugos Hände, schaute zum Lager hinüber und sagte: Da kommen wir jetzt wieder rein.

Und sogar das Lager war für diesen Augenblick eine Rettung. Auch Hugo weinte.

»Ich war der Jüngere, aber ich war wie der Vater von ihm. Er hatte meine Hände ganz fest, ich spüre heute noch seine Hand. Wo hatte er die Kraft her?«

Der Lastwagen fuhr ans Tor des Zigeunerlagers und hielt. RAUS! Hugo und Manfred mussten absteigen und durch das Tor laufen. Manfred konnte nicht allein stehen.

»Und dass es nicht auffällt, habe ich ihn genommen, habe ihn auf meiner Schulter gehabt und bin mit ihm gelaufen, ich habe ihn halb getragen. Ich war ja selber schwach, ich war zehn und er war zwölf. Ich habe ihm die eine Hand gegeben, dass die nicht merken, dass er vielleicht zu krank ist, dass er vielleicht wegkommt von mir. Ich hab so festgehalten.«

Und während die beiden Jungen das Tor und die Baracke am Eingang passierten, wurden sie erkannt und die Leute im Lager schrien:

Dutscha, deine Söhne kommen! Langsam gingen die Jungen, mussten Schritt für Schritt fast die ganze Länge des Lagers queren, rechts und links die Blöcke, jeden Schritt aufs Neue mit der letzten Kraft, und ihnen voraus sprangen die Stimmen wie Feuerzungen im Wind: Dutscha, deine Söhne kommen! Als sie den Block erreichten, rannte Mama auf die Lagerstraße, die Augen geweitet, als sehe sie Gespenster.

»Ich sehe der Mama ihre Augen noch, wo sie uns gesehen hat. Die hat zu Gott gebetet, die hat die Hände zusammengefaltet. Die hat geweint, die Mama. Dann hat sie uns in den Arm genommen.«

Hugo hielt nur mit Mühe das Appellstehen durch. Noch schlimmer war es für Manfred, der noch nicht ohne Hilfe gehen konnte.

Die erste Nachricht, die Hugo von den anderen Kindern, den Cousinen und Cousins hörte, war: Wir kommen heim. In ein paar Tagen kommen wir heim. Und unsere Dadas gehen zum Krieg. Tante Lonas Töchter hatten keine Eltern mehr, niemand konnte sie mit rausnehmen.

Hugo und Manfred erfuhren, weshalb sie aus dem Krankenrevier von Doktor Mengele geholt worden waren.

Es hieß: Wer von den ehemaligen Wehrmachtssoldaten sich zum Fronteinsatz für das Deutsche Reich meldet, dessen Familie kommt raus. Viele meldeten sich, alle in der Hoffnung, ihre Frauen, Kinder, Geschwister würden freigelassen werden. Das war die Bedingung der SS. Die nahmen Dada und die anderen Familienväter an.

Am Tag bei der Arbeit konnte sich niemand unterhalten. Danach war Appell, dann Blocksperre. Dada, seine Brüder und andere Männer verabredeten sich für die Nacht, elf Uhr. Sie konnten das Tor nicht aufmachen, weil es knarrte. Sie schlichen hinten hinaus und robbten im Schatten der Baracken zum vereinbarten Treffpunkt. Vierzig Männer kamen und besprachen sich leise im Liegen. Sie verabredeten, sich erst dann für die Wehrmacht einkleiden zu lassen, erst dann das Lager zu

verlassen, wenn ihre Familien rauskämen. Das wollten sie sehen, es sollte vor ihren Augen geschehen, sonst würden sie lieber bei ihren Familien bleiben und mit ihnen in den Tod gehen.

Hugo sah Dadas aufgerissene Ellenbogen. Meterweit war Dada gerobbt.

Wenn ihr an der Front kämpft, kommen eure Familien raus.

Deshalb waren kurz vor dem Abtransport Hugo und Manfred aus dem Krankenrevier von Doktor Mengele geholt worden.

Am 8. März 2005 wurde in Günzburg, der Geburtsstadt des KZ-Arztes Mengele, eine Gedenktafel zum Andenken an dessen Opfer enthüllt. Schülerinnen und Schüler der Stadt hatten sie entworfen und im Stadtrat vorgestellt. Die Stadt ließ die Tafel mit den 130 Augen in Bronze gießen. Hugo berichtete, was Mengele ihm und seinem Bruder Manfred angetan hatte.

Eine junge ungarische Frau kam mit ihrem kleinen Jungen in den Block. Ein Neuzugang. Schön fand Hugo den Jungen, er hatte runde Wangen und runde Hände, runde Arme, er hatte schwarze Locken und die rosige Farbe eines Menschen. Schön. Irgendwo draußen, jenseits des Stacheldrahts, hatten die Deutschen die beiden aufgelesen. Hugo sah sie an, alle schauten sie an. Die Frau hatte glänzende schwarze Haare bis zur Hüfte.

Die hast du nicht mehr lang, dachte Hugo. Ihr Junge hieß Maimo, er ging wackelig und mit den Armen von sich gestreckt, um das Gleichgewicht zu halten, er hatte gerade laufen gelernt und freute sich daran. Sprechen konnte er noch nicht. Kaum waren die beiden eine Stunde im Block, kam der Friseur, ein Häftling mit einer gezackten

Schere. Die Ungarin musste sich in die Mitte auf den Ofen setzen, Maimo wich nicht von ihrer Seite und Hugo schaute zu, wie ihre prächtigen langen Haare zu Boden fielen.

Darauf tropften ihre Tränen.

Am nächsten Morgen um vier Uhr früh die Glocke. Raus! Schnell aufspringen, hinausrennen, sechs-, siebenhundert Menschen. Fünferreihe. Es musste schnell gehen, weil die SS-Männer manchmal früher als angekündigt kamen. Hugo reihte sich weit hinten ein, gerade, die Hände an die Seiten. Sobald er einen Platz hatte und still stand, schauten seine Augen wieder, nur seine Augen, ohne den Kopf zu bewegen – wo ist Mama? Aha, da vorn rechts steht sie, Januschek neben ihr, der Dada da. Frieda, Manfred, Rosi, Rigo … Hugo hörte erst auf, mit dem Blick zu suchen, wenn er wusste, wo jeder einzelne seiner Familie war. Manchmal entdeckte er auch Onkel Babist, Mano, Tante Derndl, Lili. Sprechen war verboten. Es dämmerte, der Himmel war weit über den Baracken, die sich Zaun nach Zaun bis zum Horizont zu erstrecken schienen.

Hugo konnte über die Erwachsenen nicht hinwegschauen und sah die Lagerstraße nicht. Aber er hörte tack, tack, tack die Stiefel kommen, anhalten, näher kommen. Und spürte, wie immer bei dem Geräusch der Stiefel, die Panik, spürte poch, poch, poch sein Herz bis in den Hals hinauf schlagen. Neben Hugo stand die Ungarin, mit Maimo an der Hand. Plötzlich riss sich der kleine Junge los und rannte. Nach vorn, zur Lagerstraße. Seine Mutter rief ihn, wollte hinterher, aber sie konnte nicht, denn die Frauen um sie herum hielten sie fest.

Bleib hier, bleib hier, sagten sie. Sonst erschießen die dich gleich. Die machen dich tot.

Das war Erfahrung.

Dann Stille. Hugo konnte nicht sehen, was vorn geschah. Er war zu klein, es standen zu viele Menschen vor ihm. Die Stiefel blieben stehen. Ein Luftanhalten in den Reihen. Tausende Menschen bewegungslos. Dann ein Krachen. Maimos Mutter schrie. Ein Schrei, der das ganze Lager durchgellte.

Fest im Griff hatten sie die anderen Frauen, dass sie nicht zu Boden fiel oder nach vorn lief.

Es dauerte noch lange, bis der Appell zu Ende war, noch lange stehen, die Sonne ging auf. Die SS-Männer gingen, tack, tack, tack, tack, die Frau schrie und weinte. Irgendwann ertönte die Glocke zum Ende des Appells. Alle drängten sich nach vorn, im Gedränge ließ sich auch Hugo zur Lagerstraße treiben. Maimo war fort. Wahrscheinlich lag er schon bei den anderen Toten der Nacht und des Appells. Die Leute sagten, der Kleine sei den SS auf der Lagerstraße vor die Füße gelaufen. Der SS-Mann habe das Kind am Bein genommen, mit dem Kopf gegen die Mauer geschleudert, es fallen lassen und sei dann weitergegangen, gefolgt von den anderen SS-Männern. An der Mauer klebte noch das Innere von Maimos Kopf. Mama und Dada hatten alles mit angesehen.

»Den Schrei von der Frau werd ich nie vergessen, den Schrei habe ich heute noch in mir. Ich höre ihn noch in mir.«

Maimos Mutter schrie und weinte den ganzen Tag, noch in der Nacht. Am nächsten Morgen fehlte sie beim Appell und Dada suchte nach ihr. Der ganze Block wurde durchsucht, sie war weg. Die Leute suchten draußen und meinten, einer der verkohlten Leiber im elektrisch geladenen Stacheldrahtzaun sei von der schönen jungen Frau. Sie war selbst noch nicht erwachsen. Wahrscheinlich, vermuteten die Leute, sei sie in der Nacht hinausgeschlichen, an den Zaun gegangen und habe sich so das Leben genommen.

Nachts, sobald es dunkel wurde, streifte grelles Scheinwerferlicht über das Lager, der Zaun selbst war hell beleuchtet, auf den Wachtürmen standen die jungen Männer der SS. Es war auch verboten, dem Zaun nahe zu kommen. Ob der schwarze Klumpen, der in den Drähten hing, wirklich Maimos Mutter war, konnte keiner sicher sagen. Es kam öfter vor, dass Menschen hineinsprangen. Hugo hatte es auch schon gesehen.

Kam jemand dem Zaun zu nahe, wurde er durch die Kraft der dreitausend Volt angezogen und war im selben Moment verschmort. Es tut doch weh, warum tun sie das?, fragten die Kinder. Die Erwachsenen unterhielten sich darüber und die Kinder hörten zu.

»Die, wo keinen Ausweg mehr gewusst haben, die, wo der Dada oder die Mama tot war oder die Mutter hat das Kind verloren. Egal wer – wenn keiner mehr da war, Essen gab's nicht –, die haben dann meistens den Freitod gesucht. Die sind auf den Zaun zugelaufen. Bevor sie hin sind, ist noch geschossen worden. Die SS haben extra Acht gegeben, dass keiner zum Zaun hingeht. Das war für sie Arbeit. Ist ein paarmal geschossen worden. Sind sie trotzdem durchgelaufen bis zum Zaun hin. Und dann müssen sie nichts gespürt haben. Das ist da so gesagt worden, man ist nur momentan heiß und dann gleich weg. Bei tausenden Volt. Die SS müssen alles wegmachen, weil sonst wäre überall so ein Klumpen dort, Asche. Das alles wegräumen und wieder neu machen. Ich schätze, dass es für sie eine Arbeit war.«

Wie kommt ihr denn jetzt heim?, fragten Hugo und Mano die beiden Mädchen von Tante Lona. Ihr braucht um uns keine Angst haben, sagte eine. Ihr könnt ruhig fahren, wir wissen, wo wir hingehören. Wir wissen ja, wir wohnen in München in der Deisenhofener Straße.
Dada ging noch einmal zu ihnen hin: Was ist jetzt mit euch Kindern?
Fahrt nur, Onkel Sepp. Wir wissen, wo wir wohnen, wir finden schon wieder heim.

Alle, die in der Wehrmacht waren, mussten antreten, sie wurden gezählt und die Männer mussten etwas unterschreiben. Tante Lonas Mädchen hielten sich an den Händen, als fast alle Verwandten gingen, heim, wie sie dachten. Oder in den Krieg. Mama drehte sich noch mal um und umarmte die drei. Die beiden Kleinen hielten sich an den Händen und winkten. Wir sehen uns in der Deisenhofener Straße. Bis bald!

Hugo sah sie nie wieder.

Als dann die Lastwagen ans Tor kamen: AUFSITZEN! Junge, Alte, Kinder. Die Lastwagen fuhren los und Hugo, alle waren in großer Angst. Hat die SS wieder gelogen und sie kommen nicht raus, nicht heim?

Sie wurden bis zum Stammlager gefahren.

Eine Zeit lang mussten sie dort bleiben, Frauen von Männern und Jungen ab zwölf getrennt, Mano war jünger, blieb aber bei Onkel Babist. Onkel Konrad musste mit Luki zu den Männern. Seine Kinder Weichsla, Musla und Baptist blieben bei Tante Derndl, die vorgab, es seien ihre Kinder. Nach einigen Tagen hieß es: Auf Transport!

Wieder war niemand sicher, ob die SS-Männer nicht gelogen hatten mit dem Versprechen, die Frauen und Kinder kämen heim.

»Ich werde oft gefragt in den Schulen, ob ich das vergessen kann. Vergessen, was uns angetan worden ist? Kann man nicht.

Wenn man auch will, man kann es nicht vergessen. Man muss sich vorstellen, das waren über zwei Jahre: wenn man täglich bangt, dass man nicht stirbt, dass man nicht umgebracht wird. Jede Minute denkt man, oh, ich hab überlebt. Ein Kollege oder Verwandter von dir, den du eben noch gesehen hast – in einer Stunde hat es geheißen, der ist gestorben.

Wenn man das über zwei Jahre mitmacht, täglich, das kann man nicht vergessen. Wir haben 500 000 Tote.

Man kann auch nicht verzeihen. Weil, was da passiert ist ... man kann nicht verzeihen. Verzeihen, vielleicht einem, wo es der Großvater war und er selbst sagt: Gut, ich kann ja nichts dafür. Dem kann man verzeihen. Man kann ja nicht die ganze Menschheit damit belasten. Aber es gibt heute noch welche, die den Hitlerglauben noch ganz, ganz gerne in sich haben.

Wahrscheinlich wollen manche vergessen, was passiert ist, und dass nicht mehr drüber gesprochen wird. Weil, vielleicht war's der Opa oder der Uropa, der da mitgemacht hat. Und die Familie, die wollen, dass da Gras drüber wächst. Aber das geht nicht, das kann man nicht. Da kann man noch so gut sein, da kann man Liebe deinen Nächsten denken, das geht nicht. Nur aus meinem Vater seiner direkten Familie fehlen 36 Leute. Leute, die in der Blüte gestanden sind, die zu ihrer Arbeit gingen. Kinder. Die sind grausam ermordet worden. Und warum? Was haben sie getan? Nur wegen ihrem Dasein. Weil es mal geheißen hat, die Leute kommen von Indien her. Man müsste dann jeden Ausländer heute köpfen oder vergasen. Ich versteh's heute noch nicht, warum uns das angetan wurde. Man kann nicht verzeihen, man kann es nicht.«

SCHNELLER, IHR MISTVIECHER! Die Mama saß schon im Waggon mit Januschek und Rigo hinten in der Ecke. Hugo beugte sich hinab zu Rosi, reichte ihr die Hand, um ihr hochzuhelfen. Da brüllte ein SS-Mann SCHNELLER!, und trat ihm mit dem Stiefel gegen das Knie. Hugo fiel. Aber er rappelte sich auf, zog Rosi hinauf und brachte sie hinein in den dunklen Waggon, zu Mama. Im Waggon saßen oder lagen die Menschen am Boden halb übereinander, keiner hatte noch die Kraft, tagelang zu stehen. Wohin werden wir gebracht? Kommen wir jetzt heim?

Ich weiß es nicht, mein Sohn, sagte Mama.

Der Zug fuhr an, aber was war das? Rückwärts. In die falsche Richtung. Nach Birkenau, hinein zur Rampe. Alle sprangen auf, begannen zu schreien und weinten laut, Gott im Himmel, rette uns. Heilige Mutter Gottes, steh uns bei. Die Kinder, die Erwachsenen weinten und klagten laut – jetzt gehen wir durch den Schornstein. Der Zug blieb stehen, es gab einen Ruck. Und noch einen Ruck. Die Türen wurden nicht geöffnet. Dann fuhr der Zug wieder an, vorwärts, hinaus aus dem Lager. Und abermals brachen viele in Tränen aus, wegen der ausgestandenen Angst, weil sie doch einmal mehr überlebt hatten, weil der Zug sie fortbrachte aus der Mordfabrik. Viele sprachen laute Dankgebete. Wieder fuhr ein Wachsoldat im Waggon mit.

Mehrmals hielt der Zug auf der Strecke und wartete Bombenangriffe ab. Die Wachsoldaten stiegen aus, verriegelten die Türen wieder und rannten in den Wald, um sicherer zu sein. Wenn auf uns eine Bombe fällt? Auf uns fällt keine Bombe.

Wir müssen einen Schutzengel haben. Auschwitz sind wir schon entronnen.

Werden wir die Freiheit noch erleben? Englische Bomber sind das. Jemand hatte durch die Ritze ein Flugzeug erkennen können.

Nach einer langen Zeit, ein paar Tagen, wurden die Türen aufgerissen. RAUS! Hugo wollte Mama aus dem Waggon hinabhelfen, da spürte er den Schmerz im Knie wieder. AUFSTELLEN!

»Das war nur ein Gemetzel. Ich glaube, Vieh kann man nicht so treiben und schlagen wie die SS uns.«

Hugo las *Fürstenberg* auf einem Schild. Wo lag diese Stadt? VORWÄRTS! MARSCH!

Was hinkst denn du?, fragte Mama.

Mama, ich weiß nicht. Ich habe mir wehgetan. Der SS hat mir einen Tritt gegeben.

AUFSITZEN!

Wieder auf Lastwagen hinauf und alle waren schwach. Die Ladefläche konnte Hugo mit den Händen erreichen, doch bevor er sich hochgezogen hatte, wurde er gepackt und hinaufgeworfen. Zwei SS-Männer standen unten, und wer zu langsam hinaufkletterte, den nahmen sie rechts und links und warfen ihn wie einen Sack, vor allem Kinder und alte Leute. Sobald ein Lastwagen voll war, wurde die Lade hochgeklappt und er fuhr ab.

Wo geht es jetzt hin?

Geht es jetzt heim?

Ich weiß nicht, mein Sohn.

Sie haben uns versprochen, dass wir heimkommen.

Ja, Junge, aber ich glaube es nicht.

Mama hatte Recht. Der Lastwagen fuhr eine Weile, nicht sehr lange.

RAUS!

AUFREIHEN!

Es war der 3. August 1944. SS registrierte sie in Ravensbrück und niemand wurde freigelassen. Mano und sein Vater Onkel Babist, Onkel Konrad und sein Sohn Luki sowie Dada mussten ins Männerlager. Hugo und Manfred gingen mit Mama und den Geschwistern ins Frauenlager, jetzt hatten sie noch Musla, Weichsla und den kleinen Baptist dabei, die Kinder von Onkel Konrad. Tante Derndl gab sich auch hier als ihre Mutter aus. Es waren noch mehr Verwandte in Ravensbrück dabei. Hugo war erleichtert, den Gaskammern und Krematorien entkommen zu sein.

Sie wurden einem Block zugewiesen, einer Baracke mit Fenstern. Als sie hineinkamen, lagen in allen Buchsen Frauen, alle schauten heraus, schauten, was für Neue kamen. Zigeuner. Woher? Aus Auschwitz? Mehr als tausend Blicke lagen auf ihnen. Sechs Kinder mit der Mama, Tante Derndl mit vier Kindern, wieder mussten sie suchen, bis sie einen Platz fanden für ihre Bündel, denn sie wollten nicht auseinander, nicht getrennt schlafen. Und so blieb ihnen nur ein Fleck in der Barackenmitte, am Boden unter einem Fenster, wo keine Buchsen standen.

»Hast gelegen und gemerkt, es wird kalt im Rücken, dann hast du dich umgedreht. Manchmal waren alle beide tot. Hast wieder einen Fleck gesucht, hast probiert, dich reinzumogeln. Wenn ich allein gewesen wäre, hätte ich mir schon einen Fleck oben gesucht, da gehst du einfach drauf. Die können dich zehnmal runterschmeißen, gehst du zehnmal hoch, und irgendwie hast du dann deinen Platz, wo du schlafen kannst.«

Zum Appell musste man sich in Ravensbrück nicht neben den Baracken aufstellen, sondern das ganze Lager nach Blöcken geordnet auf dem großen Appellplatz vor der Kommandantur. Eine für Hugo unüberschaubare Menge von Menschen, von Frauen, stand aufgereiht. Und soweit er sehen konnte, gab es außer bei den Sinti und Roma fast keine Kinder. Manche Frauen sagten zu Mama, die werden euch die Kinder auch noch wegnehmen.

Zum ersten Mal sah Hugo Frauen in SS-Uniform, Aufseherinnen mit Röcken, schwarzen Stiefeln, Peitschen. Manche mit Hunden. Und auch die SS-Frauen brüllten. Zu den Schlimmsten gehörten die Koch und die Raabe.

»Die KZ-Aufseherinnen haben geherrscht wie Männer. Die Stimmen auch, das Laute. Wenn zehn Gefangene zusammenstanden und eine SS-Frau hat gesprochen, dann hat man gewusst, aha, das muss eine SS-Frau sein. So streng, so herrisch.«

Sie fanden in der Menschenmenge Traubela, die Tochter von Tante Lona. Ihre Schwester war vor kurzem gestorben. Hugo und Frieda erzählten, wie ihre kleinen Schwestern in Auschwitz gewinkt und gerufen hatten: Wir sehen uns in München wieder. Traubela sagte: Tante Kerscha war auch in Ravensbrück. Aber sie ist wieder auf Transport gekommen. Traubela weinte, weil sie nicht mehr ganz alleine ohne Verwandte war.

Sie waren schon mehrere Wochen von Auschwitz weg. Und von Dada getrennt. Hugo vermisste seinen Dada, er fürchtete für ihn.

Was macht der Dada im Männerlager?

Wie geht es ihm? Hugo und Manfred sprachen oft von ihm, sie hatten Sehnsucht und Mitleid. Im Frauenlager waren sie zu sechst und Mama. Und er drüben wusste nicht, ob sie alle noch lebten und ob sie zurechtkamen. Er war drüben mit seinen Brüdern, zwei Neffen, einem Cousin. Aber bestimmt, dachten Hugo und Manfred, denkt er immer an uns und macht sich Sorgen.

Ich muss mich um meinen Dada kümmern, sagte Manfred.

Wann kommt unser Dada wieder?, fragte Januschek.

Bald, sagte Mama. Nicht mehr lange.

Ich will zum Dada rüber, sagte Manfred zu Hugo.

Nach ein paar Tagen sagte er: Weißt du, bleib du bei der Mama, ich schaue nach dem Dada.

Wie? Wie willst du das machen?

Morgen, wenn Appell ist, melde ich mich und sage, dass ich zum Dada rüber möchte. Hugo, du bleibst bei der Mama.

Hugo schwieg. Und wenn dir was passiert?

Mir passiert nichts. Kümmerst du dich um die Mama?

Ist gut. Hugo schluckte. Wahrscheinlich hatte sein Bruder Recht. Der Dada war ganz allein. Einer von ihnen beiden musste sich um ihn kümmern.

Wir treffen uns in München wieder, sagte Manfred.

Ja, sagte Hugo. Und er glaubte an das, was Manfred sagte.

Beim großen Appell, als mehr als zehntausend Frauen und ein paar Kinder standen und schwiegen und neben den SS-Frauen ein hoher SS-Mann zum Rapport kam, stand Manfred neben Hugo. Dann trat er plötzlich aus der Reihe, ging den ganzen Weg an den Fünferreihen entlang. Hugo hatte nicht mehr an Manfreds Plan gedacht, und jetzt zitterte er vor Angst, hielt den Atem an und dachte an Maimo und an den Schrei von Maimos Mutter. Hoffentlich tun sie meinem Bruder nichts. Er folgte Manfred mit seinem Blick. Wie er humpelnd auf die Lagerstraße vorging, ein magerer kleiner Junge. Die Wunde, die ihm der Mengele zugefügt hatte, war noch immer nicht verheilt, er hatte Papier mit Stoffstreifen um den Leib gebunden und ging noch immer breitbeinig, weil sonst jeder Schritt noch mehr schmerzte. In der Nacht, wenn es keiner sehen konnte, nahm Manfred den Verband ab, zog das Papier raus und versuchte, die Wunde zu reinigen. Bei Hugo war die Wunde besser verheilt, vielleicht war sie kleiner gewesen als bei Manfred. Aber wenn sie Appell stehen mussten oder bei der Arbeit hatte auch Hugo noch Schmerzen.

Manfred langte bei dem SS-Mann und den SS-Frauen an. Sie schauten erstaunt. Hoffentlich wird er nicht erschossen. Vor den SS-Leuten blieb Manfred stehen, hob die rechte Hand an die Stirn und sprach. Hugo konnte ihn nicht hören, aber er wusste, was Manfred sagen wollte, sie hatten es gestern besprochen: Ich bin Manfred Höllenreiner, mein Papa ist drüben im Männerlager, ich möchte auch noch für das Deutsche Reich in den Krieg ziehen wie mein Vater, ich möchte auch gegen den Feind kämpfen. Ich war auch beim Jungvolk. Und ich war dort ein Führer. Kann ich bitte rüber ins Männerlager und mitkämpfen? Zitternde Angst ergriff Hugo wieder, als er den SS-Mann auf Manfred schauen sah. Gleich schlägt er ihn, gleich erschießt er ihn ... Hugo sah ihn schon tot liegen. Wahrscheinlich zitterten tausende mit Hugo mit. Der SS-Mann schmunzelte, sprach mit der Frau und sagte etwas zu Manfred. Die Frau schrieb etwas auf, wahrscheinlich Manfreds Nummer. Vor all den schweigenden Menschen ging Manfred den ganzen Weg zu Hugo zurück, stellte sich wieder an seinen Platz neben ihn. Vorsichtig, ohne den Kopf zu wenden, flüsterte er: Ich darf. Ich gehe heute zu Dada rüber.

Sobald die Glocke zum Appellende schlug, umarmte Manfred weinend seinen Bruder. Gib auf die Mama Acht, sagte er. Ich gebe auf meinen Dada Acht. Hugo konnte nur nicken, er weinte ebenfalls. Manfred sagte, wir sehen uns wahrscheinlich draußen wieder.

Ja. Bestimmt.

Jetzt spreche ich genauso wie du. Er verabschiedete sich von den Geschwistern, von Mama. Mama liefen die Tränen. Geh doch nicht, mein Junge. Bleib doch da.

Nein, Mama, wir haben es schon ausgemacht. Ich gehe zum Dada rüber und Hugo bleibt bei dir. Wir sehen uns dann in München wieder.

Alle weinten. Sie wussten nicht, ob sie sich je wiedersehen würden. Mama streckte beide Arme nach ihm aus, aber der SS-Mann war schon da, ihn zu holen.

Und Manfred ging mit. Mama ließ ihre Hände sinken. Hugo

schaute ihm nach, seinem kleinen großen zwölfjährigen Bruder, der mit seinem Dada in den Krieg ziehen wollte und nicht ohne Schmerzen gehen konnte. Schaute, bis er ihn nicht mehr sehen konnte. Dann war er weg.

Jeden Tag dachte Hugo an Manfred und hatte Bange um ihn. Die Gedanken marterten Hugo. Sein Bruder, sein Dada, und wie lange noch müssten sie alle im Lager bleiben? Wahrscheinlich kommen wir nie mehr raus, dachte Hugo und weinend sagte er es Mama. Doch, doch, Junge. Ganz gewiss kommen wir raus, glaub es mir.

Und sie zog Hugo an sich. Gern wollte Hugo Mama glauben, aber er sah doch, dass auch Mama nichts tun, sich nicht verteidigen konnte. Hugo dachte an die beiden Mädchen. Wir sehen uns draußen wieder, hatten sie fröhlich gesagt, in München. Aber Emmi, ihre große Schwester, hatte traurig geschaut, als die Menschen alle zu den Lastwagen gingen. Alle wussten, wer bleibt, geht früher oder später ins Gas.

Wenn Hugo nicht arbeitete, verbrachte er die meiste Zeit mit drei Sintijungen, die auch aus Auschwitz gekommen waren. Ihre Väter und älteren Brüder waren ebenfalls im Männerlager drüben.

Ein Junge hatte einen Ball, einen echten Lederball. Und obwohl sie alle wie Gerippe aussahen, spielten sie Fußball. Hugo nicht, er schaute zu, ihn schmerzte die Erinnerung an seinen Freund.

Oft saßen die Kinder zusammen, Hugo, Musla, Lili und andere und sprachen über ihre Brüder und Väter. Wo sind sie?, fragte Lili. Ich möcht wissen, wo der Mano und der Dada sind.

Alle Kinder bangten und sehnten sich. Wo könnten sie sein?

Vielleicht finden wir einen Zaun zum Durchgucken? Dahinten vielleicht.

Sie täuschten ein Fußballspiel vor und näherten sich vorsichtig der Mauer, die vor dem Zaun stand. Dann schauten sie vorsichtig darüber, stiegen darauf und entdeckten, dass hinter dem Zaun, vielleicht fünfzehn Meter entfernt, Jungen herumgingen. Das ist mein Bruder, sagte ein Kleiner aus Hugos Gruppe. Und er rief ihn. Die Jungen drüben bemerkten sie, kamen näher und winkten. Sie waren alle älter als Hugo. Ist mein Dada drüben?, rief Lili. Und Mano? Ja, antwortete der Junge. Die sind alle hier. Hugo schrie rüber: Ist Manfred bei euch? Ja, der ist hier. Wo ist er denn? Manfred liegt. Der ist sterilisiert worden, er liegt noch. Jetzt fragten die anderen auch nach ihren Vätern und Brüdern. Die Jungen antworteten.

Noch mal, dachte Hugo. Warum noch mal? Der Mengele hat das bei uns doch schon gemacht.

Ihr habt ja einen Ball, rief ein Junge. Schenkt ihr uns den?

Der kleine Junge wollte seinem Bruder den Lederball hinüberwerfen. Weil er drüben allein war, ohne Dada. Hugo nahm den Ball in beide Hände. Seid ihr damit einverstanden? Ja, sagten alle. Sie schauten sich um, dann schoss Hugo den Ball über den Zaun, alle Furcht war umsonst, er traf gut und der Bruder des Kleinen fing ihn. Danke. Danke. Sie freuten sich.

Sagt meiner Mama einen schönen Gruß.

Hugo erschrak.

Wir sagen ihm gar nichts, murmelte der kleine Bruder. Und er rief hinüber: Ja, ist gut. Ich sage Bescheid.

Sie winkten sich noch zu, dann gingen die Jungen und die Kinder auf ihre Lagerseiten zurück, es war zu gefährlich, lange dort zu stehen.

Beim Zurücklaufen sagte der Kleine, mein Bruder weiß nicht, dass die Mama erschossen ist.

Später wurde auch der Kleine umgebracht. Hugo wagte sich nicht noch einmal an den Zaun, von Manfred hörten sie nichts mehr.

»Dass wir überhaupt Fußball gespielt haben, verstehe ich nicht, wo die große Not war. Aber man sieht ja in armen Ländern, die haben bald keine Hose mehr am Hintern, die spielen trotzdem und freuen sich und laufen hin und her. Auch wenn sie Hunger haben, wenn sie arm sind. Das sind Kinder, so war es.«

Hugo marterten die Gedanken. Wie ergeht es meinem Bruder da drüben bei der SS? Er muss kämpfen, dass er überleben kann.

Mama, Frieda und Hugo wurden jeden Tag einem Arbeitskommando zugeteilt. Hugo musste wieder zum Rasenstechen. Ein Stück mit dem Spaten herausstechen, vierzig Zentimeter breit, sechzig lang, es mit den Händen in einem herausnehmen, dass die Wurzeln ganz bleiben, es auf den Armen sechzig Meter weit tragen zu der Fläche, wo der neue Rasen angelegt werden sollte, nah am Eingangstor. Der Vorarbeiter musste die Rasenstücke zusammensetzen und die Fugen schließen. Ein SS-Mann sprengte dann mit einem Schlauch Wasser darüber. Wenn Hugo und die anderen Jungen abends fertig waren, sagten sie: Das haben wir gemacht, das kann ja kein Meister machen, was wir heute getan haben. Auf dem Rückweg schauten sie sich noch einmal um: Ein richtig gepflegter Rasen, was wir da gemacht haben.

So wollte die SS es haben.

In einem anderen Arbeitskommando musste Hugo bei der Errichtung von Dämmen mitarbeiten, auf denen Schienen für Loren verlegt wurden.

Manchmal wurden mittags Essenskübel zur Arbeitsstelle gebracht und es gab ein bisschen was zu schlucken.

Abends gab es eine Kelle Wassersuppe und zwei, drei kalte Pellkartoffeln. Wenigstens etwas zu kauen und nicht nur Flüssiges.

Im Winter, als schon hoch der Schnee lag und die Temperaturen bis minus 20 Grad absanken, blieben die Abendsuppe und die Kartoffeln aus. Von einer dicken Scheibe Brot, einem Becher Kaffee und einer Kelle Wassersuppe mittags versuchten sie zu existieren.

Tante Derndl und Mama sahen von weitem die Männer in ihrem Arbeitskommando mit Schubkarren und Schaufeln. Tante Derndl rannte hin, gab Onkel Babist einen Kuss und rannte schnell zurück. Aber die SS-Frau Koch hatte es gesehen und notierte die Nummer. Am nächsten Prügeltag musste Tante Derndl über den Bock und bekam zur Strafe für den Kuss 25 Stockschläge.

Jeden Tag war Appell. Erst wurden alle gezählt, oft lagen auch die Toten der Nacht in Reih und Glied, oder die Toten des Arbeitstages, damit sie mitgezählt werden konnten. Dann kam die Parade. Die SS-Aufseherinnen schritten an den Frauen entlang und schauten, ob irgendeine muckste oder anders auffiel. Es konnte einen schlimm erwischen, stand man in der ersten Reihe. Die brutalste war die älteste, die Raabe, die blieb vor Mama stehen und fragte sie etwas. Mama musste antworten. Jawoll! Hugo stand neben ihr und sah aus den Augenwinkeln, wie die alte Raabe der Mama die Jacke zurückschlug. Na, mein Mädchen, was hast du denn da vorne hängen?

Das ist von meinem verstorbenen Papa, sagte Mama. Die alte Raabe griff Mama an den Hals und zog die dünne Kette mit dem kleinen Kreuz unter ihrer Kleidung hervor. Mama hatte das Medaillon immer unter der Kleidung versteckt, aber die Raabe hatte das Glitzern erspäht.

So? Hier gibt's so was nicht! Und die Raabe riss es Mama vom Hals und warf es weg. Mama wollte es aufheben, und im Moment, da sie sich bückte, schlug die Raabe ihr mit der Peitsche quer über Kopf und Schultern. Mama hatte einen roten Striemen am Hals, sie blieb bewegungslos stehen, die Aufseherin lachte hämisch und ging weiter.

Erst nach dem Appell, als sie im Block war, fing Mama heftig zu weinen an und konnte nicht mehr aufhören. Es war doch von meinem Dada. Warum hat sie mir das weggenommen? Ich tue doch nichts mit dem Kettchen. Es war doch nicht wertvoll. Sie weinte und weinte, Hugo und Frieda und auch die Geschwister konnten sie nicht trösten. Ich habe doch sonst nichts mehr von meinem Dada.

Als der Appellplatz vollkommen leer war, ging Mama noch einmal zurück und suchte nach der Kette, aber fand sie nicht. Sie war untröstlich. Als ihr Dada in Auschwitz schon fast verhungert und dann noch geschlagen worden war, starb er. Bevor er weggetragen wurde, hatte Mama ihm das Kettchen abgenommen und sich umgehängt. Jetzt hatte sie anstelle des Medaillons Kratzer von den Fingernägeln der Aufseherin.

Die Raabe ist der Teufel in Gestalt, sagte Mama.

Die Raabe trug meistens einen weit geschwungenen langen Rock. Die alte Raabe wurde sie genannt. Sie war klein und dick. Sie marschierte in ihren hohen Stiefeln wie ein SS-Mann durch das Lager, immer die Reitpeitsche in der Hand oder gut sichtbar im Stiefelschaft. Damit hatte sie Mama schon zuvor einmal quer über das Gesicht geschlagen. Abends sangen die Sinti heimlich ein Lied.

Wenn die alte Raabe kommt,
bumm bumm,
wenn die alte Raabe kommt,
bumm bumm,
dann weinen die Zigeuner
mit ihren Jungen.

Wenn die alte Raabe durch den Block ging, hielten alle den Atem an, niemand wagte sich zu rühren. Wenn sie eine Frau anschaute, dann war schon sicher, dass es ihr schlecht ergehen und sie Schläge mit der Peitsche bekommen würde. Hugo hatte ihr Gesicht von nahem gesehen, als sie Mama die Kette abriss. So ein Gesicht konnte er sich beim Teufel vorstellen, bitterbitterböse.

Abends saß Mama mit drei, vier Frauen in ihrem Winkel auf dem Boden und sie redeten miteinander. Hugo dachte meistens an die Geschwister und an Manfred. Wie geht es meinem Bruder? Er hatte Bange. Wo kann er sein bei tausenden von Leuten? Er muss jetzt kämpfen, dass er überleben kann. Und nun war Hugo verantwortlich für die kleinen Geschwister. Er wollte für sie sorgen, und er zerbrach sich den Kopf, wie er ihnen mehr zu essen beschaffen könnte, er war ja selbst erst elf Jahre alt.

Die Frauen drehten sich mit Packpapierstückchen eine Zigarette, zündeten sie sich an, pusteten auf die Glut, zogen an der Zigarette und reichten sie weiter. Es war dunkel im Block. Hugo lag bei seinen Geschwistern und sah die rote Glut. Wenn eine Frau an der Zigarette zog, entstand eine kleine Flamme, die gleich darauf wieder erlosch. Er hörte die leisen Stimmen der Frauen, verstand aber ihre Worte nicht, die Glut wanderte weiter. Leise stimmten sie ein Lied an. Irgendwann schlief Hugo ein.

Es gab Parolen im Lager, die Zigeunerinnen dürften ihre Kinder behalten, mit ihnen habe die SS noch was vor. Bald kämen die Ärzte aus Berlin.

Die Frauen wurden zur Schreibstube zitiert. Auch Mama und Tante Derndl mussten hin. Ihnen und ihren Kindern wurde die Freiheit versprochen, wenn sie sich freiwillig sterilisieren ließen. Sie sollten eine Erklärung unterschreiben, die Mütter auch für ihre Töchter. Eine Häftlingsärztin und einige andere Gefangene sprachen mit ihnen und beschworen sie, nicht zu unterschreiben, die SS werde ihr Versprechen nicht halten.

Aber Onkel Peter, Dadas Vater, war nicht ins Lager gekommen, weil er dem Druck nachgegeben und sich in München hatte sterilisieren lassen. Vielleicht kämen sie doch frei. Sie mussten alles versuchen rauszukommen, ihren Kindern zuliebe.

Irgendwann war der Tag da. Da hieß es, die Ärzte sind gekommen. Und: Alle Zigeunerinnen raus! Die Nummern wurden aufgerufen. Mama, Frieda, Tante Derndl und viele andere, fast zweihundert, mussten zum Krankenbau. Auch wer nicht unterschrieben hatte. Rosi und Lili blieben in der Baracke. Sie waren noch unter zwölf. Aber Weichsla musste mit, sie war gerade zwölf geworden.

Erst am Abend kamen sie zurück. Ein Lastwagen fuhr rückwärts vor die Baracke und hielt. Darauf lagen fünfzig, sechzig Frauen, alle bluteten. Sie mussten von der Ladefläche klettern und springen und in den Block gehen. Hugo, die Kinder, niemand sagte ein Wort, alle schauten entsetzt auf die Elendsgestalten, die Frauen, die sich in die Baracke zu ihren Kindern schleppten und bluteten, eine Blutspur vom Lastwagen bis zum Schlafplatz auf dem Boden, wo Mama, Frieda, Tante

Derndl und Weichsla nun lagen. Wenig später kam eine SS-Frau. IHR DRECKSCHWEINE! SOFORT SAUBER MACHEN! Die Frauen mussten alle wieder aufstehen, bekamen Schrubber und Putzlappen in die Hand gedrückt und mussten den Mittelgang, den Eingang der Baracke und die Straße putzen, bis kein Blutstropfen mehr zu sehen war.

Die ganze Nacht jammerte, heulte und stöhnte jede einzelne Frau vor Schmerzen. Für ein paar Tage erhielten sie Blockschonung und durften in der Baracke bleiben, danach mussten sie wieder zum Appell und zur Arbeit. Hugo wusste nicht, was mit ihnen gemacht worden war. Er traute sich nicht zu fragen, er schämte sich. Er hatte Mama ja auch nicht erzählt, was der Mengele mit ihm gemacht hatte. Er sah, dass sie außen am Körper keine Wunde hatte. Weichsla starb daran.

In der Baracke hielten alle Nationalitäten zusammen. Die Polinnen waren zusammen, die Russinnen, die Französinnen, die Deutschen. Aber wenn es Streit gab oder etwas fehlte, dann schimpften alle auf die Zigeunerinnen.

Einmal schubste eine Frau Hugo grob aus dem Weg. Hugo schimpfte und ging auf sie zu, wollte sie auch schubsen, da stürzte die Frau auf ihn los, prügelte ihn, und als er schon auf dem Boden lag, trat sie in ihn hinein, bis ihm schwarz vor Augen wurde. Alles hatte innerhalb von Sekunden begonnen. Und genauso schnell war Tante Derndl aufgesprungen, sie griff der Frau in die Haare, zog sie von Hugo weg und warf sie zu Boden. Mama nahm Hugo auf und brachte ihn in ihre Ecke. Hugo schnappte nach Luft, als er wieder zu sich kam.

Ein anderes Mal war Blocksperre, und Frieda war nicht schnell genug in der Baracke, sie war die Letzte draußen. Eine SS-Frau schrie: DIR WIRD DAS TRÖDELN NOCH VERGEHEN. STILLGESTANDEN! Frieda musste vor ihr stehen bleiben. Was hast du mit deinen Haaren getan? Die sind doch in Auschwitz abrasiert worden.

Sie sind wieder nachgewachsen, sagte Frieda.

Hast du Haarwuchsmittel genommen?

Nein.

In den anderthalb Jahren seit dem Rasieren waren ihre Haare ein paar Zentimeter gewachsen und standen nach allen Seiten ab.

Wann bist du nach Auschwitz eingeliefert worden?

Im März 1943.

SO WAS GIBT ES DOCH NICHT. DU HAST HAARWUCHS-MITTEL GENOMMEN. Die alte Raabe griff in Friedas Haare und schüttelte sie, dass Frieda wie eine Puppe hin und her flog. Die zweite SS-Frau drosch auf sie ein. Die alte Raabe ließ los, Frieda stürzte. DIR WERDEN WIR DAS LÜGEN AUSTREIBEN.

Frieda wollte auf, aber sie stürzte wieder. Hugo sah es durch das Fenster. Mama auch. Lieber Gott. Mama schrie. Die alte Raabe in ihrem langen Rock trat Frieda. Noch mal rappelte Frieda sich hoch und lief mit letzter Kraft in Richtung Baracke. Die alte Raabe ließ sie, die SS-Frauen gingen weg.

Frieda war vor der Baracke bewusstlos zusammengebrochen. Mama sprang hinaus und nahm sie auf die Arme, trug sie zu ihrer Ecke. Als sie zu sich kam, schnappte sie nach Luft. Sie konnte nicht atmen. Mama hielt Frieda aufrecht und ihre Arme hoch, es dauerte eine Weile, bis Frieda wieder Luft holen konnte. Tagelang noch hatte sie Kopfschmerzen.

Wie die SS-Männer, so hörte man auch die SS-Frauen nie sprechen, sondern nur schreien. Schreien mit verzerrten Gesichtern, als müssten ihnen beim Schreien die Zähne rausspringen. IHR SCHWEINE, DRECKVOLK, IHR PACK! DU NUTTE, DRECKSAU! Auch Kinder schrien sie so an. Schon in Auschwitz hatte Hugo in unbemerkten Momenten manchmal die SS-Männer beobachtet. Wenn sie auch zu zweit durch das Lager gingen, verzogen sie nie eine Miene, schauten nur stur, ernst und unbewegt, Hugo sah sie nie miteinander locker sprechen, wie es andere Menschen tun, die dann auch mal lächeln. Immer stur ernst gingen sie die Lagerstraße entlang, mit den Metallbeschlägen an den Lederstiefeln und mit Handschuhen. Die alte Raabe war ein lebender Alptraum. Wie Mama gesagt hatte, der Teufel in Gestalt.

In Auschwitz kam selten ein SS-Mann in die Baracke. In Ravensbrück konnte jederzeit die Tür aufgehen und eine SS-Frau durch die Menge der erstarrten Frauen stiefeln.

Aber auch in Ravensbrück gab es keine Zweier- oder Dreierreihen, nur Fünferreihen. Hugo wunderte sich, was die Nazis mit der Fünf hatten. Einmal marschierten sie irgendwohin, Hugo am Rand geriet einen Moment aus der Reihe. Eine SS-Frau schlug ihn ins Genick, er ging zu Boden. Jemand zog ihn hoch und er reihte sich wieder ein.

Frühmorgens stand eine SS-Frau in der Baracke: Wer ist die Dutscha? Vorkommen!

Mama erschrak, stand auf und ging vor zu der SS-Aufseherin.

MITKOMMEN!

Was ist denn? Warum?

MITKOMMEN!

Mama ging mit der SS-Frau weg.

In größtem Schrecken warteten die Kinder auf ihre Mama. Hugo wusste, dass Häftlinge an der Mauer erschossen wurden, die alle nur Klagemauer nannten. Oft hörten sie das Schießen, tags und nachts.

Wird unsere Mama jetzt umgebracht?

Hugo und Frieda mussten zur Arbeit, Rosi, Rigo und Januschek durften tagsüber die Baracke nicht verlassen.

Als Hugo von der Arbeit zurückkam, war Mama immer noch nicht da. Die Kinder warteten, bangten wieder, schauten zur Tür.

Hugo sah Frieda an, sie hatte ihm von der Klagemauer erzählt. Nicht Mama, hoffentlich nicht Mama. Sie kommt bestimmt zurück, sagte Tante Derndl. Hugo wartete, Frieda, alle Kinder warteten, schauten zur Tür, gingen vor und schauten hinaus, gingen zurück in ihre Ecke, Hugo konnte sich nicht setzen, ohne sogleich wieder aufzustehen. Ob sie Mama jemals wiedersehen würden?

Spät kam Mama, weiß wie ein Laken. Alle Kinder stürzten zu ihr. Mama, was war denn? Was war denn?

Gar nichts. Sie ging zur Schlafecke, alle kauerten sich eng beisammen auf den Boden. Als Mama sicher war, dass keine Fremden zuhörte, erzählte sie es Frieda und Tante Derndl, Hugo hörte zu. Die Anna muss gesagt haben, dass wir alle erschossen werden, und das soll ich gehört haben. Weil andere gesagt haben, die Nummer soundso hat es auch gehört.

Also wurde Mama mitgenommen in die Politische Abteilung.

Die Anna stand im Gebäude vor dem Büro, als Mama hinkam. Sie hielt sich den Bauch, als hätte sie Bauchschmerzen, und sagte ganz schnell: Ma penschi – sag nichts. Me chau damare minscher. Ich fress eure ... Ma pukawenn tschi. Verrat mich bitte nicht. Ich habe doch gar nichts gesagt. Sie stieß es leise hervor, als hätte sie »Au mein Magen« gestöhnt. Mama musste in das Büro hinein, ein SS-Mann war dort, eine SS-Frau schrieb mit.

Der SS-Mann sprach. Was haben Sie gehört von der Nummer soundso?

Ich weiß von nichts, sagte Mama.

Es soll jemand gesagt haben, dass ihr alle erschossen werdet, stimmt das?

Warum sollen wir erschossen werden? Wir haben doch gar nichts getan, wer will uns denn erschießen?

Sie haben es also gehört?

Nein, ich habe nichts gehört.

Mama saß vor den SS-Leuten und sagte immer wieder: Ich weiß davon nichts. Davon habe ich nichts gehört. Wieder, wieder und wieder fragte der SS-Mann das Gleiche und stundenlang, immer wieder sagte Mama, sie wisse gar nichts davon.

Ob sie die Frau draußen kenne?

Ja, sagte Mama, die ist bei uns im Block mit drin. Aber ich habe davon nichts gehört. Um Gottes willen, ich weiß nichts davon.

Schließlich ließen sie Mama gehen.

Hugo sah sich im Block um, sah die Hunderte von Frauen. Weil eine der SS etwas erzählt hatte, hätte er beinah seine Mama verloren. Spitzel gab es überall, auch unter Sinti. Davon hatte Hugo schon in Auschwitz gehört, aber nie geglaubt, dass es seine Familie treffen könnte.

Am übernächsten Tag hörten sie, dass Anna mit ihrer Schwester Reschen erschossen worden war. Vielleicht hatte sie nur ohne zu überlegen oder im Schreck gefragt: Stimmt es, dass wir alle erschossen werden? Manchmal antworteten auch SS-Leute. Anna und Reschen waren Mamas Cousinen.

Immer öfter hörten sie Sirenen, es gab auch im Lager Bombenalarm. Hugo hatte keine Angst, er freute sich. Zusammen hofften sie. Eine Bombe soll auf die SS-Blockstube fallen, eine ans Tor, dann sind alle SS-Leute tot und wir sind frei. Wir könnten hinauslaufen, einfach hinauslaufen.

Bei Alarm verschwanden alle SS-Leute. Sie hockten irgendwo in ihren bombensicheren Bunkern, während dieser Zeit war das Lager SS-sicher. Hugo lief mit anderen Kindern herum, aber nicht zu weit weg von ihrer Baracke. Frauen aus verschiedenen Baracken trafen sich, die kleinen Kinder mit den Müttern, viele Menschen waren draußen. Es fiel auch mal eine Bombe und es gab eine Explosion, aber das machte Hugo nichts aus. Sobald die Sirene Entwarnung signalisierte, eilten alle in ihre Baracken zurück, und wenn die SS-Leute aus ihren Bunkern kamen, waren die Lagerstraßen menschenleer.

Ihr kommt weg. Auf Transport. So hieß es.

Vielleicht kommen wir doch heim, was denkst du, Mama?

Ich weiß es nicht, mein Junge. Aber eines Tages sind wir alle wieder zusammen. Wir sehen uns alle draußen wieder.

Glaubst du, Mama?

Ich weiß es. Ich weiß es genau.

Hugo sah seine Geschwister an. Ich muss aufpassen, dass ihnen nichts passiert. Dada ist nicht da, mein Bruder ist nicht da. Kommt alle her, damit wir zusammenbleiben.

»Ich war wie ein Aufpasser. Auch für meine große Schwester und meine Mama. Ich habe mich auch gefühlt, als wie ich der Papa von allen gewesen wäre, trotzdem wo ich erst elf Jahre alt war.«

Das eine oder andere der kleinen Geschwister sagte oft: Hugo, ich habe Hunger. Ich auch. Ich auch.

Es geht schon noch, sagte Hugo. Wir können noch warten. Wir kriegen später noch was.

Und er dachte, wie gern er etwas in seinem Mund hätte – egal was, wie schön wäre es, etwas zu kauen. Überhaupt mal wieder zu kauen.

Kommen wir jetzt heim? Das fragten die Geschwister. Vorher hatte die SS ja schon gelogen. Was macht Manfred jetzt? Wer sagt ihm, dass wir wegkommen? Wenn er noch lebt. Die Gedanken kreisten ständig, die Gedanken ließen Hugo nicht los. Auf Transport. Es war Anfang März 1945.

Wo waren die Befreier, von denen sie schon reden gehört hatten, die Russen oder Amerikaner, die Franzosen, Engländer, irgendwer? Schon zu Anfang vor zwei Jahren auf dem Weg von München nach Auschwitz hatte der Zug wegen Bombenangriffen halten müssen.

In Fünferreihen mussten sie in der Nacht durch die verdunkelte, stockfinstere Stadt Fürstenberg marschieren. Vorneweg und nebenher, alle zwei Meter, marschierten SS-Männer mit.

Hugo gruselte es in dieser Nacht besonders vor ihnen, denn sie waren von Scheinwerfern angestrahlt. Das Licht ließ die Gewehre funkeln und warf unheimliche Schatten in ihre Gesichter. Alle Knöpfe und Metallteile ihrer schwarzen Uniform glänzten, ebenso die langen Stiefel. Die SS-Männer, die hinter der Kolonne gingen, hielten

die Scheinwerfer, so dass die Kolonne von grellen Lichtstreifen eingeschlossen war und niemand ungesehen flüchten konnte.

Am Bahnhof mussten die Menschen vor den bereitstehenden
Waggons warten, bis sie krachend und quietschend geöffnet wurden.
REIN! SCHNELLER, IHR DRECKSCHWEINE! Rechts und links
der Tür standen die SS-Männer der Wachmannschaften und halfen
beim Einsteigen. Alle beeilten sich, um nur von ihnen nicht berührt zu
werden. Einer packte Frieda beim Fuß, als sie dabei war sich hochzuziehen, und warf sie hinein. Vor Hugo griffen sie zu zweit eine Frau
und schleuderten sie in den Waggon. Sie flog einen Meter hoch und
krachte mit einem dumpfen Aufprall auf den Bretterboden des Waggons. Hugo zog sich hoch und sprang schnell hinein. Dann half er,
Januschek und Rosi hochzuziehen.

Die Tür wurde zugeschoben, verriegelt. Draußen erloschen die
Scheinwerfer, es war finster im Waggon, Hugo hielt sich an Mamas
Arm. Als der Zug losfuhr, fielen sie gegeneinander, aber es konnte nie-
mand umfallen, weil der Waggon wieder so voll mit Menschen war.
Diringdingding, diringdingding, dieses Geräusch machte Hugo fertig.

Und wenn sie nun zurück nach Birkenau gefahren wurden, direkt
an die Rampe zu den Gaskammern?

Hugo war besonders müde und hungrig und die Gedanken an
Manfred und Dada machten ihn fertig. Er ließ sich treiben, gab nur
Acht, dass er die Mama nicht aus den Augen verlor.

Unterwegs immer wieder Sirenen, Flugzeuge, Bomben. Keine fiel
auf den Zug. Manchmal hielt er stundenlang auf einem Bahnhofs-
gleis. Kein Dudong-dudong-dudong, kein Auf- oder Zuriegeln draußen, richtige Ruhe. Ein anderer Zug brauste auf dem Nebengleis
vorbei. Dudong, dudong, dudong. Fünf Tage später, nachts um drei,
wurden Hugo, seine Mama, Frieda, Rigo, Rosi und Januschek, Tante
Derndl mit Lili, Baptist und Musla und andere Verwandte an einer
Bahnstation wieder ausgeladen. Alle die hungrigen, abgemagerten,
schwachen Menschen, die noch lebten. Grelles Licht, SS-Männer mit

Waffen. RAAAUS! SCHNELLER! SCHNELL, IHR MISTVOLK! Schläge. Hugo war jedes Mal starr vor Angst, wenn die brüllten, dass ihre Stimmen sich überschlugen. Und manchmal schaute er sie an, junge Männer mit beim Brüllen verzerrten Gesichtern. Wieder Fünferreihen. Hugo sah, wie SS-Männer ihre Pistolen und andere ihre langen Gewehre luden. Sobald alle Waggons leer waren: VORWÄRTS, ABMARSCH! Rechts und links von ihnen schossen die SS-Männer mit den Gewehren in die Luft. Ewig und ewig, Kilometer nach Kilometer laufen, ununterbrochen bergauf. Wer nicht mehr konnte und zurückblieb oder stürzte, wurde sofort per Genickschuss von einem SS-Mann erschossen. Von Mama eine Schwester, von Mama eine Cousine, von Dada eine Schwester, die konnten nicht mehr. Unterwegs fielen sie und kamen nicht mehr auf. Wenn die gesamte Kolonne über sie hinweggestiegen war, gerieten die Liegenden vor die Gewehre der SS hinter ihnen. Hugo hörte die Schüsse.

Die Mama war drei Reihen vor Hugo. Sie trug den Januschek, mal vorn im Arm, mal an der einen, dann an der anderen Seite, mal legte sie ihn quer über ihre Schultern, mal hatte sie ihn huckepack. Jedes Mal, wenn sie nicht mehr konnte, wechselte sie seine Position, aber sie ließ ihn kein einziges Mal auf den Boden. Er hätte das mörderische Tempo nicht durchgehalten. Mit einer Hand hielt Mama Rosi, zog sie mit, sprach ihr gut zu. Rosi war neun. Hugo behielt Mama fest im Blick. Wenn sie stürzt, kann ich sie wieder aufheben. Dann liegt auch der Januschek, dann muss ich ihnen hochhelfen, und zwar blitzschnell. Er schleppte den kleinen Rigo halb auf seiner Schulter. Wenn seine Kraft nachließ, musste Rigo wieder ein Stück laufen. Sobald Rigo strauchelte und weinte, weil er nicht mehr konnte, legte Hugo wieder den Arm um ihn, die Schulter unter seine Achsel, und schleppte ihn wieder ein Stück. Rigo war sechs. Frieda ging neben ihm, Tante Derndl trug Baptist den Berg hinauf, Lili und Musla gingen rechts und links neben ihr. Tante Derndl gab Baptist und Musla, die Jüngsten von Onkel Konrad, wieder als ihre Kinder aus. Sie hatten sonst niemand mehr. Ob ihr Bruder Luki und ihr Vater noch lebten, wussten sie nicht. Hugo strauchelte und fing sich, seine Beine gingen automatisch, nur weiter, weiter und auf Mama achten. Ein junger Mann, der nur mal aus der Fünferreihe getreten war, peng. Dann hörten sie den Schrei der Mutter, sofort hielten andere Frauen ihr den Mund zu. Ruhig, bleib ruhig, sonst bist du auch dran.

Der Schweiß lief, Hugo weinte vor Angst, dass seine Kraft nicht reichen könnte. Ihr schafft es, sagte Mama. Haltet durch. Nicht mehr lange. Dabei wusste sie selbst nicht, wohin es ging. Immer bergauf und zügig. Es lag Schnee und die Straße war glatt. Wer langsamer wurde, den überholten die anderen, von Angst getrieben, und manche nahmen noch einmal ihre Kraft zusammen, um der SS-Nachhut nicht vor die Waffen zu fallen. Dada hatte einen Neffen, der während des Transports von Auschwitz nach Ravensbrück von der SS erschossen worden war. Seine Frau war in Auschwitz vergast worden. Seine Mutter, sie war eine Tante von Mama, und sein Kind lebten noch. Sie gingen vor der Mama. Die Großmutter trug das Kind. Sie ächzte und sagte immer wieder: Ich kann nicht mehr. Mädel, ich kann nicht mehr.

Doch, sagte Mama. Schau vor, schau vor. Das Licht ist schon da.

Oh, dachte Hugo. Die Mama sieht schon Licht, jetzt sind wir bald da.

Ich kann nicht mehr.

Bleib hier, sagte Mama. Du schaffst es noch. Weiter, es geht, du weißt doch, hinten werden alle erschossen. Lauf noch. Die Frau taumelte vorwärts, versuchte es, dann stolperte sie. Stolperte und fiel.

Nimm mein Mädel, sagte sie zu Mama, als Mama über sie hinwegsteigen musste. Mama rief Hugo zu: Halt das Mädel, ich habe schon die zwei. Er nahm es, doch es rief: Nein, lass mich, lass mich!, riss sich los und stürzte zur Großmutter: Ich will zu meiner Mami! Mami! Hugo konnte das kleine Mädchen nicht halten, stehen bleiben konnte er auch nicht. Mama, Hugo, Frieda, niemand konnte stehen bleiben. Sie gingen über die Liegende hinweg – auch wer stehen blieb, wurde sofort erschossen. Dauernd hörten sie das Paff-paff-paff. Von hinten, vom Ende des Menschenzuges, peng, hörte Hugo – das war die Mutter, peng, das Kind, jetzt ist die ganze Familie ausgelöscht. Er lief wie in Trance, schweißnass, schwankend, er stützte Rigo, damit er blieb.

Dann erreichten sie grelles Licht, eine monströse Mauer, es kam Hugo vor wie ein noch schlimmeres KZ-Lager. Als würden sie jetzt in eine Festung gesperrt, eine mittelalterliche Burg mit Verliesen und Folterkellern. Aber lieber im Lager, als auf Transport gehen. Einen Transport zu überleben war schwerer. Da konnte Hugo abends nicht die Augen zumachen und denken: Wieder einen Tag überlebt und wenigstens zwei Stunden schlafen. Auf Transport dachte er alle paar Momente: Wieder ein paar Minuten überlebt.

Sie waren in Mauthausen. Hugo und Frieda verloren Mama und Tante Derndl mit den Kindern aus den Augen. Sie mussten ewig stehen. Hugo wusste nicht, wie er und Frieda von Mama weggeraten waren. Sie bekamen eine neue Häftlingsnummer, neue Kleidung und sogar Essen. Hugo dachte einen Moment, hier wird es vielleicht nicht so schwer, vielleicht besser, hier kriegen wir zu essen. Aber es war gleich schlechter. Der SS-Mann, der seinen Namen aufschrieb, fragte ihn, was er bei den Frauen mache? Wo der Vater sei? Der ist mit meinem Bruder im Männerlager. Warum bist du nicht mit deinem Bruder ins Männerlager rüber? Ich weiß nicht. Ich bin erst elf.

Sie mussten alle ins Quarantänelager, vier Baracken ummauert und auf der hohen Mauer Stacheldraht. Es war kein Blick auf andere Lagerteile und die Landschaft möglich, es war wie ein Gefängnishof.

Frieda sagte am Abend nach dem ersten Tag: Hugo. Ich hab wieder was gesehen. Ich habe durch die Ritzen geschaut.

Was denn?

Ich kann es dir nicht erzählen, ich schäme mich vor dir.

Was war es denn?

Nein, ich kann es nicht sagen.

In der Früh rief sie: Hugo, schnell komm her, los, schau her. Jetzt ist das wieder. Hugo beeilte sich, zu ihr auf die oberste Buchse zu steigen. Da hatte sie an der Schmalseite der Baracke eine Ritze, die auf die Ziegelmauer schaute.

Die penible Buchführung funktionierte bis zum Kriegsende. Am 6./7. März 1945 wurden Hugo, seine Mutter, Geschwister und Verwandten in das Frauenzugangsbuch Mauthausen eingetragen. Zehn Tage später wieder gestrichen, weil sie zum »F. K. L. Bergen-Belsen überführt« wurden.

»Und das vergesse ich mein Leben nie, nie. Wenn ich nachts aufwache und kann nicht schlafen, ist der Mann vor mir. Es tut mir so weh, was ich da gesehen habe. Das werde ich auch nie vergessen. Viele sagen verzeihen. Das kann man nicht verzeihen.«

Hugo schaute mit Frieda durch die Ritze in eine Art Manege. An die Mauer anschließend war ein Halbkreis aus Brettern aufgestellt, gerade so hoch, dass sie den SS-Leuten bis zum Bauchnabel gingen. Drei SS-Frauen mit langen dicken Röcken bis zu den Knöcheln standen mit zwei SS-Männern drum herum, alle in warmen langen Mänteln, unterhielten sich, lachten und rauchten Zigaretten. Eine Tür wurde geöffnet und fünf splitternackte, abgemagerte Männer wurden in den Frost herausgeführt. Sie mussten die Hände an den Hinterkopf legen und im Holzkreis laufen, rundherum. Hugo schämte sich für die

Männer, er stellte sich vor, wie peinlich es ihm wäre, vor den Leuten nackt zu laufen. Die Frauen lachten und rauchten. Eine der Frauen öffnete eine andere Tür, heraus kamen Hunde gestürmt und rasten direkt auf die nackten Männer los. Sie schnappten nach den Geschlechtsteilen und verbissen sich darin. Darauf waren sie abgerichtet. Die SS-Frauen schauten zu und lachten laut. Und die Männer mussten weiter im Kreis laufen, die Hände hinter dem Kopf, die Hunde zwischen den Beinen.

Ein Mann war bärtig, seine Haare waren seit Auschwitz schon etwas gewachsen, er hatte buschige braune Augenbrauen. Hugo hatte ihn schon mal gesehen. Der Hund zerrte und zog an seinem Geschlecht. Sieben Schritte von Hugo hinter der Barackenwand entfernt. Die Augen des Mannes waren starr wie Glas, er weinte nicht, er schaute zum Himmel hinauf. Er sprach etwas für sich, Hugo hörte nichts von den Worten, sah aber, wie sich die Lippen des Mannes bewegten, während er in den Himmel schaute. Und dann schnellten plötzlich die Hände hinab, er packte den Hund am Kopf und versuchte ihn loszureißen. Dabei riss er das Geschlecht ab, oder es war schon abgebissen, und zog mit dem Hund ein Geschlinge aus sich heraus. Der Hund lockerte sein Gebiss nicht. Die SS-Frauen und Männer sprachen und lachten noch. In dem Moment aber, als der Mann den Hund packte, zog eine SS-Frau die Pistole, mit der Zigarette im Mundwinkel ging sie zu dem Mann, drückte ihm die Pistole an den Kopf, der Mann hielt still, peng, schoss das Blut hoch heraus. Und als hätte jemand ein Lasso um seine Beine geschlungen, riss es ihm im Moment des Schusses die Füße hoch, der Mann fiel flach auf den Boden. Er war tot, die Augen offen. Die Hunde wurden zurückgepfiffen und eingesperrt, die anderen Männer, alle verletzt, humpelten in ihre Baracken zurück, die SS-Frauen lachten und redeten weiter mit den SS-Männern. Aus der Schläfe des Toten rann Blut das Gesicht entlang auf den Boden wie ein Bach.

Es kamen Häftlinge mit einer Tragbahre und legten den Toten darauf. Etwas aus seinem Leib hing noch hinab. Er wurde fortgetragen, durch die Tür zu ihrem Gefängnis hinaus auf die Lagerstraße.

Hugo schaute Frieda an. Sie schaute Hugo an. Hugo konnte nichts sagen. Nichts. Auch Frieda schwieg.

»Ich sehe den Mann heute noch vor mir, der war auch von Auschwitz. Dass ein Mensch das mitmachen muss. Es ist doch ein Leben, er lebt doch. Das tut doch weh.

Ich vergess das nie im Leben, dem Mann seine Mimik, sein Gesicht, wie er gelitten hat. Wie er zum Himmel geschaut hat, als wie der Herrgott soll ihm helfen. Das werde ich nie vergessen. Ich habe erst vor einer Woche wieder den ganzen Alptraum gehabt. Ich habe die Frieda erst vor ein paar Wochen gefragt, vielleicht kannst du dich entsinnen. Hat sie gesagt, hör auf, ich kann das nicht. Immer wieder denkt sie daran. Das ist auch ihr Alptraum.«

An dem Tag kamen SS-Männer in die Baracke. Da drüben ist auch noch einer, nimmst du ihn mit, sagte einer zum anderen. Der kam zur Buchse. Junge, komm da raus. Hugo zitterte sofort am ganzen Körper. Sie meinten ihn. Jawoll! Er kletterte aus der Buchse. Stramm stehen und Jawoll! bellen. So wollte es die SS. Mach dich fertig, du kommst woanders hin.

Wohin? Ich möchte gern bei meiner Familie in der Nähe bleiben.

Die kommen schon mit dir mit. Der SS-Mann brachte ihn von Mama weg auf die Lagerstraße, in eine Baracke. In einem Raum musste Hugo warten. Draußen liefen Massen von Männern vorbei. Jetzt raus!, sagte der SS-Mann. Da mit! Er schubste Hugo in die Reihe und da lief Hugo mit. In Tränen. In Fünferreihen unter SS-Bewachung.

»Allein gibst du auf. Allein nimmt man das Leid wahrscheinlich leichter, als wenn die Familie dabei ist, auch eingesperrt ist. Siehst du deine Familie um dich jammern, dann kämpfst du. Du kämpfst.«

Hugo schluchzte. Woandershin, wo nur Männer waren. Manche Männer steckten in Uniformen, von denen die Schulterklappen weggerissen waren, andere in gestreifter Sträflingskleidung. Sie mussten fast rennen, im Laufschritt, er kam kaum mit, fiel ein paarmal, die Männer waren zu schnell, Hugo kriegte fast keine Luft mehr. Bei einem Mann verwickelte sich der lange Mantel zwischen den Beinen, er durfte nicht stehen bleiben und kam ins Stolpern, fiel, ein anderer zog ihn hoch, weiter. Hugos Atem kam stoßweise in kleinen Dampfwolken, der Schnee bedeckte alles und machte den eiskalten sonnenklaren Tag noch heller. Wie immer durften sie beim Marschieren nicht zur Seite, sondern nur geradeaus schauen. Aber Hugo sah es trotzdem. Das rote Blut im weißen Schnee leuchtete grell. Links, ein wenig abschüssig, lagen unendlich viele tote Kinder. Babys und kleine Kinder, Sinti-Kinder. Die Kleidung und der Schnee waren voller Blut. Nichts rührte sich mehr. Hugo erstarrte. Wie in einem Taumel lief er weiter, mit 500, 600 Männern in eine Baracke ohne Buchsen. Er konnte nichts mehr denken, nichts mehr fühlen.

Als er aufwachte, es kam Hugo vor, als seien Tage vergangen, lag die warme Hand eines Mannes auf seinem Kopf.

»Ich habe nichts mehr davon gewusst, bis heute nicht. Heute Nacht habe ich plötzlich alles wieder vor mir gesehen. Die Kinder müssen schon eine Weile da gelegen haben, starr. Ich hatte so einen Druck im Kopf und jetzt weiß ich es wieder. Ich bin jetzt so frei im Kopf, ich könnte heulen vor Freude.«

Hugo war untröstlich. Meine Familie, ich sehe sie nie mehr wieder. Hugo weinte den ganzen Abend. Manfred war alleine, Dada allein. Jetzt ich. Ich bin doch noch ein Kind. Um ihn nur erwachsene Männer verschiedenen Alters.

Sie sprachen eine fremde Sprache und so war Hugo noch mehr allein, konnte niemanden verstehen, nicht fragen, wo er war. In einem großen, hallenartigen Raum schliefen alle am Boden, dicht an dicht, fast übereinander. Hugo legte sich dazwischen, er wollte nicht am Rand schlafen, außen, er wollte zwischendrin sein, auch wenn er Füße am Gesicht hatte, auch wenn sein Körper auf einem anderen lag. Er wollte zwischendrin liegen, denn es war bitterkalt, draußen lag Schnee, und es war so kalt, dass Hugo dachte, das Blut müsse in den Adern gefrieren. Hugo wühlte sich zwischen den Männern in die Mitte hinein und weinte. Irgendwann schlief er ein wenig. Wer irgendwo drunter lag, krabbelte hoch. Bald war Hugo wieder wach, weil die Kälte schmerzte. Er war aus der Mitte verdrängt worden, drehte sich um und grub sich wieder hinein in die Masse von Körpern. Und immer, wenn er still lag, fiel ihm seine Familie ein, die Mama. Und er weinte. Wie geht es jetzt weiter? Bringen die meine Familie um? Was wird aus mir? Was mache ich, wenn nur ich allein übrig bleibe? Wann bringen sie mich um? Hetzen sie die Hunde auf mich? Die Gedanken drehten sich, wiederholten sich in der Nacht. Hugo weinte. Ich sehe die Mama nie wieder. Was soll ich da rumkämpfen, was soll ich da noch arbeiten? Wenn sie mich erschießen, erschießen sie mich. Egal. Ich sehe die Mama sowieso nicht mehr. Das ganze Leben zog vor seinem inneren Auge vorüber, jetzt war es gewiss aus, vorüber. Wieder legte sich die Hand auf seine Schulter, warm, beruhigend. Und ebenso klang die Stimme des Mannes, der jetzt sprach, lange, viel. Hugo schaute zu ihm hin, konnte ihn aber nicht sehen. Es war finster in der Baracke. Dann weinte er wieder. Der Mann sprach weiter, seine sanfte Stimme beruhigte Hugo etwas. Nach dem Wecken, im fahlen Schein der von Scheinwerfern durchbrochenen Nacht, saßen sie nebeneinander und schütteten das trübe Wasser namens Kaffee in sich hinein. Der Mann war dürr, mit einem Stoppelbart und Stoppeln auf dem Kopf. Er zeigte Schießen und Marschieren mit seinen Fingern und Gefangen-genommen-Werden. Die Männer in der Baracke waren Kriegsgefangene. Russen?, fragte Hugo. Der Mann nickte. Er zeigte auf sich und sagte immer wieder Igor. Hugo wusste nicht, ob er selbst Igor hieß oder ob er vielleicht einen Sohn Igor hatte. Weil er auch immer wieder ein Kind zeigte. Aber Hugo nannte ihn ab jetzt Igor und Igor nannte ihn Hugo. Sie wurden losgetrieben. Igor fuhr mit seiner Hand über Hugos Gesicht und wischte ihm die Tränen ab. Dann nahm er Hugos

Hand und ging mit ihm in die Dunkelheit hinaus. Der eisige Wind pfiff durch die dünne Kleidung, Hugo zitterte vor Kälte, nur seine Hand war warm. Die Männer waren alle schwach und schlotterten vor Kälte. Sie mussten zum Tor hinaus, am Kommandanturgebäude hingen dicke Eiszapfen. Einen abschüssigen Weg entlang, vorbei an den Unterkünften der SS. Hugo war schon erschöpft und merkte, wie Igor ihn hielt, als sie zu einer langen steilen Treppe gelangten. Dort mussten sie hinab, in Fünferreihen. Die Treppe war aber zu schmal für fünf nebeneinander. Igor zog Hugo dicht an sich heran. Wer außen ging, war gefährdet. Wer mit dem Fuß die Stufe verpasste, rutschte aus und fiel hin. Ein Mann konnte sich nicht geschwind wieder aufrappeln, er purzelte hinab bis an den Fuß der Treppe vor die SS. Das war sein Ende.

Unten erblickte Hugo die halbrunde Felswand, von der sie eingeschlossen waren. Es gab nur einen Ausgang aus dem Kessel zu einem schmalen Weg. Durch diesen Ausgang sah Hugo über die weite, schneebedeckte Landschaft hin. Oben an der Wand waren Gefangene angebunden, die mit Pickeln Felsbrocken herausschlugen. Das Gestein stürzte mit Getöse herab. Unten schleppten es Männer zur Seite und klopften es in Quaderform zurecht. Hugo und Igor mussten die Steine mit bloßen Händen auf Loren aufladen und stapeln. Anfangs dachte Hugo, er könnte den Block gar nicht bewegen, aber er nahm alle seine Kraft zusammen und hievte ihn doch mit hinauf. Manche Steine klopfte Igor zurecht oder machte sie kleiner und Hugo trug sie fort.

Er wollte nicht den SS-Männern auffallen, die im Steinbruch herumstanden, warm gekleidet, mit je einem Stock im rechten Stiefel. Blieb ein Gefangener nur für einen Augenblick stehen, zog ein SS-Mann den Stock aus dem Stiefelschaft und schlug den Mann. Hugos Hände waren bald abgestorben vor Kälte. Umso mehr schmerzte es, den scharfkantigen eisigen Stein anzufassen. Bald waren Hugos Hände aufgerissen. Man durfte nicht stehen bleiben und nicht hochschauen. Hugo schaute doch. Der Mann da oben muss doch mal schlappmachen. Nein, der darf nicht, sonst bringt der SS ihn um. Manche Männer brachen bei der Arbeit zusammen. Aber es gab keine

Pause, bis mittags eine Trillerpfeife schrillte. Hugos Arme und Beine zitterten vor Erschöpfung. Mit seinem Topf stellte er sich hinter Igor in die Schlange vor den zwei Suppenkübeln am Fuß der Treppe. Als er an der Reihe war, bekam er wieder nur eine halbe Kelle. Er wollte sagen, ich habe doch genauso viel gearbeitet, aber er wurde schon beiseite geschoben und Igor nahm ihn an der Hand. Sie setzten sich auf einen Stein, schlürften die laue Brühe und schon ging wieder die Trillerpfeife.

Bis vor Einbruch der Dunkelheit arbeiteten sie. In Fünferreihen die Treppe hinaufzusteigen, überstieg schon fast die Kräfte aller. Dann noch der Weg aufwärts ins Lager zurück. Igor hielt Hugo fest an der Hand. In der Baracke warfen sich alle schwer atmend auf den Boden, alle, die den Tag überstanden hatten.

Am Abend gab eine Frau die Suppe aus. Jeder Mann bekam eine ganze Kelle, Hugo wieder nur eine halbe. Ein Mann wollte ihm den Topf wegnehmen, aber den hielt Hugo fest, er ließ sich nichts mehr entreißen, das hatte er in zwei Jahren im Lager gelernt. Wie schon in Auschwitz begann er im Gehen die Suppe zu trinken, damit sie ihm niemand nehmen konnte. Er setzte sich in die Baracke auf den Boden, Igor setzte sich neben ihn. Er hatte einen Löffel. Hugo wischte mit den Fingern seinen Topf aus, kein Tropfen, kein Rand blieb darin. Igor beobachtete ihn dabei. Hugos Topf hätte nicht sauberer gewaschen werden können. Igor lachte. Als er seine Suppe gelöffelt hatte, stellte er seinen Topf auf den Boden neben sich. Es waren noch Ränder von der Suppe darin. Hugo schaute den Topf an, dann Igor. Igor lächelte, nickte, Hugo nahm den Topf und wischte ihn mit den Fingern aus, leckte die Finger ab, bis keine Spur von Suppe mehr zu sehen war. Immer wenn ausgeteilt wurde, bekam Hugo nur halb so viel wie die Männer. Jeden Abend stellte Igor Hugo nun seinen Topf mit dem Löffel und den Suppenrändern hin und Hugo leckte alles sauber. Igor sprach und zeigte auf Hugo. Zeigte seine Finger – neun, zehn, elf oder zwölf? Hugo verstand: Er zeigte seine zehn Finger und dann den Daumen. Igor zeigte dreimal zehn Finger und noch acht. Er war genauso alt wie

Dada. Mein Vater, mein Papa, mein Dada – Hugo zeigte die gleiche Zahl. Igor deutete auf sich, dann so, als stünde ein kleiner Mensch neben ihm. Zehn war sein Sohn. Hugo überkam wieder die Hoffnungslosigkeit, er würde seine Mama und seinen Dada nie wiedersehen, es fühlte sich an, als würde er in Stücke brechen vor Schmerz. Igor streichelte ihm über den Kopf und hielt ihn fest, bis er sich wieder ein bisschen beruhigte. In der Nacht war die Kälte nicht so schlimm, Igor deckte ihn zu, sie lagen Rücken an Rücken und wärmten sich gegenseitig. Hugo weinte jede Nacht und Igor legte seine Hand auf Hugos Schulter, klopfte darauf, wischte mit seiner Hand über Hugos Gesicht und sprach leise russische Worte. Igor sprach viel mit Hugo. Sie verständigten sich mit Zeichen. Bald wusste Igor, wie viele Geschwister Hugo hatte, dass er schon in zwei Lagern war. Igor schaute ihn oft mit liebevollem Blick an. Wenn Hugo nachts weinte und Igor ihn tröstete, wenn er ihm abends den Topf hinüberschob und noch ein paar Tropfen Suppe darin waren, wenn er mit ihm sprach und ihm lange etwas auf Russisch erzählte, vergaß Hugo für Momente den Schmerz des Alleinseins. Igor war wie ein Vater für ihn. Und Hugo blieb immer an seiner Seite. Wenn er seine Familie nie wiedersehen würde und überlebte, wollte er bei Igor bleiben. Bei dem Gedanken weinte er wieder. Und er weinte dann vor Angst, er könnte auch Igor verlieren. Vielleicht wäre es besser, nicht zu überleben. Igor hatte traurige Augen.

Jeden Morgen gingen sie im Stockdunkeln zur Arbeit im Steinbruch. Obwohl Hugo morgens manchmal dachte, er könnte nicht mehr laufen und nichts mehr heben. Sie waren beide gebückt, als Igor Hugo anstieß und mit den Augen nach oben deutete. Der Mann oben arbeitete langsam, er konnte nicht mehr. Obwohl ein SS-Mann ihn anbrüllte, er konnte nicht schneller. Da trat der SS-Mann ihn über den Abgrund.

Der Mann stürzte von Fels zu Fels, bis er zerschmettert unten aufschlug. Eine Glocke wurde geschlagen: ALLES HERKOMMEN! Hugo und Igor mussten hin zu dem Mann, der jetzt am Grund des

Steinbruchs lag, er war verdreht, ein Arm stak nach hinten und auch der Kopf war verkehrt. Der SS-Mann zog die Pistole, beugte sich leicht zu dem Mann hinab und schoss ihm in den Kopf. Nicht einmal, er schoss das ganze Magazin leer, bis die Pistole klick machte und die Patronen verbraucht waren. Dem Liegenden schoss Blut aus allen Gesichtsöffnungen, aus Augen, Ohren, Nase, Mund. WER HIER NICHT RICHTIG ARBEITET, DEM ERGEHT ES WIE DEM DA! Der Satz wurde in anderen Sprachen wiederholt. Zwei Häftlinge mussten den Toten wegräumen. Sie kamen mit einer Stoffbahre, legten ihn darauf und trugen ihn fort.

»Noch vor fünfzehn Jahren habe ich nachts laut gezählt. Ich wollte nicht dran denken. Ich habe die Erinnerung weggedrückt, ich wollte sie verdrängen. Ich habe gezählt bis hundert oder hundertfünfzig, bis ich wieder eingeschlafen bin.

Wenn ich jetzt nachts aufwache, will ich es raushaben aus meinem Kopf. Ich habe mit aller Gewalt verdrängt, und jetzt versuche ich mich zu erinnern, um es loszuwerden. Gestern um halb zwei war ich wach und habe nachgedacht. Und batsch – war alles wieder da, einen richtigen Film habe ich vor mir gehabt und alles wieder gesehen. Stimmt genau, so war es doch.

Der SS-Mann oben hat zugeschaut, wie der SS-Mann unten dem das ganze Magazin in den Kopf reingeschossen hat. Danach haben wir gearbeitet wie die Wilden, viel besser, viel schneller, wir haben gearbeitet wie die Idioten.«

Ein Russe wurde von Kapos geschlagen, ein SS-Mann sah zu. Dann nahmen sie den Mann mit. Als er viel später in die Baracke wankte, schrie und weinte er. Seine Arme und Hände baumelten von den Schultern, nach vorn, nach hinten, als gehörten sie nicht mehr zum Körper. Hugo starrte ihn an, und Igor erklärte, wie es dem Mann ergangen war. Igor zeigte: mit den Händen auf dem Rücken, die Handgelenke zusammengebunden. An den Handgelenken aufgehängt, knacks in jeder Schulter, die Arme ausgekugelt, sobald der Mann keine Kraft mehr hatte sich gegen das Gewicht seines Körpers zu stemmen. Er hing stundenlang, dann wurde er losgemacht und in die Baracke geschickt. Hugo sah, dass die Arme noch nach hinten verdreht waren. Der wird sterben, der kann nicht arbeiten.

Wenn nur Igor nichts passiert. Die anderen Männer nahmen den Verletzten und legten ihn vorsichtig hin. Igor legte Hugo den Arm um die Schultern.

In einer Nacht erwachte Hugo, weil es so ruhig war. Kein Schnarchen, kein Stöhnen. Die riesige Halle war menschenleer. Nur Igor lag neben ihm und schlief. Hier und da sah Hugo verlorene Sachen, einen Strumpf, eine Decke. Wo waren die Männer? Hugo schlief wieder. Als er das nächste Mal aufwachte, setzte er sich. Igor neben ihm war wach, sprach nicht. Sie schauten zum Ausgang, nichts geschah. Stunden saßen sie so, vielleicht kam es Hugo auch nur vor wie Stunden, wie eine Ewigkeit. Hugo dachte, vielleicht sind sie geflüchtet. Er hatte reden hören von der Hasenjagd, als hunderte Gefangene geflohen waren und die SS drei Wochen Jagd auf sie gemacht hatte, zusammen mit Bauern der Umgebung. Die SS hatte es Hasenjagd genannt. Das musste kurz vor ihrer Ankunft in Mauthausen geschehen sein.

Als Erstes hörte Hugo die Stiefel. Klack, klack – langsame Schritte, klack. Wenn hunderte Häftlinge über den Boden gingen, hörte man nichts. Igor legte sich hin und deckte sich mit seiner Jacke zu, stellte sich schlafend. Ein junger SS-Mann betrat die Baracke, ging langsam hindurch, in der Hand eine Pistole, er schaute herum, rechts, links, stieß etwas mit dem Stiefel an, ging weiter, klack, klack, die Schritte hallten laut in der leeren Baracke, Hugo saß und hielt still. Der SS-Mann ging an ihm vorbei, die fünf Meter bis ganz zum Ende der Baracke, schaute herum, dann kam er ebenso langsam zurück. Blieb vor Hugo stehen. Mit dem blank geputzten Stiefel schob er die Jacke von Igor beiseite, er stand über ihm. Hob ein wenig die Pistole, drückte ab. Paff. Igor zuckte zusammen, die Augen waren offen, schauten starr und leer nach oben. Der Knall zitterte Hugo noch in den Ohren. Jetzt erschießt er mich. Hugo hatte keine Angst zu sterben, er schaute Igor an. Mama ist fort, der ist weg, er wollte nicht mehr leben, es war ihm egal. Gleichgültig. Er wartete auf den Schuss. Der SS-Mann drehte sich um und ging gemächlich hinaus, jeder Stiefelschritt hallte in der Baracke, klack, klack, die Metallbeschläge. Hugo blieb sitzen, er war versteinert, er rührte sich nicht. Dann hörte er Schritte von zwei Häftlingen, Kapos. Einer nahm Igor am Fuß, einer am Arm, so schleiften sie ihn hinaus, der Kopf holperte über den Boden. Da weinte und schluchzte Hugo, konnte gar nicht mehr aufhören. Stundenlang saß er auf dem Fleck, neben ihm kein Igor. Sollen sie mich erschießen, ich gehe von hier nicht weg. Er hielt Igors Jacke und weinte. Es kam niemand mehr in die Baracke und Hugo stand nicht auf.

Irgendwann, am Abend oder am Nachmittag oder am nächsten Tag, Hugo saß noch immer auf demselben Fleck, wurden fünfzig, sechzig zerschlagene, zerrupfte Männer hineingetrieben. Die anderen tauchten nicht mehr auf. Es war Hugo alles gleichgültig. Er wollte nicht mehr.

»Als der erschossen wurde, da war die ganze Welt wieder kaputt.«

Ein paar Tage später hieß es: ANTRETEN! Es waren vielleicht zehn, fünfzehn Reihen. Sie wurden auf Lastwagen verladen, die Lastwagen fuhren los. Hugo trottete mit ohne einen Gedanken, er würde ohnehin sterben. Vielleicht bringen sie uns jetzt um. Er hing nicht mehr am Leben. RUNTER, IHR MISTVIECHER! Sie marschierten zum Bahnhof, Hugo war in die zweite Fünferreihe an den Rand geraten, sonst hatte er immer versucht, hinten zu sein und nicht am Rand. Rund um sie, Meter für Meter, bewachten sie SS-Männer.

Am Bahnhof stand der Zug mit der dampfenden Lok schon, an den offenen Waggons standen unzählige Menschen beisammen. Hugo entdeckte Frauen, Familien. Er spähte hinüber und sah Frieda. Und Mama, wo ist meine Mama? Er blickte sich um und trat langsam aus der Fünferreihe, ohne einen Blick zurück. Jetzt kommt der Schuss. Schritt für Schritt erwartete er einen Schuss. Jetzt knallt es. Noch einen Schritt. Jetzt sterbe ich. Sollen sie mich erschießen, ich will zu meiner Mama. Dann sterbe ich eben. Bei den Menschen angekommen, schlängelte sich Hugo flink hindurch. Im Nu stand er bei Frieda. Wo ist Mama?

Dahinten. Frieda gab ihm schnell einen Schubs in die Menge, zu Mama hin. Eine Sekunde später war er bei ihr. Sie erblickte ihn, schrie auf, riss ihn an sich, sah sich um, deutete auf den offenen Waggon und stellte sich vor ihn. Hugo sprang sofort in den noch leeren Waggon und verkroch sich rechts in die dunkle Ecke, duckte sich in den Schatten, so klein wie möglich. Ihm war heiß und kalt. Gleich kommt ein SS-Mann und erschießt mich. Bei jedem Geräusch am Waggon meinte er, sein Herz müsse stehen bleiben. EINSTEIGEN! Mama und Januschek waren als Erste drin und hockten sich vor Hugo in die Ecke. Mama verdeckte ihn mit ihrem Rock und ihrem Körper, legte ihre Decken vor ihn. Als die Türen verschlossen waren, atmete Hugo auf. Es fuhr kein Wachsoldat mit. Als der Zug anrollte, langte Hugo vor und umarmte seine Mama, hielt sich an ihr fest. Ich lasse sie nie mehr los, nie mehr. Und Mama hielt ihn fest. Fest. Nie mehr gehe ich von dir fort. Über Mamas Gesicht liefen die Tränen, sie küsste Hugo, deine Hände, was ist mit deinen Händen. Hugo konnte vor Schluchzen nichts sagen. Mama küsste seine verletzten, geschwollenen Hände. Die Geschwister hockten und standen vor Mama. Niemand im Waggon konnte Hugo sehen. Die Angst, die SS würde ihn wieder einfangen und von Mama wegholen, wich nicht mehr von Hugo. Er hielt sich an Mama fest, manchmal schlief er ein, wachte wieder auf, schlief wieder ein. Dieser Transport hörte nicht auf.

Diringdingding. Tag und Nacht und Tag und Nacht und Tag und Nacht und Tag und … Zwischendurch stand der Zug. Flugzeuge, Bomben, Schießen, Sirenen waren zu hören. Die Menschen waren schwach, viele brachen in der Hitze zusammen, es gab keine Luft zum Atmen, viele blieben für immer liegen. Der Geruch der Verwesung stieg auf. In jeder zweiten Nacht hielt der Zug, die Türen wurden aufgerissen und Hugo versteckte sich. Die Frauen schoben die toten Frauen und Kinder selbst hinaus, es waren viele und der Leichengeruch stieg schon bald nach dem Tod auf, die SS-Männer warfen sie auf den Boden. Dann schmissen sie ein paar Runkelrüben in den Waggon, die Menschen stürzten darauf, kämpften darum. Die Türen wurden zugedonnert, der Zug fuhr an. Wer keine Rübe hatte, klagte laut. Und diesmal, im stickigen, dunklen Waggon, gaben die Frauen denen etwas, die nichts bekommen hatten. Anders als im Lager wurde hier geteilt. Oft stand der Zug auf der Strecke, oft wurde er hin und her rangiert, jedes Mal stürzten alle übereinander. Bei jedem Halt verringerte sich ihre Zahl und die Lebenden hatten mehr Platz. Acht Tage waren sie im stickigen Waggon eingesperrt. Wie viele Menschen hielten diese Tage nicht mehr durch. Und immer noch lebten Januschek, Rosi, Rigo, Frieda, Mama und Hugo, Tante Derndl, Lili, Baptist und Musla.

Der Zug bremste quietschend, hielt. Sofort wurden die Türen aufgerissen, das grelle gelbe Licht blendete die Augen und das Gebrüll der SS-Männer dröhnte Hugo in den Ohren. Diese Schreie, diese Schimpfworte: DRECKSÄUE, PACK, SCHNELLER, das kannte er nun schon, aber die Angst war immer wieder da, sein Herz flatterte. Er kannte ja auch die tödlichen Folgen, wenn jemand nicht spurte, rannte, sich einreihte, wenn jemand sprach oder schwach wurde. Und er hatte Angst, einer könnte ihn von Mauthausen her erkennen und abknallen. Wenn ich aussteige, bin ich dran. Sie alle funktionierten, es war das vierte Mal, dass sie ausgeladen wurden wie Vieh. Hugo glaubte nicht mehr, dass die SS-Männer sie freilassen würden. Alles was er von ihnen gesehen hatte, war Lüge und Betrug. Von zu Hause waren sie weggeholt worden mit der Lüge, sie bekämen in Polen alles, was sie bräuchten, dann kamen sie nach Ravensbrück, obwohl die SS gesagt hatte, sie kämen heim. Den Menschen in Auschwitz sagten sie, es ginge ins Bad, dabei ging es in den Tod. Was die Deutschen auch sagten, war Lüge und Betrug.

Schnell aus dem Waggon springen, den Geschwistern, der Mama helfen, ich geh nie mehr von ihr weg, aufreihen. Hugo merkte, dass die SS nicht nach jemand schaute, denen war es egal, wen sie vor sich hatten. Viele Menschen stiegen nicht mehr aus, SS-Männer warfen und schleiften sie. Sie lagen nebeneinander aufgereiht auf der Rampe, der Zählappell der Toten. Mehr als zehn Kinder waren dabei. Hugo sah nichts als Wald – dies war kein Bahnhof, sondern nur eine Rampe inmitten von Bäumen. Eine verlassene Straße entdeckte er etwas weiter entfernt entlang der Geleise. Aber kein Fuhrwerk, kein Auto darauf. In einem Spalier von SS-Männern – VORWÄRTS! MARSCH! – in den Wald, und wieder schien der Weg kein Ende zu nehmen. IM LAUF-SCHRITT! Hugo war beunruhigt wegen der Bäume, hier können sie uns verstecken, hier sind wir mit der SS allein in einem Wald. Niemand wird uns je finden. Es dämmerte, als sie an einen hell beleuchteten Stacheldrahtzaun kamen, durch ein Drahtgittertor ins Lager gingen und sofort in einen Block gedrängt wurden. Aber Hugo hatte schon genug gesehen, damit sich das Gefühl verstärkte, hier für immer verloren zu sein. Überall lagen ausgemergelte Leichen herum.

»In Ravensbrück dachten wir, in Auschwitz sind alle vergast worden, hier gibt es das nicht. Man hat Hoffnung. Dann Mauthausen, man kriegt was zum Essen, man kriegt neue Kleider. Warum neue Kleider, warum zum Essen? Also haben sie nicht vor, uns umzubringen. So geht es in so einem kleinen Kopf. Aber dann Bergen-Belsen.«

Hier wird nur noch gestorben, dachte Hugo. Es war kein SS-Schreien zu hören, es war bedrohlich still. Hugo schaute aus der Baracke – und sah Menschen gehen. Mit beiden Händen hielten sie sich an der Barackenwand fest und setzten nur mit Mühe einen Fuß vor den anderen. Nach jedem zweiten Schritt brauchten sie eine Pause. So werde ich nie werden. Überall auf den Wegen, neben und zwischen den Baracken lagen die Toten, fast alle nackt. Manche übereinander geworfen, manche der Länge nach aufgestapelt.

Hier kommen wir nicht lebend raus. Hugo sagte es nicht zu Mama. Er wollte nicht sterben. Ich wollte doch noch erwachsen werden. Ein giftiger Geruch von Tod und Verwesung hing in der Luft. Manche Leichen waren aufgeschnitten. Viele, die herumlagen, lebten noch, konnten aber nicht mehr aufstehen. Sie blieben Tag und Nacht dort liegen, wo sie zusammengebrochen waren, bis sie starben. In der Baracke wurden die Menschen wieder in eine Liste geschrieben. Nacheinander mussten alle einzeln an einen Tisch treten, einem glatzköpfigen Häftling den Namen und das Geburtsdatum ansagen. Natürlich standen SS-Männer dabei und die Menschen waren ruhig. Hugo fürchtete sich. Wenn sie mich erkennen und wegbringen. Ich geh da nicht hin, sagte er zu Mama. Die nehmen mich mit. Lieber wollte er sterben, als ohne Mama zu sein. Du kannst ruhig hingehen, sagte Mama. Nein. Ist egal, hier sterben wir sowieso. Hugo stand immer hinter ihr, kein SS-Mann sollte ihn sehen. Ich geh nicht. Doch, Junge, geh ruhig hin. Es passiert nichts. Geh nur, es ist besser.

Mit zitternden Knien trat Hugo an den Tisch und sagte seinen Namen. Mama hatte Recht. Es passierte nichts, niemand kümmerte sich um ihn. Sein Name wurde aufgeschrieben und Hugo ging zu Mama zurück. Aber er stellte sich wieder hinter sie. Und er lehnte seinen Kopf an ihren Rücken. Die vielen Menschen, die beim Transport gestorben waren, kamen in keiner Liste mehr vor.

Niemand musste arbeiten, nur einige Frauen in der Küche, und das war eine Arbeit, die sich jede wünschte, jede träumte davon, sich ein Stückchen Kartoffel in den Mund zu stecken, in eine Rübe zu beißen. Einmal am Tag trugen Frauen ein Fass mit halb gekochten Roten Beten in Wasser in die Blöcke. Davon bekam jede Person eine Kelle. Hugo hatte immer noch seinen kleinen Topf von Auschwitz. Die rote Farbe war nach drei Lagern und Transporten völlig abgeschlagen, aber der Topf war Hugos wertvollstes Stück, das er nie aus der Hand legte, wenn er es nicht Mama anvertrauen konnte. Die wenigen Rote-Bete-Stücke hatten sich unten im Fass abgesetzt, so dass die meisten nur rotes Wasser bekamen. Brot gab es keines und die Wassersuppe blieb nach einigen Tagen auch aus. Von da an gab es gar nichts mehr. Keine Suppe, kein Wasser, kein Brot. Nichts. Seit es nichts mehr zu essen gab, passte Hugo nicht mehr so streng auf den Topf auf.

Es dauerte nicht lange, und Hugo hatte eine kleine Gruppe von Jungen gefunden, die sich zusammengetan hatten und durch das Lager streiften auf der Suche nach etwas Essbarem. Hugo war mit elf Jahren der älteste und größte von ihnen.

Aber meistens war Hugo mit Willi zusammen. Der hatte immer ein Stück Eisen dabei, es sah aus wie der Teil eines abgeknickten Werkzeugs. Mit diesem Eisen ging er und schlief er. Wenn er irgendwo auf dem Boden saß, legte er es in seinen Schoß oder unter seine Beine.

Willi hatte entdeckt, dass manche Menschen beim Sterben eine Hand fest zusammenpressten. Er hatte dann bemerkt, dass einige der Leichen eine geschlossene Hand hatten. Bei einer eben Gestorbenen öffnete er sofort die Hand und fand ein winziges Stück Brotrinde. Wahrscheinlich hat sie gedacht, das hebe ich mir für morgen auf, dann kann ich morgen auch noch leben, aber sie ist zuvor gestorben. Es war verboten, die Leichen zu berühren und ihnen etwas zu nehmen. Und trotzdem trugen die Lebenden die Kleidung der Toten und an einigen Toten fehlten Stücke von Fleisch. Willi war auch schwach, aber er schaute sich um und dachte immerzu nach, wie er an etwas Essbares kommen könnte. Guck mal, was ich kann, sagte er, begab sich auf alle viere und stieß die Füße ab. Willi konnte auf den Händen laufen und Hugo bewunderte ihn. Ich kann nicht mehr auf den Beinen stehen, aber er kann noch auf die Hände. Als ein SS-Mann mit zwei SS-Frauen an der Lagerstraße stand, sagte Hugo: Lauf doch mal auf den Händen.

Warum soll ich es machen?

Bitte tu es doch.

Willi tat es, und Hugo sah, wie die SS-Leute zu Willi schauten.

»Und ich war richtig stolz darauf, den Leuten zu zeigen, dass wir Sinti-Kinder auf den Händen laufen können. Ich wollte ihnen zeigen, dass wir nicht so schlecht sind, dass sie uns umbringen. Bei uns können Kinder sogar auf den Händen laufen. Ich war richtig stolz auf ihn. Zu zeigen, was mein Freund alles kann.«

Im selben Augenblick durchschoss Hugo die Angst, er habe einen Fehler gemacht, die SS würde sie wegholen und umbringen. Innerhalb von Sekunden sah er die Bilder: Sein Freund, Dada wird geschlagen, Frieda wird getreten, Maimo, Igor. Aber nichts geschah, die SS-Leute gingen weiter. Hugo war erleichtert. Willi setzte sich wieder, er stieß Hugo an. Ich habe eine Idee. Hugo sollte die Leichen nach Essen untersuchen und er Wache halten und, falls SS sich näherte oder vom Wachturm jemand schaute, sie ablenken, indem er auf den Händen lief. Sie verabredeten genau, wie sie es machen würden. Hugo entfernte sich ein paar Meter von Willi in Richtung eines Leichenhaufens. Willi stellte sich auf die Hände, und im selben Augenblick legte Hugo sich zu den Leichen, als sei er einer der Toten. Ganz langsam untersuchte er ihre Hände, und als er eine geschlossen fand, zog er den Arm zu sich. Die ganze Leiche drehte sich mit, wegen der Totenstarre waren sie alle eisenhart. Er versuchte, die Hand aufzubrechen. Das war unmöglich. Sie war wie zusammengeschweißt. Er versuchte einen Finger in die Hand zu bohren. Das gelang und tatsächlich spürte er etwas Weiches darin.

Ein Pfiff von Willi und Hugo lag still. Er sah Willi aus den Augenwinkeln auf den Händen. Sobald er wieder auf dem Boden saß, bohrte Hugo weiter. Es gelang ihm, ein Stückchen Rübe herauszubekommen, winzig und faulig, aber etwas zu essen. Danach war er völlig erschöpft, wenn ich hier liegen bleibe, muss mich keiner mehr wegräumen.

Er ging zu Willi und teilte das Stückchen mit ihm. Willi stieg wieder auf die Hände, Hugo legte sich zu anderen Toten. Solange die Kraft reichte, durchsuchten sie die Hände der Leichen. Immer ganz langsam und im Liegen. Im Schatten der Baracken suchte Willi mit. Hugo kroch in Leichenberge hinein, lag zwischen und unter Toten und untersuchte ihre Hände. Manche konnte er aufbrechen, es war ein furchtbares trockenes Geräusch. Manchmal war nur ein Zettel darin, auf dem etwas geschrieben stand, aber die Schrift war immer verlaufen, unleserlich, manchmal konnte er eine Zahl erkennen. Die Menschen wussten, dass sie sterben würden, und wollten den Lebenden noch etwas mitteilen. Aber für Hugo waren die Zettel enttäuschend, weil sie trotz der Mühe, sie herauszubekommen, nicht essbar waren. Einer Hand konnte Hugo ein Stückchen schimmliges Brot entringen. Das teilte er später zwischen Mama und den Geschwistern auf. Jedem gab er ein paar Krümel in den Mund. In der Nacht schlichen Hugo und Willi hinaus und von Leiche zu Leiche, aber bald hatten sie keine Kraft mehr, und sie drängten sich in der Baracke zwischen die Schlafenden am Boden.

Zwanzig, dreißig Tote am Tag untersuchten sie. Manchmal hatten sie Glück und fanden etwas. Es konnte eine Stunde dauern, bis sie es herausgepult hatten. Hoffentlich kein Zettel.

Wenn eine Leiche etwas Warmes anhatte, versuchte Hugo, es ihr auszuziehen. Für die Geschwister. Und er fand eine Jacke für sich. Es war höllisch schwer und dauerte Ewigkeiten, sie der Leiche auszuziehen. Wie bekommt man einen Ärmel über einen nach hinten verdrehten Arm, wenn der andere Arm nicht nachgibt? Wie sie lagen, als sie starben, so waren sie erstarrt. Hugos und Willis Kräfte ließen bald nach. Hugo erging es wie den Menschen, die er anfangs gesehen hatte, die sich an den Barackenwänden abstützten. Sogar schlimmer, er hatte keine Kraft mehr zu stehen. Er konnte nur auf allen vieren kriechen, wenn er mal aus der Baracke hinaus musste. Und dann nur bis kurz dahinter.

Meist lag Hugo in der Baracke und oft schaute er Mama an. Immer waren Januschek, Rosi und Rigo bei ihr oder in ihrer Nähe. Frieda konnte nicht mehr aufstehen. Hugo wurde durch den Ausdruck in Mamas Augen aufgerüttelt.

»Ihre Augen sehe ich heute noch, als wie: Hier verhungern wir, hier muss man sterben.«

Ich muss etwas tun, dachte Hugo. Sonst sterben meine Geschwister, meine Kinder, und die Mama. Ich muss was tun, ich habe es Manfred versprochen. Wo ist wohl Manfred jetzt? Was macht er? Hugo krampfte es das Herz zusammen. Ganz allein ist mein Bruder, ohne Dada, ohne Mama. Was macht denn mein armer Bruder bei der SS, was macht er denn? Die Gedanken an Manfred marterten Hugo stundenlang, und obwohl er erschöpft war, konnte er deswegen manchmal nachts nicht schlafen. An diesem Abend legte er sich neben Willi, ein paar Meter von Mama entfernt, damit sie nichts merkte. Sonst ließe sie Hugo nicht gehen, denn niemand durfte nachts die Baracke verlassen. Als die meisten schliefen, krochen Hugo und Willi aus der Baracke. Es lagen gerade Gestorbene im Weg. Hugo zeigte auf einen, Willi kontrollierte die Hände, nichts. Sie robbten nach draußen, zogen die Toten, die auf Haufen lagen, auseinander, suchten, nichts Essbares. Lange suchten sie die Leichen ab, umsonst. Schließlich gaben sie auf, sie waren zu schwach und zu müde.

In der Nacht musste Hugo noch mal raus, und als er wiederkam, war sein warmer Fleck nicht mehr da. Die Menschen lagen eng zusammengerückt. Hugo legte sich außen hin, es war so kalt im Rücken, dass er nicht schlafen konnte. Er kroch über den Menschen vor ihm und zwängte sich zwischen die nächsten beiden. Das nächste Mal wachte er auf, weil es wieder in seinem Rücken eiskalt wurde. Der Mensch war tot. Derjenige vor ihm wurde auch kalt. Also krabbelte Hugo über die Schlafenden und quetschte sich zwischen zwei andere Personen. Aber eine davon war auch schon tot. Also suchte Hugo weiter, schmuggelte sich woanders hinein.

»Was ich heute nicht verstehen kann, dass Leute das aushalten können. Ich könnte es nicht noch einmal. Und dann über zwei Jahre kein Waschen und man lebt weiter. Und die Läuse, die waren sogar in den Augenbrauen drin. Manchmal sieht man da Urwaldmenschen, man sieht, die sind dreckig, die Fliegen um sie herum. Wie können die so leben?

Waschen ist das Unwichtigste, wenn nichts zu essen da ist, aber für mich heute ist es das Wichtigste.

Man wird abgebrüht. Heute könnte ich das wahrscheinlich nicht mehr, könnte nicht bei einem Toten liegen. Aber wenn man in der Situation drin ist, tut man alles. Da hat man keine andere Wahl.«

Nicht nur außen, auch innen war ihm kalt. Als fröstelten seine Knochen, Hugo erinnerte sich, wenn er an die vergangenen zwei Jahre dachte, nur ans Frieren. Appellstehen in Auschwitz bei 30 Grad Frost im Schnee, und wie die Knochen schmerzten, bis erst die Füße, dann die Beine vollkommen gefühllos waren. Wie er nach dem Abpfiff nur noch humpeln konnte, weil er nicht spürte, wie seine Füße den Boden berührten. In Ravensbrück musste eine Gruppe von Sinti-Frauen und -Kindern Strafe stehen, von morgens um vier bis in den späten Nachmittag. Viele froren mit den Füßen am Boden fest. In Bergen-Belsen mussten alle auf dem blanken gefrorenen Erdboden schlafen, es gab in den Baracken nichts.

Von früh bis nachts streiften Hugo und Willi ziellos um die Baracken herum und suchten alles ab. Sie entdeckten die Küche, in der für die SS-Leute gekocht wurde, und beobachteten von weitem, wer ein und aus ging. Sie legten sich in den Graben und warteten, ob vielleicht jemand Abfälle hinausbringen würde. Stunde um Stunde lagen sie dort und warteten und froren. Erst tat vor Kälte alles weh, dann spürte Hugo seinen Körper nicht mehr. Aber er harrte aus. Wenn dort gekocht wurde, vielleicht könnte er ein paar Kartoffelschalen erwischen. Es war schon Abend, als jemand herauskam und Reste in eine Tonne schüttete. Hugo und Willi wagten sich nicht heran. Außerdem waren sie zu steif, um im Notfall schnell rennen zu können. In der Nacht aber standen sie auf, als alle schliefen, schlichen zur SS-Küche und holten sich aus der Tonne, was sie in der Eile greifen konnten, tatsächlich Kartoffelschalen.

Mama und die Geschwister freuten sich darüber.

Bauern brachten mit ihren Pferdefuhrwerken faulige Rüben ins Lager. Auch sie durch SS bewacht, schauten sie nicht nach links, wo die Leichen lagen. Hugo saß manches Mal in der Nähe und beobachtete sie. Und hoffte, eine Rübe würde vom Wagen fallen. Die Bauern blickten stur geradeaus.

Hugo stand auf, und wenn keiner aufpasste, schnappten er und Willi jeder eine Rübe und hauten ab. Jedes Kind, jede Frau, die noch Kraft zu rennen hatte, versuchte es.

Plötzlich stand Tante Kerscha vor ihnen. Seid ihr alle hier?, sagte sie und weinte. Mama und Tante Derndl weinten auch, und sie freuten sich aneinander, dass sie noch lebten. Tante Kerscha war in Buchenwald und Altenburg gewesen und dann mit anderen nach Bergen-Belsen transportiert worden.

Meistens war der Himmel klar und nachts stürzte die ganze Kälte des Universums auf sie herab. Hugo hatte keine Schuhe.

Oft schaute er in den Himmel. Er konnte nicht mehr denken: wenn wir rauskommen. Auch mit Willi und den anderen Jungen machte er keine Pläne für das Wenn-wir-rauskommen. Wenn wir morgen noch leben, wenn wir bis morgen überleben, so begannen die Sätze. Vielleicht erleben wir das Kriegsende noch, vielleicht werden wir befreit. Wenn ich mich nur noch einmal satt essen könnte, dann halten wir vielleicht durch, bis der Krieg aus ist. Dass der Krieg mit der Befreiung ausgehen würde, dass ausländische Truppen in Deutschland kämpften, wussten alle. Aber ob sie noch leben würden, bis das im Wald verborgene Lager gefunden würde? Die Engländer oder Franzosen wissen bestimmt nicht, dass es uns gibt. Vielleicht bringt die SS uns alle um, damit wir nicht erzählen können, was geschehen ist. Manchmal war doch eine Wolke am Himmel und Hugo schaute ihr voller Sehnsucht nach. Könnte ich mit meiner Familie fortfliegen. Wolke, wohin willst du, wohin schwebst du? Wir sterben hier alle. Vielleicht käme der Regen woanders den Menschen wie Tränen von Unglücklichen vor. Die Tränen der Sterbenden. Das Leben war so schön. Vor dem Haus blühten Blumen. Nach dem Frühstück lief Hugo gleich hinaus, die Bäume, blühende duftende Linden voller Vogelgezwitscher, alles grün. Sein erster Gang war zu den Pferden, er half den Stall auszumisten. Oft war er mit Manfred bei Onkel Konrad drüben. Da gab es auch Hühner und einen Hahn. Und Ziegen. Er spielte mit den Mädchen von Onkel Konrad und Tante Notschga. Jetzt lebte nur noch Musla, sie lag in der Baracke und sah aus wie ein Strich. Und der kleine Baptist hatte seit Mauthausen Tuberkulose und konnte gar nicht mehr aufstehen. Aber er lebte und Tante Derndl kümmerte sich um ihn. Wolke? Wolke, sag den Menschen da draußen, dass wir hier verhungern.

Hugo verlor den Mut zu hoffen.

Eine Frau aus Wittenberg konnte gut lesen und schreiben. Sie arbeitete bei einer SS-Aufseherin im Büro.

Wenn die SS-Leute etwas wollten, schickten sie diese Frau in die Blocks. Sie musste die Frauen holen, die wegen Vergehen gemeldet worden waren oder die zu einer Arbeit kommandiert werden sollten. Einmal kam sie in Hugos Block. Die Frauen fragten: Wie ist es? Wann kriegen wir zu essen?

Da sagte sie: Ach. Hier kommen wir nicht mehr raus.

Die Frauen fingen laut an zu klagen und zu weinen. Mama saß weiter hinten und rief: Was ist denn los? Was schreit ihr denn so?

Sie sagt, hier kommen wir nicht mehr raus, sie weiß es, sie kann in die Papiere reinsehen, die aus Berlin kommen.

Ach, sagte Mama, Leute, hört doch gar nicht hin, was die da erzählen.

Mama gelang es, die Frauen wieder zu beruhigen. Ewig war Blocksperre. Tagelang, kam es Hugo vor. Die meisten Leute lagen jammernd und wimmernd in der Baracke, halb nackt, frierend, schwach.

Jeden Tag hieß es: Morgen gibt es Brot. Brot und Wurst. Jeden zweiten Tag fragten die Frauen die Blockältesten: Wann denn?

Das muss heute oder morgen kommen. Immer wieder wartete Hugo, morgen kriegen wir Brot, so hofften und lebten sie immer noch einen Tag weiter. Aber trotzdem wachten viele morgens nicht mehr auf. Und die Lebenden machten sich Gedanken, wie sie sich von den Toten unbemerkt etwas wegnehmen könnten. Wenn jemand starb, fielen sie über ihn her und nahmen ihm die Jacke oder die Hose ab und zogen sie gleich an.

»Man muss sich vorstellen, man lebt dort wochenlang ohne Brot, ohne Wasser. Man hört manchmal, wenn Leute verschüttet sind, nach fünf Tagen leben sie noch. Wir haben nach zwei, drei Wochen noch gelebt. Natürlich, wir haben uns bald nicht mehr wiedererkannt. Wir haben nur gewusst, wir konnten nicht mehr.«

Hugo fragte seit der Ankunft hier nicht mehr, so wie in Auschwitz oder Ravensbrück: Was meinst du, Mama, kommen wir wieder heim? Er wusste, dass auch Mama den Kindern keine Hoffnung mehr machen konnte. Sie schauten sich nur an, und auch Hugo schaute Mama, Frieda und die anderen Geschwister immer wieder an, als müsste er sich ihre Gesichter einprägen und für immer merken, denn bald wären sie nicht mehr da.

Oder er selbst nicht.

Oft legte Mama ihre Hand über Hugos Kopf und zog ihn zu sich her, drückte ihn an sich. Etwas anderes als einander festhalten konnten sie nicht tun. Es gab keine Worte mehr.

»Man muss sich vorstellen, eine Mutter, die sechs Kinder hat und sie über alles liebt. Wann stirbt mein erstes Kind, wann sterbe ich, wann ist das? Dann lässt man alles über sich ergehen, alles, was kommt, wird getan.«

Eine Verwandte, Mauli, sagte zu Mama: Da hat eine Brot zum Tauschen. Du hast eine Schürze, gib mir die, vielleicht kriege ich das Brot.

Mama gab ihr die Schürze, Mauli ging damit fort. Am nächsten Nachmittag kam sie, mein Gott, lieber Gott.

Was war, was ist?

Das war der liebe Gott, sagte Mauli. Und sie zog ein Stück Brot aus der Tasche, groß, wie eine Hand so lang, so ein Stück Brot hatten sie schon lange nicht mehr gesehen. Mehr, hat die Frau gesagt, hat sie nicht. Das Brot war in Papier eingewickelt, Mama steckte es in die tiefe Tasche ihres Rocks. Das reicht noch bis morgen fürs Überleben.

Januschek war fast immer an Mamas Hand oder er hielt sich an ihrem Rock fest. Hugo sah, wie Januschek seinen Kopf an Mamas Bein legte, an die Rocktasche. Wie Mama ihn anschaute und erschrak, als sie Januscheks Gesicht sah. Januscheks Augen waren wie erloschen, halb geschlossen, er war vollkommen auf den Duft konzentriert, er hatte das Brot gerochen. Sofort fasste Mama in die Tasche, rief die Kinder zusammen. Januschek hatte das Brot gerochen. Sie sah immer wieder auf Januschek und weinte beim Aufteilen des Brotes.

Hugo konnte nur noch liegen, er war so matt, sogar das Kriechen fiel ihm schwer. Vielleicht lebe ich heute noch, aber dann sterbe ich. Den nächsten Tag schaffe ich nicht mehr. Hugo hatte Stimmen in sich, seine eigenen Stimmen. Was ist denn, wenn du stirbst, Hugo? Was macht denn dann mein Mamale? Was machen meine armen Geschwister? Die haben keine Hilfe mehr. Ich darf nicht sterben. Dieser Gedanke gab ihm wieder ein bisschen Kraft, und er dachte, vielleicht schaffe ich es doch, noch ein paar Tage am Leben zu bleiben. Nachts, beim Schlafen, hielt er Mamas Rockzipfel oder einen Ärmel.

Es wurde angesagt, wer arbeitet, bekommt zu essen!

Wer stehen kann, zur Arbeit melden!

Mama und Frieda rafften sich auf, und es gelang ihnen, sich am nächsten Morgen um sechs langsam dorthin zu schleppen. Hugo ging mit. Frieda half ihm, er wollte unbedingt arbeiten, er wollte zu essen bekommen.

Aber man musste aufrecht stehen können, in Fünferreihen. Damit er nicht umkippte, stellte er sich breitbeinig hin. Ich muss mich ganz stark machen, dass ich auch was zum Essen kriege. Frieda hinter ihm stützte ihn, hielt ihn fest. Die SS-Männer sollten sehen, dass er in der Lage war zu arbeiten. Wenn es etwas zum Essen gibt, könnten wir weiterleben. Nicht dass sie denken, ich bin zu schwach, und sagen: Du kannst nicht arbeiten. Einzeln mussten sie vor die SS-Leute hintreten, da wurde entschieden. Sie sortierten manche aus: Du nicht, du nicht. Solche, die zitterten. Hugo streckte sich, versuchte gerade zu stehen. Frieda ließ los, als der SS-Mann ihn heranwinkte. Hugo taumelte nach vorn, da sagte ein SS-Mann: Die Schwachen brauchen sich nicht erst anzustellen!

Ich kann arbeiten, Herr Unterscharführer.

Dabei hätte ein Windstoß ihn umgeblasen. Hugo fiel nicht um und der SS-Mann sortierte ihn nicht als zu schwach wieder aus. Er sah die SS-Männer doppelt und dreifach. Alles verschwamm ihm vor Augen, auch seine Mama sah er doppelt. Hugo bekam das Zeichen, sich den Arbeitsfähigen anzuschließen. IHR BEKOMMT SCHAUFELN UND HEBT HINTER DEN BARACKEN GRUBEN AUS. WER EINE SCHAUFEL BESCHÄDIGT, WIRD BESTRAFT. Die Frauen und Kinder mussten nach rechts wegtreten und Schaufeln nehmen. Langsam taumelte Hugo vorwärts, nahm eine Schaufel und folgte Frieda. Er hatte keine Kraft, die Schaufel zu tragen, er zog sie hinter sich her.

»Wenn man hungert, ist man in einer anderen Welt. Man schwebt. Man kann sich an nichts erinnern. Wie bist du jetzt bis dahin gelaufen, ich weiß es gar nicht mehr, bin ich die letzten zehn Meter gelaufen oder bin ich dahin geflogen. Man ist leicht, man hat nur Angst, dass man umfällt und man ist tot.«

Unter Aufsicht von SS-Männern sollte eine riesige Grube ausgehoben werden, siebzig Frauen und Kinder schaufelten dort. Und alle waren sicher, das sie hinterher darin liegen würden, dass es ihr Grab werden würde.

Bis zum Einbruch der Dunkelheit mussten sie arbeiten, dann die Schaufeln so reinigen, dass kein Körnchen Sand mehr daran war, und sie abgeben. Ein SS-Mann kontrollierte alle Schaufeln. Niemand wurde bestraft, sie wussten schon von den anderen Lagern her, was eine schmutzige oder beschädigte Schaufel für Folgen haben konnte. Dann mussten sich alle vor der Küchenbaracke aufstellen. Fünferreihen. Nun warteten sie auf das versprochene Essen. Die Hoffnung auf Essen hatte Hugo den Tag aufrecht durchhalten lassen. Niemand durfte sich rühren. Ein Fuhrwerk stand vorn, auf dem halb verfaulte Rüben lagen. Unten tropfte der Rübensaft heraus. Zwei Pferde waren eingespannt. Hugo sah, wie mager sie waren. Wenn die Pferde hinfallen und sterben würden. Wenn sie an die Oberschenkel herankämen. Willi und Hugo schauten die Pferde an und stellten sich vor, sie zu essen. Dann kam die Enttäuschung. Ein SS-Mann zählte immer sieben ab, und sieben zusammen erhielten eine Zuckerrübe. Jeder konnte nur einmal abbeißen, dann war sie schon weg. Warum plötzlich sieben, warum nicht wenigstens fünf? Das war doch die Zahl der SS. Aber wenigstens einen Bissen zum Überleben. Etwas Flüssigkeit war in den Rüben. Mama teilte ihren Bissen mit den drei Kleinen.

»Hätten sie das nicht gemacht mit der Steckrübe, wären wir vielleicht schon tot gewesen. Das hat uns grad noch mal geholfen, die paar Tage noch. Da haben sie falsch gedacht, da sind wir noch mal entronnen.«

Am nächsten Morgen schleppte Hugo sich wieder zum Schaufeln. Lieber einen Biss von einer Rübe als überhaupt nichts zum Essen. Mama war so schwach, dass sie nicht aufstehen konnte. Halb half Hugo ihr, halb hob er sie auf die Beine und brachte sie zum Arbeitsantritt. Dort sackte sie wieder zusammen. Hugo und Frieda halfen ihr wieder auf, Hugo trug ihr die Schaufel zur Grube. Irgendwie schaffte Mama es, hielt durch, sie arbeitete langsam und hielt sich an der Schaufel fest, auch Frieda und Hugo standen noch auf ihren Beinen, als in der Dämmerung abgepfiffen wurde. Wieder hieß es still stehen, den vollen Rübenwagen neben sich aushalten, ohne zuzugreifen, und sich dann zu siebt eine Rübe teilen.

»Manchmal, wenn du Pech gehabt hast, hast du alles voll Dreck im Mund gehabt. Da hast du nicht mal den Dreck weggemacht. Man hat das so gegessen. Das war dann unser Essen.«

Am Abend des dritten Arbeitstages stellten sich wieder alle, die gearbeitet hatten, vor der Küche an. Mama und Frieda standen ganz vorn in der ersten Reihe, Hugo blieb im hinteren Viertel, er hatte nicht die Kraft, weiter vorzulaufen. Nun warteten sie in Fünferreihen, siebzig, achtzig Frauen und Kinder, vielleicht mehr, vielleicht hundert oder zweihundert. Hugo brauchte seine ganze Aufmerksamkeit, um stehen zu bleiben, um den Wagen mit verfaulten Roten Beten nicht mehrfach zu sehen, um nicht das Bewusstsein zu verlieren. Neben den aufgereihten Menschen lag ein schlammiger Teich mit einer grünen Schicht über dem Wasser. Davor der Wagen mit den eingespannten mageren Pferden. Um sie herum strichen andere Häftlinge, die zu schwach zum Arbeiten waren. Sie näherten sich dem Wagen, erst grabschte eine Frau nach einer Rübe, biss hinein und rannte weg. Es entstand ein Tumult. Noch eine Frau nahm eine Rübe, dann noch eine, in einem Augenblick stürzten die ausgehungerten Frauen alle zum Wagen und fielen über die Rüben her. Hugo auch.

Er wusste nicht, wie er hingelangt war, doch er hielt eine Rübe in der Hand, wollte schnell wieder weg, drehte sich um und ein SS-Mann stand vor ihm. Er nahm das Gewehr runter, das sah Hugo aus den Augenwinkeln noch. Aber der SS-Mann schoss nicht, er schlug Hugo den Gewehrkolben auf den Rücken. Hugo brach zusammen, stemmte sich schnell auf, ich muss weiter, sonst schießt er mich tot. Hugo ließ die Rübe liegen und lief, rannte. Dann hörte er einen Schuss, einen zweiten Schuss, stolperte und fiel. Ich bin ja nicht getroffen. Auf und weiter, hüpfte in die Menschenmenge der Fünferreihen hinein und durch, dann fiel er, blieb liegen und schnappte nach Luft.

Aber er hörte noch Schüsse.

Hinterher erzählte Mama: Als der Rübenwagen überfallen wurde, nahm der SS-Mann aus der Küche ein Gewehr, beugte sich aus dem Fenster, legte das Gewehr auf Mamas linker Schulter ab und schoss zwischen Mama und Frieda hindurch die Frauen in der Nähe des Wagens nieder. Mama und Frieda hielten ihren Blick starr geradeaus, die Hände wie festgeschmiedet an der Seite. Dann und wann blickte der SS-Mann Mama an, dann schoss er weiter. Stundenlang kam es Mama und Frieda vor, so sagten sie später, erschoss der SS-Mann Frauen. Irgendwann ging er hinaus zum Wagen und packte diejenigen, die noch lebten oder die am Boden lagen, schmiss und trat sie in die brackige Wassergrube und sagte: Jetzt sauft euch satt!

Hinterher war Mamas Schulter blutig aufgescheuert von den Rückschlägen des Gewehrs und sie hörte auf dem linken Ohr nichts mehr. Ihre Nichte war ins Knie geschossen worden und etliche Frauen lagen tot neben dem Rübenwagen.

»Die Mama war seither auf dem Ohr taub und noch Jahre war sie da an der Schulter verkratzt und hatte eine offene Stelle. Sie trug immer hochgeschlossene Kleider, aber einmal habe ich die Stelle gesehen. Mama, was ist denn das? Ja, weißt du noch, als der Küchenchef sein Gewehr da abgelegt hat?«

Hugo erzählte der Mama nichts von dem Schlag auf die Nieren, aber er blutete sehr und viele Tage lang.

Wenn es regnete, öffneten alle Menschen den Mund und sammelten ein paar Tropfen. Das war das sauberste Wasser, das sie bekommen konnten. Das einzige Wasser ohne Gefahr, umgebracht zu werden. Hugo sah, wie eine Frau sich zu dem Teich schleppte, niederbeugte, die Algen beiseite schob und trank. Ein SS-Mann kam vorbei, trat sie ins Wasser.

Jetzt kannst du trinken, so viel du willst.

Die Frau tauchte wieder auf, der SS-Mann trat sie wieder, die Frau ging unter und war weg.

Nach einigen Tagen war die Grube tief genug, die Schaufeln wurden weggenommen, und nun mussten Hugo und Willi, Mama und Frieda, Tante Kerscha und Tante Derndl und alle anderen die auf den Wegen herumliegenden Leichen holen und in die Grube werfen. Manche Frauen benutzten eine Decke, legten eine Leiche da hinein, dann nahm jede Frau einen Zipfel und zu viert trugen sie die Leiche zur Grube. Andere Leichen wurden vorübergehend in einem Zelt aufgestapelt. Tausende lagen herum. Wer keine Extradecke fand, musste die Toten zur Grube schleifen. Zu zweit, jeder griff einen Fuß, dann zogen sie die Leiche zum Rand und schmissen sie hinab. Die Jungen mussten allein die Leichen holen. Hugo vermied alle längeren Wege, nur im Schneckentempo konnte er gehen. Manchmal krabbelte er auf allen vieren. Immer wenn die Hand einer Leiche geschlossen war, schaute er nach einem SS-Mann, aber die standen überall herum und passten auf, also konnte er die Hand nicht untersuchen. In der Nähe seines Blocks lag eine Leiche schon seit Wochen, die wollte er nicht berühren, sie war schon grün. Lieber ging er fünfzig Meter weiter, obwohl jeder Schritt ihn Kraft kostete, als da überhaupt nur hinzuschauen. Die Leiche war schon verfault, bloß an den Umrissen konnte man erkennen, dass dies einmal ein Mensch gewesen war. Jedes Mal, wenn Hugo vorbeimusste, sagte er sich, die nehme ich nie. Aber ein SS-Mann stand an seinem Weg, zeigte auf die Leiche und sagte zu Hugo: Die auch. Hugo ahnte, was geschehen würde, und genau das geschah. Er hielt den Atem an, griff den Fuß und wollte los, da hielt er den Fuß in der Hand. Also brachte er erst einmal den Fuß zur Grube. Und auch der Fuß lag halb aufgelöst in seinen Händen. Dann den anderen Fuß. Den ganzen toten Menschen musste er Stück für Stück zur Grube bringen, die Teile waren schon wie Matsch.

Die ganze Zeit über, während sie die Leichen zur Grube zerrten, spielte eine Häftlingskapelle Tanzmusik.

»Wir wussten, hier gibt es kein Entrinnen mehr, hier wird nur noch gestorben. Und dort später noch mal aufzutauchen und zu sprechen, dachte ich mir, nein, das geht niemals. Aber ich habe dann mit einundsechzig auch dort gesprochen, fünfzehn-, sechzehnjährige Kinder aus Rostock waren da. Ich hab mehr geweint, als ich gesprochen habe. Wir haben uns dann verabschiedet, ich bin ins Hotel gegangen. Wollte mich hinlegen, weil ich immer fix und fertig bin, wenn ich gesprochen habe. Da ist ein Telefonanruf gekommen. Einer der Rostocker Jungen war dran: Bitte, Herr Höllenreiner, kommen Sie, wir werden hier geschlagen. Von wem? Da sind welche da mit Baseballschlägern. Ich habe den Schrank aufgemacht, die Kleiderstange rausgerissen und bin gelaufen. War nicht weit, vielleicht sechshundert Meter. Als ich dort war, saßen die Jugendlichen alle rum, voll Blut. Wer war das? Welche mit Glatze und Baseballschlägern haben uns geschlagen. Habt ihr die Polizei gerufen?

Ja. Wir haben sie vor Ihnen angerufen. Vielleicht noch zehn Minuten später kam die Polizei. Ich habe mit denen so geschimpft.

Ja, wir haben andere Sachen auch zu tun.

Sie haben alles aufgenommen, aber dann kam später ein Brief, die Schläger sind unauffindbar, man kann nichts tun.

Die haben mit Baseballschlägern die Kinder geschlagen. Stell dir das mal vor. Die haben wahrscheinlich gehört, dass da einer erzählt, dann sind sie dort rein in das Jugendgästehaus. Lass mich jetzt da mit drin sein, die schlagen mich tot.«

Hugo redete oft mit einem elfjährigen Mädchen. Sie hieß Gisela und hatte nur noch ihre Mutter. Hugo und Gisela sprachen manchmal darüber, wie lange sie noch überleben würden. Oder ob sie doch noch mal rauskämen. Eines Nachts stand Gisela vor Hugo und schrie: Hugo! Hugo! Bitte komm!

Was hast du, Gisela? Was ist denn los?

Meine Mama ist tot! Hugo, meine Mama ist tot!

Sie weinte, dass es sie schüttelte. Hugo erhob sich und ging mit ihr über die Leiber der erschöpften Menschen hinweg, suchte die Stelle, wo Gisela bei ihrer Mama gelegen hatte, wo die tote Mama lag. Sie war schon ganz kalt. Zusammen schleiften sie die Mama hinaus und ließen sie vor der Baracke liegen. Hugo legte sich wieder zum Schlafen hinein, aber Gisela saß noch lange bei ihrer Mama. Irgendwann kam sie doch hinein, weil es draußen zu kalt war, und kauerte sich neben Hugo. Wo sie zuvor geschlafen hatte, war kein Platz mehr. Gisela weinte, Hugo hielt ihre Hand und irgendwann schliefen sie beide ein. In der Früh wurden sie geweckt. An die Arbeit!

Komm, sagte Gisela, wir bringen die Mama weg. Sie ging voraus. Hugo hörte zuerst ihren Schrei, dann sah er draußen ihre tote Mama halb zerfleischt, angenagt. Ratten waren vielleicht an ihr, aber auch Menschen. Wo sie noch Fleisch hatte, war es weggebissen oder abgeschnitten. Der Körper war aufgeschnitten, der Bauch ein Loch.

»Unter den Haaren ... waren es die Ratzen, sind die da rein ... Am Kopf haben sie rausgefressen. Die Frau war dagelegen, als wenn Elefanten über sie getreten sind. So war die Frau dagelegen.«

Gisela hörte auf zu schreien, sie konnte nicht mehr, sie sackte zusammen, hockte neben ihrer Mutter und wimmerte. Komm, sagte Hugo, komm, du kannst nichts tun.

SS-Männer gingen vorbei. Nehmt die Frau und bringt sie weg!, befahl einer. Hugo war froh, dass der ihn nicht gesehen hatte. Zwei Frauen nahmen die Tote und schleiften sie weg. Gisela folgte ihnen bis zur Grube und schaute, wie ihre Mama hinabfiel.

Von da an blieb Gisela bei Hugo und seiner Familie. Sie arbeitete auch mit, holte mit Hugo zusammen die Toten. Sie war so alt wie Hugo und hatte keinen Menschen mehr auf der Welt.

Abends lag sie neben Hugo und plötzlich waren die Pläne wieder da. Wenn wir überleben und rauskommen, machst du mit Pferden und ich pflanze die besten Gemüse im Garten an, Blumenkohl, Rosenkohl, Salat, Tomaten, Gurken, Bohnen, Erbsen, Radieschen, Mohrrüben. Und wir werden Kirsch-, Apfel- und Birnbäume haben. Ich ernte, dann koche ich alles ein, was wir nicht gleich essen können. Unsere Vorräte werden riesengroß, der ganze Keller wird voll mit Gläsern und Töpfen, und immer, wenn kein Geld da ist, sage ich: Macht nichts, und hole etwas aus den Vorratskammern.

Und ich tausche mir die schönsten Pferde ein und gebe sie nie mehr her, sagte Hugo. Wenn wir überleben und rauskommen, werden wir die glücklichsten Menschen. Wir gehen manchmal in die Berge, ganz hoch hinauf, und ich zeige unseren Kindern die Wolken.

»Wo das Mädchen hin ist, weiß ich nicht mehr. Kam die raus? Ich glaube, die kam sogar mit raus.

Weißt du, das Leichte ist dann aus dem Gedächtnis wieder weg. Aber das Schwere weiß ich alles.

Als alles rum war, jetzt, werden manchmal Fragen gestellt. Weißt du noch, wie dir der Ball auf den Kopf gefallen ist oder wie du mit dem Pferd geritten und runtergefallen bist? Nein. Ich weiß vorher wenig und nachher wenig, aber vom KZ weiß ich alles. Ich weiß bald täglich, was passiert ist. Wahrscheinlich durch die große Angst da drin.«

Es wurde Hugo befohlen, in die Grube zu steigen und die Toten in Reihen gerade nebeneinander zu schichten, damit mehr hineinpassen. Während die anderen die Leichen brachten und hinunterschmissen, musste er auf den toten Menschen stehen und die Herabgeworfenen zurechtzerren, so dass alle parallel lagen. Morgens, bei Arbeitsbeginn, war Frost und die Leichen waren gefroren. Mama hatte Hugo abends Streifen einer alten Decke um die Füße gewickelt und mit Stricken festgebunden, damit er nicht allzu sehr fror.

Als er dann am folgenden Tag auf den Leichen hin und her laufen musste und es gegen Mittag im Sonnenschein wärmer wurde, tauten die Leichen und wurden matschig. Hugo sank ein und stand bis zu den Knien im Matsch der Toten. Wenn er abrutschte, riss er sich die Haut an deren Zähnen, Zehen- oder Fingernägeln auf. Die Schienbeine waren verletzt, überall hatte er Wunden. Manchmal versank er bis zu den Oberschenkeln. Oben liefen SS-Männer hin und her und unterhielten sich. Wenn sie schauten: WEITER! NICHT STEHEN BLEIBEN! WEITERARBEITEN! Hugo konnte nicht langsam und vorsichtig gehen. SCHNELLER! Und wenn er abrutschte, ah, merkte er, jetzt bin ich weit drin. Er musste seinen Fuß herausziehen und verlor die Bandage, die ihm Mama gemacht hatte, in den Toten. Er konnte nicht stehen bleiben und sein Stück Decke wieder an den Fuß ziehen. Also musste er barfuß in den Leichen stehen und weiterarbeiten. Über jede Schicht von Toten musste er ungelöschten Kalk schütten, damit die Menschen keine Vergiftung bekamen. Der Kalk griff Hugos Beine an, ätzte in den Wunden. Es gab keine Salbe, keine Linderung. Am Abend verband Mama ihm die Beine mit Stoff. Wickelte wieder Deckenstücke darum. Doch am nächsten Tag verlor er die Bandage wieder in den Leichen. Und bald war an seinen Beinen keine Haut mehr zu erkennen, nur noch geschwollene Wunden voller Eiter. Auch an den Zehennägeln und Fersen entzündeten sich die Wunden.

»Das ist jetzt sechzig Jahre her. Ja, solange der Tod nicht eintritt, erträgt man alles. Man erträgt alles. Ich habe heute noch die Narben an den Beinen. Wenn ich heute eine Spritze kriege, denke ich, au, will ich gar nicht haben. Und dort machst du alles, nur dass du weiterleben darfst.«

Es gab keine Arbeit und also nichts zum Essen mehr.

Hugo hatte es schon bemerkt, aber erst als Willi es sagte, fiel ihm richtig auf, dass kaum noch SS-Leute zu sehen waren.

Nicht mehr viele bewachten sie und abends sahen sie überhaupt keinen mehr. Der Wachturm in der Nähe der Baracke war leer.

Auf den Wegen waren die großen Leichenhaufen inzwischen weggeräumt, aber es starben täglich viele Menschen. Sie wurden nur noch bis zum Blockausgang gezogen. Für mehr hatte niemand die Kraft. Alle stiegen über die Leichen hinweg, traten auch darauf. Anders gelangten sie in die Baracken nicht mehr hinein und hinaus.

Ein paar Frauen entzündeten ein kleines Feuer ganz nah hinter der Baracke, so dass sie schnell hinein entwischen konnten, falls ein SS-Mann auftauchte. Nachts und morgens war es noch bitterkalt und sie drängten sich alle dicht um das Feuer und wärmten sich.

Hugo entdeckte an der Baracke ein Stück Fleisch. Er schaute sich schnell um und schnappte es. Ein kleines Stück, das er nicht mehr hergeben wollte. Er hielt es fest, ging zwischen den Baracken herum und fand ein Stückchen Blech, den Deckel einer Konservenbüchse. Einen Moment überlegte er, dann hockte er sich mit dem Rücken ans Feuer zu den Frauen. Es war herrlich warm. Keinen Moment ließ er das Fleisch los und hielt es so, dass niemand es sehen konnte. Hätte jemand es in seiner Hand entdeckt, wäre es ihm längst entrissen worden. Die Leute kämpften um alles Essbare, schlugen sich um jeden Tropfen Wasser. Mit einem Zipfel seiner Jacke als Topflappen wandte er sich um und hielt das Blechstück ins Feuer. Sobald es heiß war, drehte er allen wieder den Rücken zu, hielt das Blech nah an seinen Körper, verbarg es mit der Jacke und legte das Fleisch auf das Blech. Dann nahm er das Fleisch, hielt wieder das Blech in die Flamme, dann wieder in seine Jacke, legte für niemand sichtbar das Fleisch darauf. Diesen Vorgang wiederholte er zigmal. Er verbrannte sich die Finger, aber er fuhr fort. Leute kamen vorbei und schauten, was macht denn der da? Die Frauen wunderten sich, aber es war kein Essen zu sehen, das sie ihm rauben konnten. Als er schließlich ein leises Brutzeln hörte und er das Fleisch schon riechen konnte, hörte er aus Vorsicht auf, ging zu Mama und den Geschwistern, riss jedem ein Stückchen Fleisch ab, steckte es ihnen in den Mund und aß selbst eines. Sie fragten nicht, woher er es hatte und was es war. Sie waren froh, dass sie etwas schlucken konnten.

»Ich dachte, wenn ich die Augen zumache, bin ich weg. Ich habe mir schon Gedanken gemacht: Was macht meine Mama? Was machen meine Geschwister? Die sterben nach mir. Dann hast du wieder die Gewalt über dich, nach mir dürfen die nicht sterben. Ich kann vielleicht doch noch helfen. Und ich hab auch geholfen. Aber ich war schon so, dass ich gedacht habe, jetzt geht es nicht mehr. Wenn dann die Todesangst kommt, dann gehts noch mal in deinen Kopf rein: Das darf nicht wahr sein, nein, ich darf nicht sterben, nein. Wenn ich alleine wäre, vielleicht wäre ich schon tot. Aber ich lebe weiter wegen meiner Familie. Was macht meine Familie ohne mich? Kein großer Junge da, bloß die zwei Frauen und die drei Kinder noch. Ich darf nicht sterben, ich darf nicht. Ich muss stark sein. Und ich war dann voll wieder da.«

Ziehen die SS ab und lassen uns hier sterben?, fragte Hugo.

Komm mal mit, sagte Willi. Hugo schaute, ob im Wachturm jemand war. Der war leer. Hugo folgte Willi bis fünf Meter an den Stacheldrahtzaun und blieb stehen. Achtung Lebensgefahr!, stand auf dem Schild. Willi ging noch einen Schritt weiter.

Bleib stehen, sonst wirst du angezogen.

Willi blieb stehen, nahm sein Eisenstück und warf es gegen den Draht. Kein Funke blitzte auf. Vorher hatte er es schon mal getestet. War Strom drin, funkte und knirschte es. Er nahm sein Eisending und warf es noch einmal. Kein Funken. Willi sagte, die haben abgeschaltet. Er lächelte, er hatte wieder eine Idee. Hugo war einverstanden. Willi ging vor und berührte den Stacheldraht. Es ist kein Strom drin. Er bückte sich nach seinem Eisen und fing sofort an, damit zu graben. Hugo staunte über Willis Kraft. Dann half er mit den Händen. Die Freude über die Idee und die Hoffnung – worauf? Nur an Essen dachten sie. Wir finden einen Bauernhof, eine Scheune und dort was zu essen. Egal was, irgendwas zu essen finden wir hinter dem Stacheldraht. Im Wald etwas, Kräuter, Beeren. Wir finden was. Und obwohl sie schwach waren, reichte die Kraft der Vorfreude und sie gruben sich unter dem Stacheldraht hindurch. Dann standen sie auf der anderen Seite. Ängstlich. Doch zurück? Für Willi gab es nur vorwärts. Auch unter dem nächsten Zaun durch, vor dem sie wenige Meter weiter standen. Zuerst dachten sie, sie hätten es geschafft, als sie dahinter waren. Aber es kam noch ein Zaun. Nach fünf Zäunen hatten sie keine Kraft mehr und sie waren sich einig. Sie schlichen zurück ins Lager und warteten auf den nächsten Tag. Am nächsten Tag schauten sie sich sorgfältig um, nicht nur kein SS-Mann, auch sonst durfte niemand sie sehen, sonst wäre ihr Geheimnis vielleicht aufgeflogen. Wieder warf Willi sein Eisenstück an den Zaun. Kein Strom drauf. Unter den Zäunen krochen sie durch und arbeiteten ein paar Stunden, bis sie merkten, ah, der siebte, das war der letzte. Hier ist die Freiheit. Sie freuten sich. Aber noch einmal robbten sie ins Lager zurück und berieten. Was machen wir jetzt? Mama lag in der Baracke, die Geschwister lagen in der Baracke, auch Musla, Baptist, Lili, Tante Derndl, Tante Kerscha, Traubela, sie konnten nicht mehr aufstehen, sie öffneten kaum noch die Augen. Sie hatten nicht mal mehr Kraft, um einen ganzen Satz zu sprechen. Willi und Hugo verabredeten sich für den Abend. Heute im Dunkeln verschwinden wir.

Sie legten sich fern von ihren Mamas zum Schlafen und standen in der Nacht wieder auf. Unter den sieben Zäunen krochen sie durch, dann standen sie im Freien. Hugo, jetzt sind wir draußen. Frei!

Im Wald hatten sie keine Kraft mehr. Komm, wir müssen was finden, sagte Hugo. Und sie gingen los, langsam und eisern setzten sie einen Fuß vor den anderen quer durch den Wald, einen Weg entlang. Äste schlugen ihnen ins Gesicht, manchmal stolperten sie über Wurzeln oder Sträucher. Hugo konnte nicht mehr, er wunderte sich, dass ihm die Beine noch gehorchten. Sie sprangen über einen Bach. Eine oder zwei oder drei Stunden mussten sie gelaufen sein, als sie ein grelles Licht bemerkten und einen Zug hörten. Sie legten sich auf den Waldboden und spähten hinüber. Es war die Bahnstation, das bekannte Gebrüll der SS-Männer, die hunderte Menschen aus Waggons trieben, Schüsse fielen, Menschen brachen zusammen. Hugo hatte rasendes Herzklopfen. Wo die SS war, dahin hatte er nicht gewollt. Wenn er das gewusst hätte, wäre er nicht rausgegangen. Die noch Lebenden wurden sofort losgetrieben. ALLES LIEGEN LASSEN, SCHNELL, IM LAUFSCHRITT MARSCH, durch den Wald zum Lager hin, über den schmalen Weg. Die SS-Männer mit Gewehren und Lampen. An der Bahnrampe gingen die Scheinwerfer aus. Hugo und Willi blieben liegen. Warteten. Hugo war erschöpft, er dachte, er würde nicht mehr hochkommen. Wollen wir jetzt?, fragte Willi. Los. Sie krochen langsam bis zum Waldrand. Lauschten. Dann robbten sie zur Rampe, schnappten sich jeder eine Tasche, ein Bündel, was sie greifen konnten, und robbten in den Wald zurück. Hugo hielt die Tasche fest, da ist bestimmt was drin, ein Glücksgefühl durchflutete ihn, sie trudelten zwischen den Bäumen weiter, bis sie wieder versteckt waren, dann setzten sie sich und öffneten ihre Beute. Hugo war enttäuscht, er fand nichts als ein Nachthemd, nichts Essbares. Willi hatte mehr Glück. In seinem Bündel war ein richtiges Butterbrot, eine zusammengeklappte Scheibe Brot. Er teilte sie und gab Hugo die Hälfte. Und sie aßen. Hugo aber aß nur die Hälfte der Hälfte. Den Rest behielt er in der Hand. Und jetzt?, fragte Willi. Was machen wir jetzt?

Zurück, sagte Hugo.

Zurück? Willi war fassungslos. Wir sind frei, wir können gehen, wohin wir wollen. Jetzt gehen wir nicht zurück.

Hugo dachte an Mama. An Manfred. Er musste sich um Mama kümmern und um die Geschwister. Es geht nicht. Ich muss zurück. Meine Mama, meine Geschwister sind drin.

Wir sind doch jetzt draußen. Willi war enttäuscht.

Ich kann die Mama nicht alleine lassen. Ich kann nicht weg. Meine Familie stirbt. Hugo war entschlossen, er hatte versprochen, sich um Mama zu kümmern, und also ging er los. Willi blieb zurück. Hugo hielt nur immer das Brot fest, er konnte nicht mehr, aber ich muss Mama Essen bringen. Ich muss stark sein. Der Gedanke hielt ihn auf den Füßen. Hinter sich hörte er Schritte, es war Willi. Also gut, Hugo, ich geh wieder mit. Er war zehn Jahre alt. Allein wollte Willi nicht draußen bleiben. Er war erst zehn und seine Mama lebte auch noch. Also gingen sie gemeinsam zurück.

»Ich glaube, wenn man allein ist, stirbt man leichter. Man hat keinen mehr, man denkt, wenn es sein muss, muss es sein. Ich habe schon oft darüber nachgedacht. Aber hast du die Mama, die voll für dich da ist, die Geschwister, die an dir hängen und du hängst an ihnen, denkst du, wenn du stirbst, was macht dann meine Familie?

Hast du aber keine Beziehung zu der Familie, es gibt ja heute Familien, da zieht der Sohn weg nach Amerika, bleibt drüben, schreibt nach einem Jahr wieder, und dann schreibt er gar nicht mehr, bleibt er weg.

Das würde mir nie passieren. Meine Familie ist mein Heiligtum. Was meine Familie mitgemacht hat mit uns Kindern ... Trotzdem waren wir Kinder jeder für sich in punkto Leben. Wir haben versucht, alles selbst herzubringen. Aber ich habe schon beim Weglaufen in meinem Kopf gehabt, als wir stundenlang durch den Wald gelaufen sind, ich geh wieder heim, ich hole nur was zum Essen, ich muss meiner Familie was zum Essen bringen.«

Zigmal fiel Hugo und wäre er auch nur einen Moment liegen geblieben, hätte er nie mehr aufstehen können. Er schwankte nur noch, aber diesmal retteten ihn die Gedanken. Ich muss zurück sein, bevor sie aufwacht, sonst macht sie sich Sorgen. Ich darf nicht anhalten. Als er das Licht am Stacheldraht sah, war der Himmel schon grau. Auch außen hing am Zaun ein Schild: Achtung Lebensgefahr! Willi warf wieder sein Eisen, es gab keine Funken.

Sie fanden das Loch unter dem Zaun, krochen unter allen sieben Zäunen hindurch in das Lager zurück, robbten das letzte Stück und vom letzten Zaun in die Baracke zurück, damit sie nicht gesehen werden konnten. Hugos Ellenbogen und Knie waren aufgerissen und bluteten. Als er in die Baracke kam, war er kurz vorm Zusammenbrechen und wusste nicht mehr, wo er war. Bis er Mama sah. Sie hatte sich aufgerichtet, sie stand das erste Mal seit Tagen wieder auf den Füßen, stützte sich an der Barackenwand ab. Hugo, sagte sie, als sie ihren Sohn erblickte, griff sich ans Herz und sank zu Boden.

Was ist denn los, Mama?

Wo warst du denn? Wo kommst du her, Junge? Hugo umarmte sie.

Ich dachte, du kommst nicht mehr, sagte sie.

Mama, ich habe ein bisschen was. Hugo gab ihr ein Stückchen Brot in den Mund. Sie kaute nicht, hast du noch was für deine Geschwister?, fragte sie. Die Geschwister waren auch schon wach. Ja, Mama. Da kaute und schluckte sie den Bissen. Hugo gab seinen Geschwistern etwas in den Mund. Dann konnte er nicht mehr, legte sich zwischen die Menschen und schlief ein paar Stunden. Später erzählte er Mama, wo er gewesen war. Draußen, Mama. Der Strom ist abgeschaltet. Ich geh wieder.

Bleib doch hier. Junge, geh doch nicht mehr fort.

Ich muss, Mama. Ich muss was tun, sonst müssen wir sterben.

Am Nachmittag schlichen sich Hugo und Willi wieder fort, machten sich auf den weiten Weg, er schien ihnen endlos.

Und wieder warteten sie im Wald, bis es dunkel wurde. An der Rampe blieben die Toten liegen, niemand räumte sie mehr weg. Die SS-Männer ließen die Menschen gar nicht mehr bis ins Lager laufen, sie erschossen sie im Wald. Als die Schüsse verklungen, die Scheinwerfer ausgeschaltet waren und nichts mehr sich rührte, robbten Willi und Hugo abermals über einen Graben hinweg bis zur Bahnrampe. Hugo griff nach einer Tasche, da meinte er, sein Herz bliebe stehen vor Entsetzen. Vor ihm stand ein SS-Mann. Hugo drehte sich um und rannte in Panik auf den Wald zu, floh ins Gebüsch hinein, der SS-Mann hinter ihm her. Hugo erwartete den Schuss. Er hörte den SS-Mann stolpern und fluchen, dann streckte ein heftiger Schlag Hugo nieder, gefolgt von einem durchdringenden Schmerz. Der SS-Mann hatte ihm das Gewehr ins Kreuz geschleudert. Hugo sprang sofort wieder auf und hastete ins Dunkel, irgendwann brach er zusammen, blieb liegen und wand sich vor Schmerzen. Der SS-Mann war ihm nicht mehr gefolgt. Willi fand Hugo, er hatte ungesehen entkommen können. Hugo meinte, er könne es nicht zurück schaffen. Alles war umsonst. Er lag und krümmte sich, während Willi die Taschen untersuchte. Sie hatten Glück, sie hatten ein ganzes Brot erbeutet. Es war schon grün, verschimmelt, aber Hugo und Willi schlangen es mit

Schimmel hinunter. Eine Hälfte aßen sie, eine Hälfte behielten sie für ihre Familien. Komm, Hugo, du musst aufstehen, du schaffst es. Willi hob Hugo auf, stützte ihn. Der Rückweg war unendlich viel weiter als das letzte Mal. Von Schritt zu Schritt schien seine Kraft nachzulassen, er schwankte und taumelte, einen Teil der Strecke kroch er auf allen vieren. Willi blieb immer bei ihm und half ihm ab und zu für ein paar Schritte wieder hoch. Schließlich, nach Stunden, erreichten sie den Zaun und robbten zurück ins Lager.

»Der Willi war noch schlauer als ich. Komm, wir machen das, wir machen das. Ich habe alles mitgemacht. Aber als wir draußen waren, konnte er mich nicht überzeugen, dass wir weitergehen sollen.

Er hat auch überlebt und später, nach dem Lager, eine Karateschule gehabt. Der war ein ganz bekannter Mann bei den Sinti. Das war ein Mann, der hat sich von keinem was gefallen lassen. Ist ein Raufbold auch gewesen, hat auch getrunken, das war dann sein Verhängnis. Er ist vor neun oder zehn Jahren gestorben.«

Am nächsten Tag wollte Willi wieder los, aber Hugo sagte gleich, noch am Abend: Das schaffe ich nicht. Es ist zu weit, ich kann nicht mehr. Für ein weiteres Mal hatte er keine Kraft. Er konnte nicht mehr aufstehen, er konnte nicht mehr arbeiten, er dachte nur noch an Essen. Und er hatte Schmerzen in der Niere. Er verlor viel Blut, lange noch.

»Ich habe heute noch Schmerzen in der Niere, aber meiner Freundin sage ich es nicht. Ich sage, ich habe Magenschmerzen. Ich habe so geblutet und dann hat sich das wahrscheinlich verwachsen da drin. Wie wir dann befreit worden sind, hatte ich immer noch Schmerzen in der Gegend dahinten.

Daheim in München bin ich dann zum Arzt gegangen. Der hat dann festgestellt, dass die Niere gerissen ist. Die hat sich irgendwie regeneriert und weiter funktioniert. Vier Zentimeter muss der Riss sein. Aber der hat sich mit dem anderen Stück wieder verbunden. Das eine Stück ist dunkel, aber der Rest funktioniert.

Man musste dann Anträge zur Entschädigung stellen, dass du deine Niere bald verloren hast. Das hätte ja vorher auch schon sein können. Oder nach dem KZ, so heißt es dann.

Auch was da zwischen den Beinen ist, das hätte ja vorher schon sein können. Das muss nicht der Mengele gewesen sein.

Das haben sie abgelehnt.

Fertig aus.

Vielleicht bist du woanders reingefallen, so heißt es dann. Die bringen dir ein paar Paragraphen, dann stehst du da und weißt nicht, was du sagen sollst.

Vielleicht war es doch anders, so reden sie dir das ein. Wieder neue Anträge machen, wieder ein, zwei Jahre warten, dann wird es wieder abgelehnt. Zuletzt wollten wir nicht mehr. Mein Bruder zum Beispiel, der lässt sich doch nicht heraußen sterilisieren.«

Die Parole war, es gebe ein großes gefülltes Lager mit Brot, aber das Brot sei von der SS vergiftet worden. Alle redeten davon, niemand wusste, ob es stimmte. Aber Hugo war es egal, ob es vergiftet war oder nicht. Er hatte nur den einen Gedanken, sich noch einmal richtig satt essen und dann glücklich sterben. Er sah kaum noch etwas, zwischendurch gar nichts mehr, nur Schwarz. Seinen Geschwistern ging es genauso: Ich sehe dich nicht, sagte Rigo. Ich sehe gar nichts mehr, sagte Hugo. Manchmal kam die Sehkraft zurück. Hugo blieb liegen, er konnte nicht mehr aufstehen. Er dachte, vielleicht lebe ich noch ein paar Stunden oder, wenn ich Glück habe, einen Tag.

Es gab keine Blocksperre mehr. Um sechs waren noch Menschen draußen, um acht, um neun. Hugo und Willi schleppten sich dahin und krochen herum und suchten die Hände der Toten ab. Kein SS-Mann, keine SS-Aufseherin war mehr zu sehen, niemand auf den Wachtürmen. Eigentlich wollte Hugo mit Willi noch einmal hinaus

aus dem Lager und nach Essbarem suchen. Aber sie konnten nicht. Irgendwann in der Nacht legten sie sich in die Baracke.

»Wir waren kurz vor dem Hungertod. Und eines sage ich dir, man denkt immer, man stirbt lieber, bevor man hungert. Nein. Du lebst und du willst leben, du machst dir sogar Gedanken, wie komme ich an dem Mann seinen Schenkel oder wie komme ich an den Finger hin? Du isst. Es gibt einen Film, wo welche in den Anden abgestürzt sind und sich gegenseitig gegessen haben. Und so ist es. So ist es. Man macht sich Gedanken – wenn der schläft und wenn ich das Stückel Fleisch hätt', tät ich es essen. Es ist unglaublich. Aber wenn es noch zwei Tage länger gedauert hätte, wäre ich weg gewesen.«

Hugo wachte auf und lag mitten im Lager. Wieso bin ich jetzt hier? Seine letzte Erinnerung war, dass er bei Mama an der Baracke war. Er versuchte auf die Hände und die Knie zu kommen und vielleicht doch noch mal hoch, auf die Füße, zurück zur Baracke. Irgendwann wachte er woanders wieder auf. Wo bin ich? Er sah nichts mehr, fühlte nur die Erde unter sich. Als er wieder zu sich kam, fiel ihm ein, dass er zu Mama möchte. Die Sonne ging unter. Was tue ich jetzt? Es geht nichts mehr. Wieder woanders kam er zu sich und konnte sich an nichts erinnern. Der Junge bei ihm, wer war das? Es schien ihm wie Stunden später, als ihm einfiel, dass der Junge Willi hieß.

Warum konnte Willi eigentlich laufen? Hugo wachte auf, da lag er bei seinen Geschwistern und Mama in der Baracke. Sie konnten nicht mehr aufstehen und Hugo schloss die Augen.

»Hunger ist unbeschreiblich. Man denkt nicht, gut, ich verhungere halt dann, es ist nicht wahr. Deine Seele, dein Körper, der arbeitet, der kämpft ... um zu überleben.«

Hugo wusste nicht, ob er ein paar Stunden oder ein paar Tage so gelegen hatte. Irgendwann wachte er auf und dachte, nun sei er gestorben. Er hatte eine laute Stimme gehört, lauter als von einem SS-Mann gebrüllt, eine Stimme, die irgendwo in der Luft hing. IHR SEID FREI! YOU ARE FREE! Was war das? Hat der Herrgott geschrien? Oder was war es? Ist das jetzt schon der Tod? IHR SEID FREI. DIE DEUTSCHEN HABEN NICHTS MEHR IN DIESEM LAGER ZU SAGEN. DAS LAGER UNTERSTEHT JETZT DER AUFSICHT DER BRITISCHEN ARMEE. LEBENSMITTEL UND MEDIKAMENTE WERDEN SOFORT HERBEIGESCHAFFT. BLEIBT IN EUREN BARACKEN. GEHORCHT UNSEREN BEFEHLEN UND ANORDNUNGEN. DADURCH HELFT IHR UNS, UND DAS IST DIE BESTE ART, EUCH SELBST ZU HELFEN. Drei-, viermal hörte Hugo es. Bin ich schon im Himmel? Bin ich schon tot? Was ist da los? Willi kam in die Baracke: Hugo, es sind Engländer. Hugo, komm. Und Hugo konnte plötzlich wieder aufstehen. Er konnte laufen! Was ist denn mit mir los? Ich habe Kraft, laufe, was ist? Er schleppte sich vor die Baracke, sah niemand außer den Häftlingen. Alle schrien: Hast du gehört, was los ist?

Wir sind frei, wir sind frei!

Nein, wo?

Aber da war diese laute Stimme gewesen. Wer hatte da gesprochen? Jetzt war alles ruhig.

Und plötzlich sprach die Stimme wieder.

Von weitem sah er einen Panzer durch das Tor hereinfahren, verschwommen wie durch einen Nebel. Nein, das stimmt doch gar nicht. Doch, doch, sagten die anderen Kinder. Die sind alle Engländer. Und sie riefen: Hallo, hallo! Und winkten. Die Panzer kamen näher, Soldaten waren darauf, Hugo sah sie alle mehrfach. Die Soldaten warfen ihnen Kaugummis zu.

Hugo glaubte, er träume. Es war sein glücklichster Traum.

War er wach? Lebte er? Es stimmt nicht, sagte er noch am zweiten Tag zu Willi. Doch, Hugo. Es ist wahr, es stimmt. Wir sind frei. Wir leben noch. Wir haben es geschafft. Hugo glaubte es nicht.

»Bis ich dann doch gesagt habe, ja, jetzt sind wir frei. Und ich konnte auch wieder laufen, du, ich konnte gehen. Trotz dem, wo ich gar nicht gegessen habe, weißt du? Da siehst du, was die Psyche auch ausmacht.«

Und dann wurden vor jeder Baracke von Lastwagen herunter Essensrationen verteilt. Jeder bekam Konservenbüchsen mit Fleisch, Milch und Kekse. Die meisten Leute verschlangen sofort alles, was sie bekommen hatten. Kippten es sich hastig in den Mund, so dass es ihnen über die Brust und auf die Erde lief.

Mama öffnete eine kleine Büchse Milch. Sie tauchte einen Finger hinein und gab jedem ihrer Kinder einen Tropfen in den Mund.

Mama, gib doch her, sagte Hugo. Wir haben doch genug. Wir haben doch Hunger.

Nein, sagte sie und nahm selbst auch nur einen Tropfen. In einer Stunde wieder. Und sie zeigte Hugo, wie Menschen am Boden lagen und sich in Krämpfen wanden. Mama päppelte die Kinder ganz langsam auf.

»Die Mama und der Dada, die haben uns das Leben gerettet. Zwei Jahre nichts gehabt und jetzt auf einmal alles reinhauen, das ist Tod, das ist Gift. So war es dann, wo die Leute alle gestorben sind. Am nächsten Tag waren wieder, wo wir alle aufgeräumt haben, waren wieder tausende von Leuten dagelegen, alle tot.«

Von den Menschen in der Baracke, die aus Mauthausen gekommen waren, lebten noch zwanzig. Onkel Konrads Kinder, Baptist und Musla, waren sehr schwer krank. Als Ärzte und Krankenschwestern durchkamen, nahmen sie die beiden mit ins Krankenhaus. Baptist hatte einen dick aufgeblähten Bauch, Beine wie Stöckchen und dicke Beulen am Hals. Schilddrüsentuberkulose, sagte ihnen jemand. Musla war so schwach, dass sie nicht mal mehr den Kopf heben konnte.

Es wurden Tankwagen mit Trinkwasser gebracht.

Nach zwei Tagen gab es Wasser aus den Leitungen.

Bei der Befreiung Bergen-Belsens im April 1945 fotografierten britische Soldaten die Zustände im Lager. Auf dem Foto ist nur etwa die Hälfte der Menschen zu sehen, die dort in einer Baracke hausen mussten. Lächelnd, mit aufgestelltem Knie, Hugo. Hinter ihm sitzend Rosi, liegend Frieda. 2. r. v. Hugo: Mama. 4. v. l. Tante Derndl, am Fenster stehend Lili.

Allmählich glaubte es Hugo. Es gab Essen und Trinken, das konnte nur die Freiheit sein. Alle Engländer waren Engel für ihn.

Wegen der Krankheiten, wegen Seuchengefahr, durfte niemand das Lager verlassen. Bitte habt Verständnis, ihr kriegt Essen, ihr kriegt Trinken, wir besorgen euch Schlafstellen. Es konnte ohnehin niemand das Lager verlassen. Die Menschen waren zu schwach dazu. Engländer kamen in die Baracke und fotografierten. Hugo hätte jeden Engländer abküssen können, so glücklich war er.

»Als ich 1993 in Bergen-Belsen gesprochen habe, war meine Freundin dabei. In der Ausstellung habe ich ihr das Foto gezeigt: Da schau her, sieht aus wie unser Block. Guck mal, wem sieht die ähnlich?, sagte sie. Wie deine Schwester.

Das ist meine Mama. Sie hat sie auf dem Foto entdeckt. Nach dem habe ich auch gesucht, Moment mal. Oh ja, da ist meine Schwester, da bin ich, meine Mama – das war unser Block.

Man sieht an den Wänden hängen, was halt da war. Man hat irgendeine Decke für die Kinder, irgendeinen Fetzen, der warm ist, den die Mama um das Kind gewickelt hat. Der ist natürlich heilig, so ein Ding ist dem Kind sein Bett, da geben sie Acht, die Mamas.«

Tagsüber saßen Hugo und Willi, Gisela und die Geschwister vor der Baracke in der Sonne und warteten auf das nächste Essen. Hugo konnte schon wieder besser sehen, und wenn er ein paar Schritte ging, wusste er, woher und wohin.

Hugo streifte wieder mit Willi und anderen durch das Lager. Sie sahen zu, wie die SS-Männer und SS-Frauen mit bloßen Händen die Leichen nehmen, zur Grube tragen und hineinwerfen mussten, von bewaffneten englischen Soldaten bewacht. Die Menschen aus dem Lager schrien sie an, beschimpften und bespuckten sie. Aber die englischen Soldaten ließen niemand an die SS-Leute heran. Hugo schimpfte nicht mit, er hatte Angst vor den Soldaten. Aber er sah gern, dass die SS-Männer jeden Tag schlechter aussahen, sie bekamen die gleichen Rationen, die sie früher den Häftlingen zugestanden hatten – als sie den Häftlingen überhaupt noch etwas austeilten. Und dass der Lagerkommandant Kramer in der Grube stand und die Leichen schichten musste, freute Hugo auch. Genau das, was ein paar Tage zuvor er machen musste. Aber der Mann hatte lange Schaftstiefel an. Hugos Beine waren noch längst nicht geheilt.

»Wenn ich alleine gewesen wäre, ich hätte Bergen-Belsen nicht überlebt. Ich wäre nie für mich so weit gelaufen. Kilometer um Kilometer, manchmal auf allen vieren, weil ich nicht mehr die Kraft gehabt hab. Und nur um den Kindern, meiner Mama ein bisschen was in den

Mund zu stecken. Da bin ich heut so stolz drauf, was ich geleistet hab. Aber ich kann nicht sagen, dass ich meine Familie gerettet habe. Unsere Rettung waren die Engländer, die uns befreit haben.«

Die Engländer räumten eine nach der anderen die Baracken leer und brachten alle Menschen in ein anderes Lager. Aber plötzlich konnten Hugo und seine Geschwister Mama nirgends finden, sie war wie vom Erdboden verschluckt. In jedem Winkel suchte Hugo, schaute sich die Herumliegenden an, von Mama keine Spur. Am Abend nicht, am nächsten Morgen nicht. Hugo und die Geschwister weinten alle, zwei Jahre hatten sie durchgehalten und gerade bei der Befreiung war Mama verloren. Vielleicht ist Mama schon drüben.

Hugo zog mit seinen Geschwistern, Tante Derndl, Lili, Tante Kerscha, Traubela und den anderen Sinti auch ins neue Lager um. Die Engländer führten sie in einen großen Pferdestall, darin waren große Boxen. Hugo fand es wunderschön. Strohsäcke waren darin, er und Frieda legten für alle die Decken darüber, die sie bekommen hatten, machten die Betten. Es war herrlich weich und hell. Jetzt haben wir es geschafft, sagte Tante Kerscha. Aber ohne die Mama.

Ohne die Mama war die Freiheit ein großer Schmerz. Hugo und Frieda fragten alle Engländer, die sie sahen, suchten im Lager herum. Nichts. Am nächsten Morgen ließen sie die Geschwister bei den Tanten zurück, sie hatten ja zu essen, und gingen zu den Krankenstationen. Fast alle Häuser waren für die Kranken. Hinein durften Hugo und Frieda nicht, aber am Eingang fragten sie die Pflegerinnen: Liegt hier eine Sofie Höllenreiner? Wir suchen unsere Mama. Ich schaue nach, sagte jede Pflegerin. Sie holte eine Liste und ging die Namen durch.

Jedes Mal hoffte Hugo, jedes Mal sagte die Pflegerin: Nein, sie ist leider nicht hier. Fragt morgen noch mal nach.

Zur Essenszeit gingen sie zu den Kindern zurück und nach dem Essen gleich wieder los. Am ersten Tag schafften sie längst nicht alle Krankenstationen. Am Abend legten Hugo und Frieda sich traurig in ihre Himmelbetten im Pferdestall und verabredeten, gleich am nächsten Morgen wieder loszugehen. Nun hatten sie es zum ersten Mal seit zwei Jahren weich und warm und konnten sich im Schlaf umdrehen, waren nicht eingezwängt, lagen nicht auf anderen Menschen, nicht neben oder über Toten. Aber ohne Mama.

Erst nach drei Tagen hatten sie alle Krankenstationen durchgefragt und begannen wieder bei der ersten.

Nach sechs Tagen gaben sie verzweifelt auf. Wahrscheinlich ist sie schon in der Grube gelandet. Hugo wollte nicht mal mehr essen. Dann aber dachte er an die kleinen Geschwister. Die haben keine Mama mehr, vielleicht keinen Dada mehr, und wer weiß, ob Manfred lebte. Er musste sich zusammennehmen und seine Geschwister nach Hause bringen. Baptist und Musla lagen im Krankenhaus. Tante Derndl, Lili, Traubela, Tante Kerscha und Peksla und andere Verwandte von Tante Derndl waren noch da. Hugo war mutlos. Er lief überall im Lager herum, aber es zog ihn immer wieder zur Küche, wo für alle im neuen Lager gekocht wurde. Lange stand er dort herum, schaute, wer da beschäftigt war, entdeckte, wo die Engländer Essensreste hinausbrachten. Da schlich er hin, suchte herum und schnappte sich alles Essbare. Alle Menschen bekamen jetzt regelmäßig zu essen, aber Hugo konnte nicht anders. Die Engländer warfen weg, wovon er noch überleben könnte. Und er nahm und aß es, brachte auch seinen Geschwistern davon. Er war nicht sicher, ob es am nächsten oder übernächsten Tag etwas zum Überleben geben würde. Einmal warfen die Engländer ein ganzes Huhn auf den Abfall. Hugo rupfte es und nahm es aus, brachte es zu seinen Geschwistern und kochte es auf einem Feuer vor dem Pferdestall für sie und sich. Er wusste, die Mama ist fort, er würde sie von nun an versorgen müssen.

Die meiste Zeit aber lagen sie alle auf den Strohsäcken und ruhten sich aus. Alle waren nach jedem Weg und nach jedem Essen schon erschöpft.

Die Tür zum Stall öffnete sich ganz langsam und herein wankte Mama.

Hilfe!, schrie Rosi, als sehe sie ein Gespenst. Mama! Mama! Alle Kinder sprangen zu ihr, weinten, umarmten sie. Lieber Gott, sagte Mama und küsste sie alle ab. Frieda und Hugo führten sie zum Bett und halfen ihr, sich hinzulegen. Sie war sehr schwach.

Mama, wo warst du?

Ich war drüben im alten Lager, ich hatte Kopftyphus. Sie erzählte, wie sie nach vielen besinnungslosen Tagen allein in einer Baracke aufgewacht war, auf dem Boden ein Stück Brot hatte liegen sehen und dort hingekrochen war. Wie ein Engländer sie gefunden und woanders hingetragen hatte, wie ein Arzt ihr Medizin in den Mund gesteckt hatte. Sie sagte zu ihm: Ich habe sechs Kinder, die suchen mich. Der Arzt glaubte ihr nicht. Er wollte ihr keinen Schein geben, dass sie gesund sei, mit dem sie durch die Kontrollsperre hätte gehen können. Stehen Sie mal auf, ob Sie gehen können. Also stand Mama langsam auf, das hatte sie zuvor schon probiert. Sie taumelte rückwärts, aber dann kam sie ein paar Schritte voran und sah zwei Säulen, es war aber nur eine da. Glücklicherweise erwischte sie die echte und hielt sich daran fest. Sie wusch sich, der Arzt gab ihr ein Kleid und sagte, an der Sperre sitzt jemand, der aufpasst und den Schein kontrollieren will. Ich habe Sie nicht rausgelassen.

Mama hatte Glück, als sie dort lauerte. Der Mann an der Sperre stand auf und ging weg. So konnte sie unter der Sperre durchkriechen. Aber dahinter, bei den Büschen, musste sie sich erst ausruhen, da blieb sie liegen. Irgendwann wachte sie wieder auf und schleppte sich weiter, fragte nach ihren Kindern, schleppte sich dorthin …

In Hugo kehrte das glückliche Gefühl der Freiheit wieder. Abends lag er auf dem herrlich gemütlichen Strohsack, da liefen die Gedanken. Ich will nicht mehr im Lager sein. Wegen der Seuchengefahr sollen wir noch bleiben, ich muss aber nach München, vielleicht ist mein Bruder schon da, vielleicht ist mein Dada schon da. Und was denken sie, wenn wir dann nicht da sind? Ich muss meine Mama rausbringen von hier. Tante Kerscha und Tante Derndl sprachen auch darüber. Ihnen ging es genauso. Sie wollten raus, nach Hause. Wissen, wie es ihren Leuten ergangen ist. Mano und Onkel Babist, den Kindern von Tante Kerscha, ihr Sohn Willi war im Lager Dachau. Viel Kraft hatte Hugo nicht und die Mama war zu krank zum Aufstehen. Ich will nach Haus, sagte Hugo. Wir hauen ab, sagte Tante Kerscha.

Wie sollen wir das schaffen?, fragte Hugo.

Junge, wir gehen einfach los. So wie unsere Leute früher, als sie arm waren. Da gingen sie zu Fuß mit dem Kinderwagen, in dem alle Sachen drin waren. Wir laufen nach München.

Aber zu essen?

Wir machen uns schön Feuer draußen. Vorher gehen wir zu Bauern hin, und wo ihre Pferde trinken, nehmen wir den Eimer, den Tränkeimer. Darin kochen wir uns Kartoffeln.

Und die Kartoffeln?

Wir nehmen uns welche mit. Oder die Bauern geben uns ein paar. Wir gehen immer zu zweit und fragen, ihr dürft nur nicht alle zusammen gehen. Das wird den Bauern sonst zu viel. Und ein Huhn werden wir auch kriegen. Wirst schon sehen, mein Junge. Nicht mehr als zwei, drei Wochen, dann sind wir zu Hause.

Tante Derndl war auch der Meinung. Hugo lag und träumte. Er freute sich schon, wie sie abends zusammen am Feuer sitzen und im Tränkeimer Hühnchen mit Kartoffeln kochen würden. Er konnte es schon riechen, und es wäre warm, es würde sehr schön werden. Er freute sich darauf, unterwegs zu sein. Nur so lange laufen, da zweifelte er. Seine Beine waren noch nicht geheilt. Aber Tante Kerscha zerstreute jeden Zweifel, und Hugo wusste, dass sie draußen leben konnte. Oft hatten die Tanten und Onkel erzählt, wie sie früher im Wald und zu Fuß unterwegs überlebt hatten.

Acht Tage blieben sie noch im Lager. Ging Hugo aus dem Stall hinaus, zog es ihn immer nur zur Küche. Egal, wo er hinwollte, schließlich gelangte er zur Küche und musste schauen, ob er etwas Essbares finden konnte. Manchmal schenkten ihm die Engländer eine warme gekochte Kartoffel. Wenn er hineinbiss, fühlte Hugo sich wunderbar.

Einmal sah er hinter der Küche einen kleinen Leiterwagen stehen. Zweimal strich er drum herum, dann legte er seine Decke darauf, als gehörte er ihm, nahm die Deichsel und zog. Und drehte sich nicht um. Er hatte ein Kribbeln im Nacken, aber die Engländer schossen ja nicht.

Es hielt ihn auch niemand an. Er hatte einen Plan.

Die Verwandten waren alle dafür.

In der Nacht standen sie auf, Frieda und Hugo legten die Decken in den kleinen Leiterwagen.

Mama, hopp, komm!

Betteten die Mama hinein, Januschek, Rosi und Rigo. Dann zog Hugo und plötzlich hatte er Kraft. Frieda schob. Tante Derndl, Lili, Tante Kerscha, Traubela und die anderen Verwandten gingen vorneweg oder hinterher. Tante Kerscha hatte die Stelle schon ausgekundschaftet, wo sie jetzt im Dunkeln den Draht durchschnitten und aus dem Lager in die Nacht hinausschlüpften. Hugo zog den Wagen zur Straße und immer weiter. Frieda konnte nicht weiter, sie hatte noch Schmerzen von Ravensbrück. Hugo wollte nicht anhalten, also quetschte auch Frieda sich zwischen die Geschwister in den schmalen Wagen. Alle wunderten sich, und Hugo wunderte sich selbst, woher seine Kraft kam. Aber es zog ihn, er wollte schnell nach München. Und manchmal halfen die Tanten.

Hugo wollte in die Deisenhofener Straße. Wenn mein Bruder noch lebt und nach Hause kommt. Und wenn wir dann nicht da sind, denkt er, wir sind alle tot. Bei dem Gedanken an Manfreds Verzweiflung bekam Hugo wieder Kraft, zog weiter.

Fahren wir mit dem Zug nach Hause?, fragte Rosi.

Hugo schüttelte den Kopf, sah Mama und Frieda an. Nein, sagte Frieda. Mit den Deutschen, sagte Mama, fahren wir nicht mehr Zug. Und wenn wir bis zu Hause laufen.

Nie wieder steige ich in einen Zug, sagte Hugo. Und ich will sowieso nicht mehr Lokführer werden, dachte er.

Wir laufen, sagte Tante Kerscha.

Ist es weit bis zu Hause?, fragte Rigo.

Ja, es ist weit, aber nicht zu weit. Vielleicht vierzehn Tage, sagte sie.

Als sie lange gelaufen waren, beschlossen die Tanten, hier bleiben wir, und sie legten sich alle neben der Straße unter Bäumen und hinter Büschen mit ihren Decken schlafen.

Von der Sonne wurden sie geweckt. Alle waren gewohnt, in der Früh aufzuspringen, und Hugo schreckte mit rasendem Herzen hoch, als auf der Straße ein Lastwagen fuhr. Jetzt holen sie uns. Er stand schon, da erinnerte er sich und sah die weite flache Heidelandschaft, ohne Stacheldraht, keinen Wachturm, und setzte sich wieder. Sie waren draußen! Es war der erste Sonnenaufgang draußen. Er fühlte sich, als sei Licht auch in ihm. Alle waren zu rastlos, um noch zu ruhen, sie wollten weiter, heim. Herausfinden, wer von ihren Leuten noch lebte.

Hugo zog den Leiterwagen wieder auf die Straße, ein Stück aber gingen alle zu Fuß. Wir können gehen, wohin wir wollen.

Denkt nur, wir können langsam gehen, wenn wir wollen. Ach du lieber Himmel, nach Mauthausen, wir konnten nicht mehr.

Aber die Traurigkeit blieb nicht lange. Jetzt gehen wir ohne die verfluchten Hunde. Ohne SS-Posten an jeder Seite.

In einem Graben sah Hugo etwas liegen, halb verdeckt. Es war eine verschnürte Ledertasche. Etwas war darin. Hugo löste die Knoten und Schnallen, schaute hinein. Geldscheine bündelweise. Und nur große Scheine. Das mussten tausende von Reichsmark sein.

Ein entfernter Cousin fragte: Was hast du denn da gefunden?

Ganz viel Geld. Bestimmt hat es ein SS-Mann versteckt.

Zeig mal. Ein Bündel war eine ganze Hand voll.

Das ist nichts mehr wert.

Bist du sicher?

Ja, jetzt ist der Krieg aus, da ist es ungültig.

Hugo hatte über zwei Jahre kein Geld mehr in der Hand gehabt. Er wusste nicht, ob es stimmte. Der Cousin sagte: Ist doch klar, jetzt kann das alte Geld nichts mehr wert sein. Jetzt kommen Dollars. Was du da hast, ist nur Papier. Gibst du es mir?

Hugo schenkte es ihm. Um die schöne Ledertasche tat es ihm Leid.

Ein Lastwagen mit Soldaten näherte sich. Hugo wollte schon in den Straßengraben springen, für einen Moment war der tödliche Schreck wieder in ihm, die Angst bis in jede Faser seines Lebens. Aber im nächsten Moment erkannte er, dass es Engländer waren. Januschek stand stramm und hob den rechten Arm, so wie er es in den letzten zwei Jahren gelernt hatte und beim Anblick einer Person in Uniform tun musste. Nein, nicht den Hitlergruß, Januschek, sagten alle und lachten. Mama drückte sanft seinen Arm hinab. Hugo schaute, aber die Engländer waren nicht böse, sie lachten.

Concentration camp?

Ja, yes. Tante Derndl zeigte ihre Nummer, Frieda und Hugo taten es ihr nach.

Nach Hannover? Da lang?

Yes. This way to Hannover.

Bevor die Soldaten weiterfuhren, warfen sie ihnen Schokolade und Kaugummis zu.

Die Heidelandschaft mit dem Erikakraut, das sie im Lager als Kopfkissen benutzt hatten, war kein Gefängnis mehr.

Sie waren fünfzehn Menschen, sie gingen, sie redeten, sie lachten. Und sie weinten, weil Tante Notschga und Tante Lona, Onkel Friedla und die vielen Kinder nicht dabei waren. Hugo dachte an Malla und seinen Freund aus Auschwitz und an Igor.

Sie rasteten, sie aßen, tranken, ruhten, sie sangen. Jedes Mal, wenn ein Auto mit englischen Soldaten vorbeikam, blieb Januschek stramm stehen und hob den rechten Arm. Bestimmt schon zehnmal hatten die anderen darüber gelacht und gesagt: Nein, Januschek, mach keinen Hitlergruß nicht. Bald sagten sie es fast schon im Voraus. Januschek war sechs und seit seinem vierten Lebensjahr kannte er nichts anderes.

Mama lag wieder im Leiterwagen, mit ihr saßen die Kinder und

Frieda darin, wenn sie nicht mehr konnten, und sie konnten bald nicht mehr. Lieber zog Hugo sie alle, als anzuhalten und zu warten. Sie waren alle noch schwach. Hugo konnte nicht fassen, dass er überhaupt noch lebte und mit ihm seine Familie. Und er dachte, wenn er sich setzen und beginnen würde, sich wirklich auszuruhen, dann könnte er bestimmt nicht mehr aufstehen.

Als es Abend wurde, erreichte ihr Tross wieder ein Dorf. Sie trennten sich und gingen zu den Bauernhöfen. Jede Familie zu einem anderen. Hugo zog den Leiterwagen auf eine kleine Anhöhe in einen Hof. Die Bäuerin kam heraus, schaute und sagte: Kommt alle rein. Wir haben Essen. In der Scheune könnt ihr schlafen.

Die Frau zeigte ihnen die Scheune. Mit Stroh und den Decken machten sie sich ein weiches Bett und legten sich hin. Die Frau brachte Brot, Wurst und Milch. Hugo fühlte sich leicht und glücklich in einem Moment, dann wieder stieg die Angst in ihm hoch, sein Dada, sein Bruder, ob sie lebten. Und wer alles tot war. Oder ob sie wieder eingesperrt würden. Später kam der Bauer und holte sie alle ins Haus. Draußen prasselte mit Getöse ein mächtiger Regen nieder, da fiel ihnen auf, dass Rigo weg war. Hugo lief hinaus, es war, als liefe er durch einen Wasserfall, der ganze Hof schien zu schwimmen. Rigo schlief in der Scheune. Hugo nahm ihn auf die Arme und brachte ihn ins Haus. Das Wasser floss an ihnen herab. Auch der Regen war schön. Sie saßen im Warmen, das Wasser lief nicht durch das Dach, sie konnten sich abtrocknen, sie mussten nicht Appell stehen und frieren, nicht den ganzen Tag in der nassen Kleidung bleiben, sie mussten nicht den Regen und auch nicht aus Pfützen trinken. Und sie mussten nicht unter einem Loch im Dach schlafen so wie in Auschwitz, wo sie in der engen Buchse bei Regen nur an einer bestimmten Stelle liegen konnten, weil das Wasser durchpladderte. Der Bauer und die Bäuerin waren gute Leute.

Früh am nächsten Morgen standen sie auf, verabschiedeten sich und zogen weiter. Wieder fuhren auf der Landstraße viele englische

Lastwagen vorbei, Hugo und die Geschwister winkten. Die Soldaten warfen ihnen Kaugummis zu und hupten. Mama, wir können langsam laufen, wenn wir wollen. Kein SCHNELLER. Wir können stehen bleiben. Wir können ausruhen. Wir können austreten. Und wir werden nicht erschossen deshalb. Wir können miteinander sprechen und werden nicht geschlagen. Wir können rechts oder links abbiegen. Wir können aus dem Bach trinken. Wir können tun, was wir möchten. Dann fiel ihm wieder ein, er würde niemals mehr Appell stehen müssen.

Nach drei Tagen, sie waren kurz vor Hannover, fuhr ein Auto neben ihnen her. Tuut, tuut, tuut tut, die Fenster auf. Tschawe! Es waren Hugos Cousins Willi und Didi. Sie weinten und lachten, als sie ihre Verwandten sahen, lebendig, aber so schwach, abgemagert. Willi hatte gehört, dass ihre Leute in Bergen-Belsen sein mussten, und war mit seinem Opel B4 von München gekommen, um sie zu suchen und zu holen. Willi war überglücklich, seine Mama, Tante Kerscha, wiederzufinden. Sie umarmten sich und weinten sehr. Alle weinten.

Wo sind die Tschawe?

Onkel Friedla ist in Auschwitz geblieben. Tante Lona auch, ihr Mann und vier Kinder auch. Nur ich lebe noch, sagte Traubela.

Alle weinten.

Onkel Konrad, Onkel Sepp, Onkel Babist haben sich zum Krieg gemeldet.

Und Manfred, Mano, Luki?

Die waren in Ravensbrück drüben.

Und dem Onkel Konrad seine Familie?

Tante Notschga, Lolitschai, Weichsla … sind geblieben.

Und wo sind der Bub und das Mädel?

Die sind in Bergen-Belsen im Krankenhaus.

Willi öffnete die Autotüren.

Also hopp rein! Ich fahre euch nach Hause.

Hugo stellte den Leiterwagen an den Straßenrand. Die Decken legten sie in den Kofferraum. Tante Derndls Verwandte waren schon nicht mehr dabei, sie stammten aus der Gegend von Hannover. Hugo, seine vier Geschwister, Mama, Tante Derndl und Lili, Tante Kerscha und Traubela, sie quetschten sich ins Auto, fest zusammengepresst und übereinander saßen sie darin. Willi schlug die Türen zu und die Cousins fuhren los, brachten sie durch alle Straßenkontrollen mit Passierscheinen von englischen, französischen und amerikanischen Soldaten nach München in die Deisenhofener Straße. Dann kehrten sie gleich wieder um, zurück nach Bergen-Belsen, Musla und Baptist holen.

Zuerst gingen Hugo, Mama und die Geschwister in die Deisenhofener Straße 79, wo Onkel Konrad gewohnt hatte. Onkel Peter und seine Frau und Onkel Eduard wohnten jetzt mit Tante Dina und Kindern dort. Ihr Sohn Schuka sah Hugo zuerst und holte alle ins Haus. Die Verwandten waren schockiert, wie ausgezehrt sie waren. Hugo merkte es an ihren Gesichtern, sie guckten still und ernst von einem zum anderen. Und wer fehlte. Was wer von wem wusste. Der Babo war da, sein Wagen stand im Hof. Tante Kerbe und Hans wurden benachrichtigt. Babo erfuhr, dass mindestens drei seiner erwachsenen Kinder nicht mehr lebten. Von den anderen, vom Dada, vom Manfred, war keine Nachricht. In eurem Haus sind Leute, sagte Schuka.

Mama und Hugo gingen hinüber zur Nummer 64. Mama klingelte, eine Frau öffnete.

Ja?

Wir sind jetzt zurückgekehrt. Das ist unser Haus, Sie müssen hier ausziehen.

Nein, nein, das ist jetzt unser Haus. Und sie knallte die Tür zu.

Mama und Hugo gingen zur Polizeimeldestelle. Wir waren im KZ und jetzt sind wir zurück. Wir wollen wieder in unser Haus ziehen, aber da wohnen andere Leute drin.

Da kann ich nichts machen, wenn andere Leute drin wohnen.

Es gehört uns, wir möchten da einziehen.

Nein, da kann ich nichts machen.

Und wo sollen wir wohnen mit sechs Kindern?

Da müssen sie sich was anderes suchen.

Ja, und wo?

Da kann ich Ihnen nicht weiterhelfen.

Hugo verstand das alles nicht. Weshalb überhaupt Leute in ihr Haus hineingezogen waren. Es gehörte ihnen ja nicht. Vorn an der Straße stand noch die kleine Bude mit den Süßigkeiten und Frau Söllner saß noch drin.

Mama und die Kinder zogen bei Onkel Eduard in die Scheune. In einer Ecke machten sie sich mit Decken und Stroh ihre Betten und legten sich erst einmal hin, schliefen sofort ein und wachten nur auf, wenn ihnen jemand zu essen brachte. Sie waren nur noch müde. Jeden Tag ging Mama zu irgendeinem Amt. Hugo fielen immer wieder die Augen zu, er wusste kaum von Tag und Nacht. Wenn Mama zu essen brachte, aß er und schlief wieder ein. Mittendrin, nach vielen Tagen, noch im Taumel des Schlafes und der Angstträume, plötzlich Aufregung: Manfred, Luki und noch ein Cousin kamen mit Fahrrädern in die Deisenhofener Straße.

Manfred war abgezehrt, er konnte kaum laufen. Er wusste nichts von Dada. Unterwegs auf einer Landstraße hatten sie Mano verloren. Er sei bei befreiten französischen Häftlingen auf einem Traktor mitgefahren, weil er zu schwach zum Laufen war, und sie seien mit den Rädern nicht so schnell mitgekommen. Vor ihnen an einer Kontrollstelle sei der Traktor mit Mano in die französische Zone weggefahren. Das war ein Schock für Tante Derndl. Warum habt ihr ihn da raufgelassen? Er konnte doch nicht Fahrrad fahren, sagte Manfred. Es sei zu schwer für ihn gewesen mit Mano auf dem Gepäckträger. Sie hatten nichts, sie wollten nach Hause. Ihr habt euern Cousin im Stich gelassen. Tante Derndl weinte.

Aber Mama war glücklich, dass sie alle ihre Kinder beisammen hatte. Und Dada? Niemand wusste etwas, außer dass er und seine Brüder vom Lager Sachsenhausen zur Einheit Dirlewanger gekommen seien. Auch Manfred, Mano und Luki waren von Ravensbrück nach

Sachsenhausen gekommen. Und von dort wurden sie auf den Todesmarsch geschickt. Mit vielleicht zwanzig Jungen mussten sie den ganzen Tag marschieren, nebenher fuhr ein Lastwagen mit SS-Männern. Am Abend kreisten sie die Jungen mit ausgerolltem Stacheldraht ein, hielten rundherum Wache, am Morgen wurde der Stacheldraht eingerollt und sie mussten weitermarschieren. Viele blieben liegen, sie konnten nicht mehr. Die SS-Männer erschossen sie. Als Manfred, Mano und Luki merkten, dass immer mehr SS-Männer verschwanden, bis schließlich nachts keiner mehr Wache stand, einer noch im Lastwagen schlief, da gruben sie sich mit den Fingern unter dem Stacheldraht durch. Wer die Kraft hatte, haute ab. Fünf Jungen waren es. Die anderen wollten liegen bleiben. Die fünf gingen den russischen Soldaten entgegen. Einmal schauten sie sich um, da hörten sie eine Explosion. Der letzte SS-Mann hatte eine Handgranate auf die Kinder innerhalb des Stacheldrahts geworfen und war abgehauen. Überall lagen ihre Arme und Beine.

»Mein Bruder, was der mitgemacht hat, ich bin klein gegen ihn. Ich kann gar nicht sagen, wie sie den hergerichtet haben.

Drüben in Ravensbrück hat es geheißen, alle, die über zwölf Jahre sind, werden sterilisiert. Manfred hat sich unter der Buchse versteckt, er wollte nicht. Da haben die anderen gesagt, komm, das hat keinen Wert, du musst, sonst bringen sie dich um. Also ist er mit schlagendem Herzen hin. Hat gesagt, er war ja schon beim Doktor Mengele, das haben sie ihm nicht abgenommen. Haben aber gesehen, dass er noch verbunden war, und dann haben sie ihn noch mal operiert.«

Über sechzig Personen wurden mit einem Messer geschnitten. Die Ärzte schnitten in die Leiste, zogen etwas hinaus, schnitten es durch, nähten zu. Manfreds Wunde infizierte sich, er trug wochenlang einen Verband. Er konnte vor Schmerzen nicht mehr reden.

»Und dann auf dem Fußmarsch, er hat nie darüber geredet, nur meine Cousins, die haben alles gesagt. Er muss geschrien haben vor Schmerzen, und dann laufen. Lasst mich doch bitte liegen. Nein, du gehst mit. Lasst mich bitte, ich kann nicht mehr. Dann haben sie ihn untergehakt, haben ihn Kilometer und Kilometer weit geschleppt. Und wie er so geblutet hat.«

Nach und nach kamen Menschen zurück. Und jedes Mal gab es große Wiedersehensfreude und viele Tränen. Mamas Leute aus Italien kamen, Verwandte aus Berlin, Verwandte von Tante Dina, von Tante Derndl. In jeder Familie fehlten etliche Menschen, manche Familien waren komplett ausgelöscht. Alle Rückkehrer zogen in die Scheune ein. Sie war riesig, jede Familie hatte ihre Ecke, ihren Platz.

Mama und Tante Derndl mussten sich jeden Tag aufraffen und etwas organisieren. Tante Dina half ihnen mit den Ämtern. Anmelden, Lebensmittelkarten erhalten, mit den Marken versuchen, in den Geschäften etwas zu bekommen, die Stellen herausfinden, die ehemaligen Häftlingen halfen und sie unterstützten. Es waren viele Wege zu gehen. Manchmal ging Hugo mit. Und dabei entdeckte er, dass sie dasselbe Geld hatten wie das, das er im Graben in der Ledertasche gefunden hatte. Und er hatte es dem Mann geschenkt. Damit hätten sie sich jetzt ein neues Haus kaufen können. Hugo ärgerte sich, aber er hatte nur an die Freiheit und nicht daran gedacht, wie sie in der Freiheit überleben könnten.

Die Kinder sollten Onkel Eduard mit den Pferden helfen. Steht mal auf, tut was. Hugo fand es zu anstrengend, auch nur die Hand zu heben.

Jeden Morgen scheuchte Onkel Eduard sie hoch. In der Scheune musste gehäckselt, das Futter für die Pferde gemischt, Stroh und Heu für die Pferde geholt werden, der Platz wurde gebraucht. Onkel Eduard schimpfte über ihre Untätigkeit. Hugo und seine Geschwister trieben sich tagsüber im Hof herum und warteten, dass sie sich wieder hinlegen konnten.

Immer noch schliefen sie alle, die zurückgekehrt waren, viel. Immer noch waren sie tiefmüde. Wenn Hugo zwei Stunden auf war, fielen ihm schon wieder die Augen zu.

Alle im Stall schliefen viel. Nur den Leuten, die sich nach Italien hatten retten können, ging es besser.

Im Sommer stürzten Verwandte in den Stall: Euer Dada kommt! Euer Dada ist da! Hugo und seine Familie waren ganz hinten drin in ihrem Eck.

Dann stand Dada im Eingang, unter dem rechten Arm eine hölzerne Krücke mit einem Wurzelholz unter der Achsel und Verbänden um den Leib und den Arm.

Dada!

Hugo, seine Geschwister und Mama rannten vor zu ihm, umarmten ihn. Er stützte sich auf die Krücke und sagte kein Wort. Eines nach dem anderen umarmte er seine Kinder, dann seine Frau, hielt sie alle fest, und die ganze Zeit liefen ihm still die Tränen über das Gesicht und tropften auf die Kinder.

Hugo hatte ihn noch nie weinen sehen.

Was hast du denn da?, fragte schließlich Hugo und zeigte auf die Verbände.

Ach, das ist nichts.

Warum seid ihr denn hier?, fragte Dada.

Es wohnen welche bei uns drin, die gehen nicht raus, sagte Mama. Die lassen uns nicht rein.

Hugo sah, wie Dadas Augen sich veränderten. Er wischte sich die Tränen ab, drehte sich um und humpelte langsam hinaus, zur Straße vor und rüber zu ihrem Haus.

Hugo folgte ihm.

Dada klopfte an.

Es machte niemand auf, aber Hugo sah, dass eine Gardine sich bewegte. Dada hatte es auch bemerkt.

Er ließ einen Schrei los.

RAUS! RAUS VON MEINEM HAUS!

Mit der Krücke schlug er eine Fensterscheibe ein.

Die Tür öffnete sich und Dada stand schon drin, die Frau konnte die Tür nicht zuschlagen.

RAUS! DAS IST MEIN HAUS!

ICH SCHLAG EUCH TOT, IHR NAZIS!

IHR NAZIVERBRECHER!

Er humpelte hinein, niemand stellte sich ihm in den Weg.

RAUS, IHR HUNDE!

Dada bebte. Während die Frau, ihr Mann und eine große Tochter ein paar Sachen zusammenrafften, waren Dada und Hugo oben und Dada warf Tisch und Stühle durch die Fensterscheiben in den Hof.

NEHMT EUER ZEUG UND RAUS! WO SIND UNSERE SACHEN?

Er wütete, bis die Leute verschwunden waren. Sie hatten nichts mehr gesagt und waren innerhalb einer halben Stunde weg. Sie nahmen fast nichts mit, nichts von dem, was Dada in den Hof geschleudert hatte. Weder kamen sie noch die Polizei, niemand kam zurück, niemand holte etwas.

Mama und die Geschwister hatten die Möbel fliegen sehen und wie die Leute abgehauen waren. Sie kamen näher.

Kommt rein!, rief Dada. Kommt rein!

Das Zimmer oben war verwüstet und überall war Chaos.

Hugo war so stolz auf seinen Dada, er war glücklich, dass sie ihr Zuhause wiederhatten, von dem er zwei Jahre geträumt hatte, besonders wenn er in die Wolken geschaut hatte.

Später ging Dada auf den Hof, sah sich die kaputten Sachen an, er lachte und sagte: Aber wir brauchen ja einen Tisch und Stühle. Dann nagelte er die Stühle und den Tisch wieder zusammen.

Hugo half ihm und sie trugen alles ins Haus.

Sie verhängten die Fenster, später ließen sie neue Fensterscheiben einsetzen.

Von ihren Sachen war nichts mehr da. Hugo erinnerte sich an die Nacht, als sie aus dem Schlaf gerissen worden waren. Auch der Kommunionsanzug war verschwunden. Alle Papiere, alle Fotos, alle Möbel, die Schultaschen. Als hätten sie nie an diesem Ort gelebt.

Immer wieder hatten Hugo und die Familie sich gefragt, was mit den Menschen geschehen sein mochte, die in Auschwitz-Birkenau zurückgeblieben waren. Sie hatten es sich gedacht, aber als sie dann die Nachricht von Dada hörten, war es sehr schlimm. Alle, die noch im Zigeunerlager bleiben mussten, waren in einer Nacht vergast worden. Die drei Mädchen von Tante Lona, die noch gewinkt hatten. Hugo saß dabei, wie Dada es Tante Kerscha sagte und dabei weinte. Tante Kerscha schlug die Hände über den Kopf und schluchzte laut.

Ihre Schwester Lona, die Kinder alle, so hatte Hugo seinen Dada nie weinen sehen, die Kinder haben sie alle umgebracht, meine Schwester, zusammen mit Tante Kerscha schluchzte er. Also auch die und der und die Kinder, ihnen fielen immer mehr Menschen ein, die fehlten, die nicht zurückgekehrt waren und von denen es keine Nachricht gab. Alle weinten, die Erwachsenen und die Kinder. Weil so viele fehlten, weil sie überlebt hatten, weil sie zuvor nicht weinen konnten, weil es so schrecklich war, dass sie es selbst nicht glauben konnten, weil sie immer noch so viel Angst hatten, und immer wieder sah Hugo die Mädchen vor sich. Fahrt ruhig schon heim, wir kommen später. Wir sehen uns in München. Und wie Mama und Dada sie alle drei umarmt hatten. Wahrscheinlich wusste Mama schon, dass sie sie nie wiedersehen würde. Auch Hugo hatte ja gemerkt, dass nur Kinder und ihre Mütter und Alte zurückblieben, nur Menschen, die nicht arbeiten konnten und die keine kräftigen Verwandten mehr hatten, die sie hätten mit rausnehmen können. Hugo hörte, am 2. August soll abends Blocksperre gewesen sein. Und dann kamen die SS-Männer in Massen und brachten alle ins Krematorium. Und dass am nächsten Tag noch zwei Kinder da waren, die in der Nacht geschlafen hatten und übersehen worden waren. Die fuhr der Mengele zum Krematorium und erschoss sie dort selbst.

Dada konnte nicht viel tun, meistens lag er. Mehr als ein Jahr nach der Befreiung lag er noch viel im Bett.

Er hatte einen Lungendurchschuss, einen Oberschenkelschuss, einen Kopfstreifschuss und einen Schuss am Arm.

Manfred lag noch lange mit Schmerzen im Bett, es dauerte Jahre, bis er kräftiger wurde. Und auch Frieda lag noch lange.

Hugo ließ seine Niere untersuchen, die gerissen war. Er musste viel liegen, er war ohnehin wacklig auf den Beinen. Er fühlte sich wie ein alter Mann, dabei war er erst elf. Am

Dada 1947.

schnellsten erholten sich die Kleinen. Tante Kerscha erholte sich gar nicht mehr, sie starb zwei Monate nach ihrer Rückkehr.

Onkel Konrad und Onkel Babist waren zusammen mit Dada wiedergekommen. Auch die beiden hatten Schusswunden. Willi und Didi hatten den kleinen Baptist aus dem Krankenhaus in Bergen-Belsen gestohlen und in ein Krankenhaus in München gebracht, wo er gerettet wurde. Musla war einen Tag vor Willis und Didis Ankunft in Bergen-Belsen im englischen Krankenhaus gestorben. Onkel Konrad hatte auch sein letztes Mädchen verloren und wollte sich rächen. Ich bringe um, was ich erwisch. Da lebt keiner mehr von denen Nazis.

Bitte, Konrad, das kannst du nicht machen. Die Brüder flehten ihn an.

Doch, ich habe einen Zorn, sie haben meine Frau und meine Kinder unschuldig umgebracht. Ich bringe von denen welche um.

Immer wieder kam das Gespräch darauf, bis alle Verwandten weinten. Bitte, Konrad, mach das nicht, wir kommen alle ins Unglück.

Es ging über Wochen, Onkel Konrad versprach ihnen schließlich, niemandem etwas anzutun. Später heiratete er Mamas Schwester, deren Mann und zwei Kinder in Auschwitz ermordet wurden. Aber beide trauerten ein Leben lang um ihre ersten Familien.

»Nachher habe ich Angst gehabt, darüber zu sprechen, was wir erlebt haben. Ich habe auch mit meinem Vater, meiner Mutter nicht darüber gesprochen. Wenn irgendwas kam vom Dritten Reich, haben wir immer abgeschaltet. Haben uns über was anderes unterhalten. Wir haben genau gewusst, er will nicht, ich will nicht, sie will nicht. Meine Schwester ist jetzt 75 Jahre, die spricht auch nicht darüber, jetzt noch nicht. Sie sagt immer, Hugo, wie kannst du darüber sprechen? Ich weiß alles noch, alles, aber ich kann nicht. Es geht nicht.

Ich habe gesagt, mir geht's jetzt viel besser, wie ich gesprochen habe. Aber sie sagt, wenn sie es erzählen würde, tät es ihr wahrscheinlich noch schlechter gehen. Sie will vergessen und das geht nicht.

Sie hat immer Angst, dass es vielleicht noch mal so kommen würde, sie hat große Angst davor.«

Als Onkel Babist nach seinem Sohn Mano fragte und Manfred und Luki berichteten, wie sie ihn verloren hatten, da fing er an zu schreien: Wie könnt ihr den Buben allein lassen? Was denkt ihr euch denn? Wie könnt ihr ihn im Stich lassen? Habt ihr nur an euch gedacht?

Es dauerte lange, bis er sich ein wenig beruhigte. Aber sich wirklich beruhigen, das konnte er die nächsten Jahre nicht.

Immer wieder sagte Onkel Babist: Wo ist denn jetzt mein Sohn?

Es wurde Herbst, Winter, er kam nicht. Onkel Babist wandte sich an die UNRRA, die Hilfsorganisation der Vereinten Nationen, mit der Bitte, nach Mano zu suchen.

Die übrig gebliebenen Verwandten kamen fast täglich zusammen und sprachen über ihre Pläne, wie sie Essen organisieren, Geschäfte beginnen könnten, ob sie bleiben oder aus Deutschland wegziehen wollten. Diejenigen, die nicht im KZ waren, streckten Onkel Konrad Geld vor, damit er wieder mit Pferden beginnen konnte.

Hugos Cousin Schuka war derjenige, der die Brotpakete zur Post gebracht hatte, als sie alle in Auschwitz-Birkenau waren.

Tante Dina, seine Mutter, hatte Brotmarken aufgespart und von anderen welche erbettelt, und wenn sie genug für ein zusätzliches Brot hatte, es besorgt und verpackt. Als Schuka am Postschalter an der Reihe war und dem Postbeamten das Paket reichte, las der und sagte laut: Aha, zum Konzentrationslager Auschwitz! Und du willst ein Deutscher sein? Schuka war blond und blauäugig. Alle Leute in der Post hörten es und starrten Schuka an. Ach, hätten wir was verstanden, sagte Tante Dina, dann hätte ich kein frisches Brot eingepackt. Sie konnte auch nicht wissen, dass nur zu Anfang Pakete bei den Häftlingen ankamen und später nicht mehr. Alle vier Wochen hatte sie ein Brot abgeschickt.

Einmal während des Krieges hatte Babo ein heimlich gemästetes Schwein gekauft und geschlachtet. Das war streng verboten. Alle Tiere mussten gemeldet und zum Teil abgegeben werden. Das Schweinefleisch wurde geräuchert. Babo füllte eine Dose mit Griebenschmalz und schickte es zusammen mit einem geräucherten Schinken ab, aber beides kam nie bei seinen Kindern im Lager an. Wahrscheinlich hatten es die SS-Männer in der Paketstelle gestohlen.

Nachdem seine Geschwister deportiert worden waren, hätte Onkel Eduard noch einmal zur Zwangsarbeit gemusst – zum Bau des Westwalls. Er wurde mit seinem ältesten Sohn und einem Neffen zum Amt zitiert. Der Beamte am Schreibtisch sagte: Edi, was machst du denn hier? Die beiden hatten zusammen im Ersten Weltkrieg gekämpft. Der Beamte legte die Akten Onkel Eduards, des Sohnes und des Neffen beiseite und deshalb konnten alle drei in München bleiben und wurden nicht noch einmal eingezogen. Später kam dieser Mann zu Onkel Eduard, er war angeklagt als Nazi und bat um Hilfe. Onkel Eduard fuhr hin und sagte für ihn aus.

Schuka erzählte Hugo von dem Tag, als Hugo, seine Familie und die anderen Verwandten verhaftet worden waren. Er erinnerte sich genau daran. Schuka kam von der Schule nach Hause, da saß sein Dada am Tisch, das Gesicht in den Armen verborgen, und schluchzte. Nie zuvor hatte er seinen Dada weinen sehen. Seine Mama kam ins Zimmer, was ist denn? Sie sind alle weg, sagte mein Dada. In der Nacht war Bombenalarm und es folgte ein schwerer Angriff mit vielen Explosionen. Und Schuka dachte daran, wie seine Cousins und Cousinen im Polizeipräsidium in den Zellen saßen und bestimmt nicht in einen Bunker oder Keller gehen durften und was für Angst sie ausstehen mussten.

»Was danach kam, der Transport und was ihnen in den Lagern angetan wurde, darüber sprachen Dada und Mama nie.

Mein Dada war wirklich ein Mann, der in die Welt gepasst hat. Der hat sich vor keinem gefürchtet. Aber ich kann mich nicht erinnern, dass er sich einmal mit uns über dies Thema unterhalten hat.

Auch im Krieg, wo er war – wir haben es nur von anderen gehört, wie er dreimal zusammengeschossen worden ist. Wir haben nie was gehört von ihm, wie das passiert ist, wie sie ihn weggebracht haben, dass er im Schützengraben dem Tod nahe war, dass ihn sein Bruder vom Schützengraben rausgeschleppt hat bis zurück. Dann wäre er bald noch erschossen worden, weil er seinen Bruder von der Front ein paar Meter zurückgebracht hat. Er war leblos dagelegen. Das hat sein Bruder dann erzählt. Aber auch nicht uns, wir haben das wieder von anderen gehört.

Aber wenn wir gefragt haben: Dada, wo habt ihr denn gekämpft?

Nichts. Er hat nie was gesagt. Ich weiß heut noch nicht genau, wo er gekämpft hat. Die sind von Sachsenhausen aus umgekleidet worden mit Soldatenuniformen. Bei den Russen muss es gewesen sein, hinter Berlin, ich weiß nicht genau, wo an der Front.

Auch vorher, was im KZ war, er wusste, dass wir alle mit dabei waren, aber es ist nie drüber gesprochen worden. Nie, nie, nie.

Und ich dachte, was mein Vater macht, mache ich auch, ich hab auch wirklich Angst gehabt. Wenn er drüber gesprochen hätte, vielleicht hätte ich dann auch gesprochen, ich weiß es nicht. Aber ich habe eben gedacht, der Vater ist nicht tot und spricht nicht drüber, wir haben doch gemerkt, wenn ihn mal einer angesprochen hat. Kein Kommentar. Da war ich richtig eingefleischt, ich wollte dann nicht, ich hab richtig einen Knödel im Hals gehabt.«

Hugo hatte vor allen Fremden Angst. Vor Menschen in Uniformen, vor Leuten auf der Straße. Manchmal, wenn er im Bett lag, überkam ihn eine so entsetzliche Angst, dass sein Herz raste, dass er meinte, das Brüllen von SS-Männern zu hören, geschlagen zu werden. Die Träume kamen, die Alpträume. Im Lager war er viel zu erschöpft und die Schlafenszeit zu kurz, dort hatte er nichts geträumt.

Wenn nachts ein Auto durch die Deisenhofener Straße fuhr, sprang er aus dem Schlaf heraus auf, stand vor seinem Bett stramm. Bis er es merkte.

Ach, Moment, wo bin ich denn hier?

Er schaute auf die Wände, seine Bilder, dann sah er, dass er zu Hause war, und legte sich wieder ins Bett. Wenn er ein Geräusch im Haus hörte oder wenn die Haustür laut zusprang, war er augenblicklich wach, und sein Herz klopfte bis in den Kopf vor Angst, sie könnten wieder geholt werden.

»Auch heute. Wenn nur einer an die Tür klopft, da kann ich im besten Schlaf sein, bin ich schon wach. Da ist was gestört, sonst müsste das nach so vielen Jahren vergessen sein. Aber das kann man nicht vergessen. Die ganze Psyche ist verletzt, alles ist verletzt.«

Er hatte Angst vor den Leuten, er hatte die Angst in sich. Vor allem und jedem. Die Lager waren vorbei, aber die Angst war in ihm geblieben. Und sie schien immer größer zu werden. Wie hatte er geträumt und in die Wolken geschaut, als er noch eingesperrt war, davon, wieder daheim zu sein, in ihrem Haus in der Deisenhofener Straße zu wohnen, Dada würde wieder mit Pferden machen, sie würden spielen und bei der Frau Söllner Süßigkeiten kaufen. Ach, die Träume waren schön. Nun war er tatsächlich daheim, aber er konnte nicht spielen. Er war wie gelähmt vor Angst.

Dada lag meistens, er konnte nichts mit Pferden machen, weil seine Kraft nicht reichte, Frieda lag, Manfred lag. Nur Mama konnte etwas unternehmen.

Sie stand früh auf, wenn die Kinder noch schliefen, manchmal sah Hugo sie mit einem großen Rucksack auf dem Rücken losgehen, zum Giesinger Bahnhof. Sie konnte nicht Fahrrad fahren wie Tante Derndl. Deshalb musste sie einen Zug nehmen aus der Stadt aufs Land. Sie lief von Bauernhof zu Bauernhof und bettelte um Essen. Zu verkaufen hatte sie nichts, sie besaßen nichts, sie hatten kein Geld. Eine Schachtel Zigaretten kostete auf dem Schwarzmarkt 70 Reichsmark, ein Pfund Fleisch 250 und ein Kilo Wurst 150 Reichsmark. Dada war zur Bank gegangen, dort kam sein Name nicht vor, von seinem Konto wusste niemand etwas. Als hätte Dada nie existiert. Sein erspartes Geld, 30 000 Reichsmark, war weg.

»Mein Vater hat nichts mehr gehabt. Wir haben alles versucht, mit Anwälten und alles. Aber er hat nichts mehr gekriegt. Die haben sich bereichert. Genau wie sie es mit den Juden gemacht haben.«

Manchmal wurde es schon dunkel und Mama war noch nicht zurück. Manchmal war es sieben, acht Uhr abends, dann kam sie, müde, weiß im Gesicht. Ach, Mama, bist du da. Im Winter kam sie durchgefroren, mit steifen Fingern und roten Backen. Sie hatte den Rucksack voll mit Essen. Sobald sie ihn vom Rücken hob und abstellte, packten die Kinder aus, Speck, Eier, Brot, den ganzen Tag gab es nichts und jetzt setzten sie Kartoffeln auf und aßen sich satt.

Hugo!, rief Dada. Und Hugo stand an Dadas Bett. Alle Kinder folgten dem Dada sofort. Du gehst wieder in eine Schule.

Ach nein, Dada, in eine Schule …

Du gehst.

Hugo gehorchte. Aber allein bei dem Gedanken fürchtete er sich.

Hugo hatte Angst vor der Schule, Angst vor den Lehrern und den Kindern, er hatte nichts vergessen. Nicht die Schläge, das Schimpfen, das Anspucken, nicht, wie er in der letzten Reihe sitzen musste und nichts sprechen durfte. Er sollte jetzt in eine andere Schule, in die Martinschule, damit er nicht womöglich auf dieselben Lehrer wie vorher traf.

Weil er schon zwölf war, wurde er in eine sechste Klasse gesteckt. Dort musste er in der letzten Bank sitzen, er konnte kaum lesen und schreiben. Und wieder: Der Lehrer Rauch sprach nicht mit ihm, erklärte ihm nichts, schaute seine Aufgaben nicht an. Wenn Hugo sich in Erdkunde meldete, und wenn auch alle Kinder Hugo anschauten, für den Lehrer existierte er nicht. Für Hugo war es, als sei die Zeit zurückgedreht und alles beginne von vorn. Lehrer Rauch schrie die Kinder oft an, boxte mal eines oder schlug ein anderes mit dem Stock auf die Hände. Jeden Tag erwischten seine Schläge mindestens ein Kind. Auch Hugo musste einmal seine Hände ausstrecken und Lehrer Rauch haute den Stock darauf.

Hugo konnte es nicht ertragen – jetzt bin ich rausgekommen und werde wieder geschlagen?

Die Jungen unterhielten sich über den Lehrer. Wir sagen es unseren Eltern. Und sie sagten, wenn man die Hände mit Zwiebeln einreibt, schwellen die Stellen dick auf und der Lehrer kriegt Ärger.

Nach ein paar Monaten war er weg und Lehrer Stief kam.

Er schlug nicht, aber auch er richtete nie ein Wort direkt an Hugo. Ihr müsst lernen, sagte der Lehrer oft. Ihr werdet einmal München aufbauen. Und wenn jemand etwas nicht verstand oder die Aufgaben falsch oder gar nicht hatte, schimpfte er: Und ihr wollt München aufbauen!

Aber für Hugo galt das alles nicht, er wusste, dass der Lehrer ihn nicht meinte.

»Die Lehrer haben gewusst, dass wir aus dem Lager waren. Ich habe hinten gesessen, in der letzten Bank. Ich habe mich daheim stundenlang hingesetzt und meine Aufgaben gemacht, auf den Tisch gelegt, aber kam der mal her? Der kam nicht und hat sie mal angeschaut. Dann habe ich keine Aufgaben mehr gemacht, nichts mehr. Dann kam er auch nicht. Wenn ich mich gemeldet habe, nicht mal angeschaut hat er mich. Nie, niemals bin ich drangekommen. Das waren dieselben Lehrer wie vorher.«

Auch die Mitschüler merkten, dass Hugo nicht erwünscht war. Sie merkten auch, dass er vor der ganzen Klasse Angst hatte. Dass er stotterte, wenn er angesprochen wurde und antworten sollte, dass er leicht stolperte, dass er keinem Erwachsenen in die Augen schauen konnte. Sie wussten aber nicht, dass man SS-Männern nicht ins Gesicht schauen durfte. Und dass er vernarbte Beine hatte. Er stand

Nachdem Hugo 1993 das erste Mal über sein Leben sprach, ging er auch an die Orte seiner Kindheit. Hier mit seiner Enkelin Laura in der Icho-Grundschule.

auf dem Pausenhof und spielte nirgendwo mit. Kamen Kinder und schubsten oder traten ihn, entschuldigte er sich. Die Kinder lachten sich krumm darüber und traten immer wieder, weil sie es noch einmal hören wollten. Manchmal schaute Hugo zu den Lehrern oder rief auch nach einem, doch die Lehrer grinsten und drehten sich weg.

»Ich habe Angst gehabt, ich könnte mich selber heute noch ins Gesicht schlagen. Das habe ich so lange gehabt, wenigstens bis zwanzig Jahre. Jedes kleine Kind, das mich gestoßen hat – habe ich mich entschuldigt. Ich hatte immer Angst, dass es vielleicht noch schlimmer kommt.«

Und dass die Polizei Hugo und seine Familie wieder holen würde. Und niemals fragte ein Lehrer, was Hugo durchgemacht hatte, niemals verteidigte einer ihn.

Auch der Hartung auf dem Schulhof bemerkte sofort den Jungen, der abseits stand, der neu war. Alle fürchteten den Hartung aus der achten Klasse, er schlug brutal zu, wenn er nicht bekam, was er wollte, wenn ihm jemand im Weg stand oder wenn er Lust dazu hatte. Und alle Jungen erstarrten in Ehrfurcht, wenn Hartung über den Schulhof ging, wichen ihm aus, hörten auf zu spielen. Der Hartung, Achtung, der Hartung kommt! Wenn Hartung sagte, los, spielen wir Fußball, spielte man Fußball mit ihm. Und jeder wollte ihm gefallen, jeder wollte zu ihm passen, Lob und Anerkennung haben vom großen Hartung, dem Stärksten der ganzen Schule.

Der Hartung ging zu Hugo: Bist wohl neu?

Ja.

Wirst mich noch kennen lernen. Er schubste Hugo erst nur wenig, aber als Hugo sich nicht wehrte, schubste er ein bisschen fester, stieß ihn schließlich zu Boden. Hugo hatte Angst, riesige Angst, stand sofort auf. Er sah seinen Dada vor sich, wer sich wehrte oder fallen ließ, wurde totgeschlagen. Die Jungen auf dem Schulhof beobachteten genau, was macht der Höllenreiner Hugo, was macht der Hartung jetzt?

Hartung grinste, sonnte sich in den Blicken der Jungen und schleuderte Hugo abermals zu Boden. Er drehte sich um und ging weg. Hugo zitterten die Knie, fast war ihm, als hörte er die Stiefel. Gegen den Hartung hatte er sich nicht gewehrt, das hatten alle Jungen auf dem Pausenhof gesehen. Jetzt versuchten die Nächststärkeren, Hugo zu unterwerfen. Sie hauten ihn, er wehrte sich nicht, er versuchte nur wegzulaufen. Sie traten ihn, spuckten ihn an. Wieder war kein Lehrer da, der ihn gerettet, der die anderen Jungen zurückgehalten hätte. Hugo rief mal nach einem, es gab immer die zwei Personen Pausenaufsicht. Aber die Lehrer schauten nur kurz, schmunzelten und drehten sich um, packten ihre Brote aus dem Pergamentpapier, bissen hinein und schlenderten weiter. Die Kinder merkten das sofort. Nun wagten sich auch die Jüngeren, sogar Erst- und Zweitklässler an den großen Hugo heran, schlugen ihn und liefen schnell weg. Der Hartung schickte die Kleinen. Tritt den mal. Die Kleinen traten Hugo, um zu zeigen, was sie sich trauten. Hugo ließ sich alles gefallen, er hatte Angst, was geschehen würde, wenn er Widerstand leistete. Wenn er zurückschlagen würde, was würde dann mit ihm geschehen? Er war starr vor Angst.

Dada, warum gehen wir nicht aus Deutschland fort?, fragten Hugo und Manfred. Auch die Erwachsenen sprachen manches Mal darüber, ob sie Deutschland, das Land der vielen kleinen Hitler, verlassen sollten. Traubela hatte nach Italien geheiratet. Manche zogen nach Amerika.

Nein, sagte Dada. Wir bleiben hier. Ich bin Deutscher, ich lasse mich nicht von hier vertreiben. Und was mache ich mit euch in einem anderen Land ohne Haus, ohne Geld, ohne Arbeit? Ihr könnt keine andere Sprache, da geht es uns nicht besser.

Das sah Hugo ein, auch die anderen sagten nichts mehr. Dada konnte immer noch nicht gut laufen. Wenn er nicht im Bett lag, ging er zum Schwarzmarkt und schaute, was er für Zigaretten tauschen konnte. Manchmal brachte er Schokolade mit.

Onkel Eduard kam, Hugo hörte zu, immer hörten die Kinder zu, wenn die Erwachsenen sprachen, denn sonst erfuhren sie nichts.

Onkel Eduard sagte zu seinen Brüdern: Habt ihr gehört, der Suberto ist am Herzschlag gestorben.

Den Rest erfuhr Hugo von Schuka, Onkel Eduards Sohn, der ein Jahr jünger war als er.

Damals, als die Sinti nicht mehr hatten reisen dürfen, hatte Schukas Onkel Hickeli jemanden in Bamberg besucht. Er war in eine Kontrolle geraten, sie hatten ihn festgenommen und ins Polizeipräsidium in der Münchener Ettstraße gebracht, wo sich auch die Zigeunerzentrale befand. Dort arbeiteten drei Männer, Wutz, Zeiser und ein Dritter mit Hindenburgfrisur und Plattfüßen. Zeiser benachrichtigte Tante Dina, dass ihr Bruder dort in einer Zelle saß und ob sie ihn noch einmal sehen möchte. Tante Dina ging mit Schuka hinauf, ins Büro vom Zeiser, da sahen sie drei Sinti über einen Tisch gebeugt, Suberto aus München, Gok aus Ulm und Massengero aus Nürnberg. Schuka hörte sie »Mischling … Zigeuner … Zigeuner … Mischling« sagen, sie sortierten die Akten. Tante Dina und Schuka starrten auf sie. Sie waren Sinti und arbeiteten für die Nazis. Der Zeiser blickte auf und sagte:

Grüß Gott, Frau Höllenreiner.

Das riss alle drei herum, Schuka sah den Schrecken in ihren Augen, sie waren ertappt und erkannt, und sie wussten, dass es um sie geschehen war.

Der Zeiser führte Tante Dina und Schuka gleich aus dem Raum. Sie durfte mit ihrem Bruder sprechen. Hickeli wurde mit seiner Familie nach Neuengamme gebracht und starb dort sechs Monate später. Seine Frau und seine Kinder kamen auch nie mehr zurück.

Als Onkel Eduard von Suberto hörte, wurde er zornig und schwor: Wenn der Krieg aus ist, bringe ich ihn um. Das muss dem Suberto zu Ohren gekommen sein, sagte Schuka, der hat so Angst gehabt, dass er bei Kriegsende einen Herzschlag gekriegt hat.

Den Massengero müssen die anderen Sinti so geschlagen haben, dass er an den Folgen gestorben ist.

Der Gok tauchte unter und blieb für immer verschwunden.

Die drei waren wie ein Rat der Zigeunerzentrale, sagte Schuka. Von jedem Stamm haben sie einen genommen, der mit ihnen zusammengearbeitet hat.

Über Suberto hatte Hugo außerdem gehört, dass er von den Sinti Geld oder Schmuck verlangt haben soll. Die wollen es so, ich kann nichts dafür, soll er gesagt haben. Wer ihm nichts geben wollte, den hat er der Polizei verraten. Die Höllenreiner gaben ihm nichts.

Hugo wurde schikaniert in jeder Pause. Der Hartung stellte ihm ein Bein, er fiel hin. Hartung spuckte ihn an, er wischte die Spucke ab. Hartung warf mit Steinen, hänselte ihn, boxte in ihn rein. Und mit dem Hartung der Bieler, sein Freund. Jeder ergriff mal die Gelegenheit, Hugo ein Bein zu stellen oder ihn zu treten.

Hugo wollte so gern, dass die Kinder seine Freunde werden. Dass er mit ihnen mitlaufen kann. Dass er mit ihnen Fußball spielen kann.

Beim Gedanken an Fußball war er hin- und hergerissen. Nie mehr wollte er spielen. Und doch wollte er gern mitmachen.

Der Lehrer ließ Hugo nicht am Sportunterricht teilnehmen. Während die anderen spielten oder turnten, musste Hugo sich auf dem Schulhof herumdrücken und warten. Der Religionslehrer, Pfarrer Rau, kam vorbei und entdeckte Hugo.

Was treibst du denn hier?

Ich warte, bis der Sportunterricht vorbei ist.

Machst du nicht mit?

Nein, die nehmen mich nicht rein.

Was meinst du damit, die nehmen dich nicht rein?

Ich darf nicht.

Der Pfarrer versprach, mit Hugos Lehrer zu sprechen. Er muss es wirklich getan haben, denn das nächste Mal durfte Hugo beim Sport mitmachen. Draußen auf dem Fußballplatz. Die Klasse wurde in zwei Mannschaften geteilt und das Spiel begann. Hugo wollte erst nicht

Fußball spielen. Wegen der Erinnerungen. Aber doch juckte es ihn. Er wollte den anderen zeigen, dass er es auch konnte. Also rannte er mit, hin und her, aber nie wurde ihm auch nur einmal der Ball zugespielt. Schoss ein Junge ein Tor, liefen die anderen hin und gratulierten ihm. Einmal flog der Ball zu Hugo, der Ball prallte von seinem Bein ab und flog ins Tor. Da war Schweigen, als sei nichts geschehen, als sei Hugo nicht da.

»Als wie, das hat der geschossen, aber der kriegt von uns gar nichts. Nicht, dass einer sagt: Bravo, Hugo. Mensch, gut, wie du es gemacht hast. Nichts. Ich war der, der das Tor geschossen hat. Der Ball ist ins Tor rein. Keiner hat hingesehen. Das sind alles so kleine Sachen, die ich nicht vergesse. Ich bin immer gedemütigt worden.«

Bogdan, der Kapo aus Auschwitz, war in der Deisenhofener Straße gesehen worden. Er hatte eine Frau im Lager gehabt, die er für sich haben wollte. Als Hugo und seine Familie auf Transport kamen, sagte er zu ihrem Mann, du kannst abhauen, aber deine Frau bleibt hier. Dem Mann blieb nichts anderes übrig. Bogdan ging aber extra noch mal zu ihm hin und ohrfeigte ihn. Die Frau und ihre Kinder kamen nie zurück. Mit einer anderen Frau hatte er ein Kind und die suchte er nun. Als Dada und seine Brüder hörten, dass der brutale Bogdan da sei, rannten sie sofort los, um ihn zu erwischen. Bogdan flüchtete und wurde nie mehr gesehen.

Hugo wurde nicht versetzt, er musste die sechste Klasse wiederholen. Jetzt war er dreizehn und hatte außer dem Stief noch Fräulein Kepki als Lehrerin. Sie war jung, groß, blond, schön und zu Hugo freundlich. Sie sprach ihn auch mal an, fragte ihn etwas, ließ Hugo zu Wort kommen. Hugo schaute sie meistens verklärt an, er war so verknallt in sie, dass er nur noch Ja oder Nein sagen konnte. Nachmittags dachte er nur noch an Fräulein Kepki.

Bis sie eines Tages in die Schule kam und alle sie Frau Wagner nannten. Das ist doch Fräulein Kepki, sagte Hugo zu den Kindern. Nein, sagten die, jetzt heißt sie Frau Wagner. Das kann doch nicht sein. Hugo ging zu ihr und fragte: Warum heißen Sie jetzt Wagner?

Weil ich geheiratet habe.

Hugo starrte sie an, als sei ein Urteil über ihn gesprochen.

Ich habe einen Mann mit dem Nachnamen Wagner geheiratet.

Aha. Hugo lief weg.

Ein Junge schloss sich ihm an. Mit dem wollte auch niemand etwas zu tun haben, weil er stotterte. Graf Hans hieß er und wurde Hugos Freund, er blieb immer an seiner Seite.

Aber wenn auf der Straße der Hartung kam und, patsch, Hugo ins Gesicht schlug, ihn im Vorbeigehen ohrfeigte, auf dem Schulhof in ihn hineinboxte, konnte Graf Hans auch nichts tun. Zum größten Vergnügen aller entschuldigte Hugo sich immer noch, wenn er geschlagen wurde. Ich wollte es nicht. Traten die kleinen Kinder nach ihm, sagte Hugo: Das hast du bestimmt nicht gern gemacht.

Doch, sagte der kleine Junge dann. Doch, ich hab es gern gemacht. Und trat noch einmal hin, zur Belustigung der anderen Schüler, die zuschauten. Manchmal hatte die SS einen Häftling gezwungen, einen anderen zu schlagen.

»Ich war so ängstlich, das tut mir heute noch weh. Heut, nicht vor hundert Stück weiche ich zurück. Aber in der Zeit, ich weiß nicht, was es war. Ich war groß, mager, konnte nichts, hab Angst gehabt. Die Angst war in mir drin vom KZ her.«

Hugo, sagte der Graf Hans jeden Tag, l-l-lass dir doch nichts g-ge-gefallen. Hau doch mal retour. Ihn konnte niemand prügeln, er schlug zurück mit aller Kraft, er tobte und verletzte auch seine Angreifer. Er haute sich mit jedem herum. Ihn ließen die Jungen in Frieden, wenn sie auch über ihn lachten und nicht mit ihm spielten. Aber sie rührten ihn nicht mehr an.

Hugo, schlag doch einmal zurück.

Ich kann das nicht.

Doch, du kannst.

Nein, ich kann nicht.

Wenn es zum Unterrichtsschluss klingelte, war Hugos Tasche längst gepackt und er wollte gleich zur Tür vor. Halt!, rief der Lehrer. Hier geblieben! Alle gehen zusammen raus. Also musste Hugo warten, bis alle an der Tür standen und der Lehrer sie hinausließ. Hugo stürmte die Treppe hinab, aus dem Schulhaus, aber er war nicht schnell genug. Auf der Straße erwischten ihn die Jungen aus seiner Klasse und traten, hauten und bespuckten ihn. Oder er wartete ewig im Treppenhaus, bis alle fort waren und es in der Schule ganz still wurde, und schlich dann nach Hause. Wenn er in der Klasse langsam machte, extra länger bleiben wollte, sagte der Lehrer: Jetzt kannst du gehen. Schon prasselten draußen die Schläge auf ihn ein. Gegenüber der Schule lag der Sportplatz, da warteten die Jungen auf Hugo, auch der große Hartung, und verprügelten ihn. Hugo wusste, dass es keinen Sinn hatte wegzurennen. Die anderen waren immer schneller als er, obwohl er schon hoch gewachsen war, der größte der Jungen mit den längsten Beinen. Aber ihm fehlte die Kraft zu rennen, er war zu schlapp. Manchmal stand er mitten auf der Straße und weinte.

Zu Hause sagte er: Mama, heute habe ich mich wieder richtig herumgerauft.

Gut, mein Junge. Wehr dich nur immer. Lass dir nie was gefallen.

Jeden Tag lag ihm der Graf Hans in den Ohren: Lass dir doch nichts mehr gefallen. Wehr dich doch. Tu was. Schlag doch bitte endlich mal zurück.

Einmal ging Hugo aus der Schule, da schlenderte wieder der Hartung grinsend auf ihn zu, hob seine Hand gegen ihn. Die Stimme von Hans im Ohr, stürzte Hugo auf ihn und schlug zu, bevor der nur beginnen konnte, prügelte ihn zu Boden, boxte in ihn hinein, bis der nicht mehr aufstand. Seine Angst, seine Wut, alles haute er dem Hartung drauf. Die anderen Jungen schauten zu, mit leuchtenden Augen, der da besiegt den Stärksten der Schule.

Hugo, wie du das gemacht hast! Jetzt bewunderten sie ihn, und von einer Minute auf die andere behandelten sie ihn wie einen König, gingen aus dem Weg, wenn er kam. Niemand rührte ihn mehr an. Graf Hans freute sich. Endlich. Gut hast du's gemacht.

Wenn ein Junge etwas über Hugo sagte, brauchte Hugo nur pscht zischen, Ruhe. Dann war der Junge still. Am nächsten Tag kam ein Junge aus seiner Klasse: Spielen wir Fußball? Ein anderer fragte: Gehen wir heut Nachmittag noch raus? Hugo fühlte sich unbesiegbar. Wenn nur einer mich noch hänselt, ich lasse mir nie mehr was gefallen, ich schlag zu. Aber Hugo schlug niemanden. Das eine Mal hatte gereicht. Nun hatte er nur noch Freunde.

Hugo wollte auch niemand schlagen. Seit er den Hartung niedergeschlagen hatte, stotterte er nicht mehr. Im nächsten Schuljahr wurde Hugo zum Klassensprecher gewählt.

»Der Graf Hans hat mich in der Zeitung gesehen und gesagt, das ist der Hugo. Hat er zur Zeitung geschrieben, die haben mir gesagt, ich soll mich bei ihm melden. Habe ich ihn angerufen, da war er es. Gell, du bist es, Hugo.

Ja, ich bin es.

Da ist nach fünfzig Jahren ein Schülertreffen, kommst du?

Da bin ich hingefahren, schöne Wirtschaft, komme ich rein in einen Raum, alles uralte Männer drin, solche Bäuche. Sage ich, na, das ist es net. Bin ich umgedreht. Und beim Rausgehen: Ja Hugo, kennst uns nimmer, da geh her. Da waren es meine Schulkameraden. Der Graf Hans hat gesagt: Hugo, weißt du noch ... Es war interessant, was aus denen allen geworden ist. Der Hartung hat nicht mehr gelebt. Der Lehrer Stief war da, er hat eine kurze Rede gehalten. Er hat nur gesagt, ja, der Hugo Höllenreiner ist wieder da. Aber er hat gesprochen, als wenn ich gar nicht da wäre.«

Pfarrer Rau war zu Hugo immer freundlich und gut. Hugo sah an der Kirche, wie die Drittklässler vom Unterricht kamen, der Pfarrer wegging. Wie oft hatte er im Lager gedacht: Wenn sie uns nicht geholt hätten, wäre ich zur Kommunion gegangen. Wenn ich überlebe und rauskomme, will ich die Kommunion machen. Er hatte davon geträumt, schick angezogen, mit einer brennenden Kerze in die Kirche zu gehen, in seinen Tagträumen wurde der Lichterglanz immer heller und goldener, die Muttergottesfigur immer schöner, er immer glücklicher, wenn er vorn niederkniete und der Pfarrer ihm die Hostie auf die Zunge legte. Im Lager hatte er es in seiner Fantasie schon erlebt. Nun wollte er, dass es Wirklichkeit würde. Er wollte, dass sein Leben endlich schön würde, so wie er es sich vorgestellt hatte. Einmal wartete er, bis alle Schüler gegangen waren, dann lief er dem Pfarrer nach und sagte: Herr Pfarrer, ich möchte gern meine Kommunion machen.

Aber du bist doch schon dreizehn Jahre alt.

Hugo erzählte ihm, dass er in der dritten Klasse nicht zur Kommunion gehen konnte. Wir waren weg, im KZ. Er schob den Ärmel hoch und zeigte dem Pfarrer die Nummer. Bitte, ich möchte jetzt zur Kommunion.

Also dann machst du es diesmal mit. Jeden Mittwoch kommst du zum Kommunionsunterricht. Von drei bis vier im Gemeindehaus.

Voller Freude ging Hugo nach Hause. Mama, ich darf zur Kommunion.

Aber du bist schon so groß …

Ich muss meine Kommunion machen, Mama.

Aber …

Wegen dem Lager habe ich sie verpasst, jetzt bin ich draußen, jetzt will ich meine Kommunion machen.

Aber Junge, das ist doch nicht unbedingt notwendig.

Doch, Mama, ich will. Ich will.

Gut, Junge, dann mach die Kommunion.

Hugo war in seiner Klasse unter den Gleichaltrigen schon der Größte. Er war so groß wie der Lehrer, aber dünn wie ein Stock. Jetzt nahm er mehrere Monate lang jede Woche am Vorbereitungsunterricht mit den neunjährigen Kindern teil. Der Pfarrer gab Hugo ein Buch und Hugo lernte die Zehn Gebote auswendig, las das ganze Buch durch, passte beim Kommunionsunterricht auf, er wusste alles, was die Kinder wissen mussten. Aber Mama und Dada hatten kein Geld, um Hugo etwas zum Anziehen zu kaufen, und das sagte er dem Pfarrer. Ich schau mal, sagte der Pfarrer. Ich find schon was. Und das nächste Mal brachte er für Hugo eine Mütze, auf der »Marine« stand, eine kurze Hose und eine gute dunkelblaue Jacke.

Die Nachbarn gaben Mama eine gebrauchte Kommunionskerze, Mama schnitt ein Stück ab, damit sie ein bisschen wie neu aussah.

Hugo freute sich und wieder zählte er die Tage. Als es endlich so weit war, kleidete er sich an, nahm seine Kerze und ging allein zur Kirche. Es war ein regnerischer Tag. Vor der Kirche standen die Leute versammelt, sie verstummten, als Hugo kam. Er hörte sie sagen: Was macht der Lange da? Der passt doch gar nicht da rein? Das gibt's doch nicht. Hugo achtete nicht darauf, blickte niemanden an. Er trat in den hohen Raum, die Kirche war voll mit Menschen, die Bänke waren alle besetzt, in den Gängen standen sie. Als Hugo hindurchging, stießen sich wieder die Leute an: Schau mal, der Große, die langen Beine, was macht denn der bei der Kommunion?

Hugo war alles egal, er freute sich, jetzt würde er endlich die Kommunion machen, er dachte daran, wie er sich im Lager manchmal vorgestellt hatte, wie schön es werden würde. Ist egal, lacht ihr alle, ich mach die Kommunion. Hugo ging bis ganz nach vorn. Wo ist denn mein Pfarrer, wo ist denn der Herr Rau? Hugo kniete vor dem Altar nieder, als alle Kinder niederknieten, die brennende Kerze in der Hand. Dann kam ein fremder Pfarrer, nicht seiner. Schon hatte Hugo wieder Angst. Als der fremde Pfarrer bei ihm war, sagte der: Aha, und wer bist du?

Höllenreiner Hugo.

Wie alt bist du?

Ich bin dreizehn. Pfarrer Rau hat mir erlaubt die Kommunion zu machen. Hugo stotterte. In der dritten Klasse hab ich sie nicht machen können, weil wir weggekommen sind ins Lager.

Aha. Na, dann sag mal … Und der Pfarrer stellte eine Frage, die Hugo nicht beantworten konnte.

Wenn du das nicht weißt, dann machst du die Kommunion nächstes Jahr. Das passt jetzt nicht.

Herr Pfarrer, bitte. Lassen Sie mich doch die Kommunion machen. Bitte, bitte lassen Sie mich doch meine Kommunion machen.

Schon im Weitergehen sagte der Pfarrer mit harter, kalter Stimme: Ich hab gesagt, du machst es nächstes Jahr und Schluss. Und er fragte schon das nächste Kind: Und wer bist du?

Hugo erhob sich. Die Leute in der Kirche traten zur Seite, es öffnete sich ein Gang für ihn, Hugo lief hindurch und hinaus. Draußen regnete es, er brach in Tränen aus, es schüttete vom Himmel. Den ganzen Weg bis zu Hause weinte er. Plitschnass trat er ins Haus. Im ersten Moment wusste Mama nicht, ob es Tränen oder der Regen war, aber bevor sie etwas sagen konnte, schluchzte Hugo auf und weinte lange in ihrem Arm. Mama, die haben mich nicht lassen.

Kind, dann lass es doch. Das wollte der liebe Gott nicht.

Mama, der Pfarrer war so schlecht. Und wieder kamen die Tränen.

Ach Kind, sagte Mama. Es ist doch gut. Schau, wir sind wieder rausgekommen aus dem Lager und ihr werdet größer. Wir leben alle. Vielleicht machst du es nächstes Jahr und wenn du es nicht machst, ist es auch gut. Das braucht man doch nicht.

Hugo konnte nicht aufhören zu weinen und Mama hielt ihn fest. Als er schließlich wieder ruhiger atmete, sagte sie: Du machst es nicht mehr. Es sind viele Pfarrer so schlecht. Lass es so stehen. Du brauchst es ja nicht.

Mama, ich mach es auch nicht mehr. Nie mehr.

»Heute gibt es ein Lied: Im Regen sieht man keine Tränen. Und so war es. Ich hab so geweint. Es war jetzt kein KZ-Lager mehr, aber das hat mir wieder so wehgetan. Ich war richtig verwundet.«

Hugos größter Wunsch war die Kommunion. Vor dem Krieg konnte er sie nicht mehr machen, nach dem Krieg verhinderte ein Pfarrer sie. Umso festlicher feierten seine Kinder und Enkel. Giuliano, Giulianos Sohn Hugo und Giulianos Tochter Laura bei der Kommunion.

Nach Hugos vierzehntem Geburtstag rief der Lehrer Stief ihn zu sich und sagte: Du bist jetzt vierzehn, du bist fertig, morgen brauchst du nicht mehr in die Schule zu kommen.

Kriege ich kein Zeugnis?

Nein. Du kannst gehen.

Ich wollte doch den Abschluss haben. Ich will was lernen. Ich muss doch Geld verdienen.

Du brauchst morgen nicht mehr zu kommen.

Also blieb Hugo zu Hause.

»Das waren genau noch die Nazis, wie sie vorher waren. Beim Klassentreffen hätte ich es dem Stief sagen müssen, was er damals gemacht hat, war nicht richtig.

Bis ich mit sechzig das erste Mal über die Lager gesprochen habe, war ich immer noch so, dass ich manchmal gedacht habe: Hugo, was lässt du dir alles gefallen?

Manchmal in der Wirtschaft, wenn irgendeiner sagte, was will denn der dort, so ein asozialer Zigeuner der, und ich habe es gehört, dann bin ich raus, bin draußen auf und ab gelaufen und weg. Und heute – der hat noch nicht einmal das Wort heraußen, da hab ich ihn am Hals.«

Mano wurde in Frankreich gefunden. Onkel Babist und Tante Derndl bekamen die Nachricht durch die UNRRA, Mano würde nach München gebracht. Als es so weit war, holten sie ihn ab. Onkel Babist und Tante Derndl waren überglücklich, ihren Sohn wiederzuhaben. Mano erzählte alles. Dass er bei reichen Leuten war, einem Ingenieur und seiner Frau in Le Havre, die ihn am liebsten behalten hätten. Er sagte ein paar Sätze auf Französisch.

Und warum kommst du erst jetzt zurück?, fragte Hugo. Hast du denen nicht gesagt, dass du aus München stammst?

Nein. Am Flughafen in Paris hat mich eine Frau gewarnt. Ich soll nicht Deutsch reden, sonst schneiden sie mir die Beine ab, weil sie Deutsche hassen.

Hast du nicht versucht abzuhauen?

Mano schüttelte den Kopf. Und Hugo fragte nicht weiter, er erinnerte sich, dass Manfred und Luki erzählt hatten, wie Mano so schwach war, dass er zwischendurch das Bewusstsein verlor. Jetzt war er wiedergefunden und Hugo verbrachte fast jeden Tag mit ihm. Es waren träge Monate. Hugo wusste nichts mit sich anzufangen. In der Schule hatte er Freunde gefunden und durfte nicht mehr hin.

Dada brachte Boxhandschuhe mit, zwei Paar aus braunem Leder, die man am Handgelenk zuschnüren konnte.

Probiert sie aus, Jungs.

Hugo und Manfred streiften sich die dicken gepolsterten Handschuhe über, sprangen auf dem Hof umeinander und versuchten sich zu treffen. Oder sie standen und schlugen in die Luft. In Bewegung bleiben, sagte Dada. Nie an einem Fleck stehen bleiben. Er zeigte ihnen, wie sie die Fäuste vor das Gesicht halten sollten, um es zu schützen. Und dabei gleichzeitig mit den Ellenbogen den Leib decken. Immer seitlich zum Gegner stehen, ihm nie die ganze Breite bieten. Immer auf die Deckung achten, und versucht, mit links zu schlagen. Die meisten erwarten die Rechte.

Stundenlang trainierten Hugo und Manfred, Mano und Schuka im Hof. Auch Rigo war oft dabei, er war jetzt elf, so alt wie Hugo, als sie befreit wurden. Sie boxten nach Punkten. Sie waren Schiedsrichter. Immer, wenn Hugo nichts zu tun hatte, trainierte er mit einem Bruder oder einem Cousin. Oder er trainierte Gewichtheben mit den Hanteln, die im Hof lagen. Je mehr sie trainierten, desto mehr Kraft hatten sie beim Boxen. Und manchmal eine geschwollene Lippe oder Nasenbluten.

Wenn Dada zuschaute, rief er Tipps: Besser abdecken! Mit der Linken von unten! Schnelle Folge, rechts, links, rechts! Nicht stehen bleiben!

Einige Monate war Hugo zu Hause und wusste nicht, was er tun sollte. Dada konnte nicht richtig was verdienen, er war noch nicht gesund, Mama ging immer noch betteln. So geht es nicht weiter. Ich muss was tun, ich muss der Mama helfen.

Aber wie? Hätte ich doch jetzt die Tasche mit dem Geld. Dann lebten wir ohne Sorgen.

Hugo lief oft draußen herum und dachte nach. Zusammen mit seinem Freund in Auschwitz wollte er mit Pferden handeln. Mit Malla wollte er mit Pferden handeln. Onkel Konrad hatte wieder fünf Pferde. Aber Onkel Babist fuhr ein Auto. Vielleicht geht es mit Pferden nicht mehr gut. Hugo ging zur Tegernseer Landstraße vor, schaute

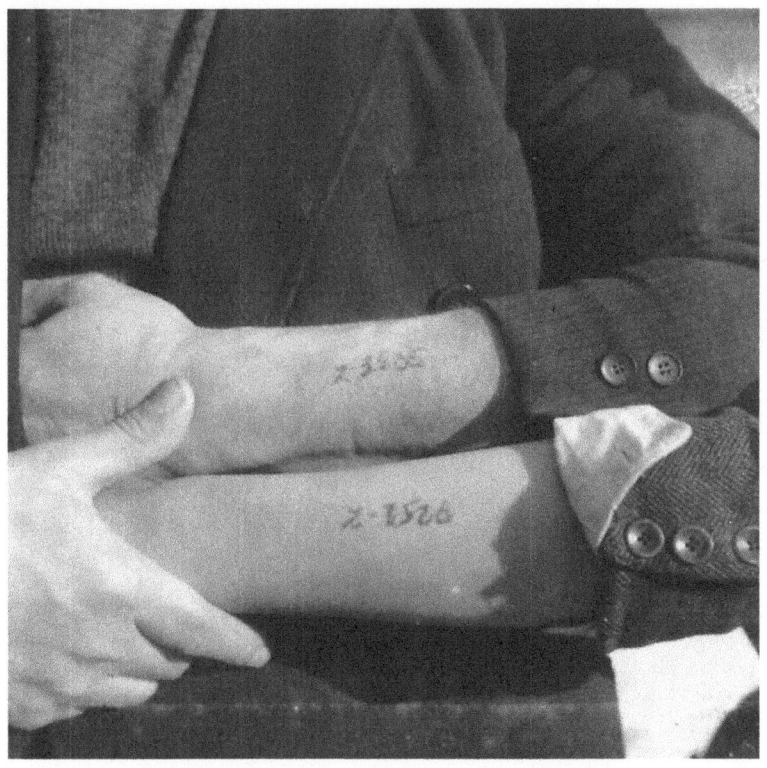

Mithilfe der UN-Hilfsorganisation und der Häftlingsnummern konnte Onkel Babist seinen Sohn Mano in Frankreich wiederfinden. In Auschwitz wurden die Nummern nach dem Alter und familienweise tätowiert: Z-3525 und Z-3526.

herum, da war das Kaufhaus Dietz. Er schlenderte hinein, durch die verschiedenen Abteilungen und Stockwerke, schaute sich alles an. Die Stoffe, die Töpfe, die Bürsten. Da war eine handliche Waschbürste, die Borsten liefen in der Mitte spitz zu. Die ist gut, die kann ich gebrauchen. Sie kostete dreißig Pfennige. Er blickte sich um und steckte die Bürste schnell in die Hosentasche. Ihm wurde heiß und plötzlich überkam ihn die Angst. Wenn sie mich erwischen, kommen wir wieder ins KZ. Aber jetzt konnte er die Bürste nicht aus der Tasche ziehen und zurücklegen. Er hatte kein Geld, sie zu kaufen, und er wollte die

Bürste haben. Am liebsten wäre er gerannt, aber er schlenderte aus dem Kaufhaus. Und kaum draußen, ging er ins nächste Haus, klingelte an einer fremden Wohnungstür. Eine Frau öffnete. Bitte? Grüß Gott. Er bot ihr die Waschbürste zum Kauf an. Die Frau nahm die Bürste, drehte sie in ihrer Hand. Wie viel willst du dafür? Hugo sagte: Sechzig Pfennige. Und dass sie sechs Kinder seien und er seiner Familie helfen müsse. Die Frau nahm das Geld aus ihrer Schürze und gab es ihm. Hugo strahlte, als er draußen bei Tageslicht die Einnahme betrachtete. Und jetzt?

Er lief ins Kaufhaus zurück und kaufte zwei verschiedene Bürsten. Die zu verkaufen, gelang ihm erst am nächsten Tag. Diesmal kaufte er nicht vom ganzen Geld Bürsten, sondern wieder nur zwei, den Rest des Geldes gab er Mama. Und war glücklich, als er sah, wie sie sich freute. Von nun an ging er jeden Tag los. Die nächsten zwei Bürsten kaufte ihm die alte Frau Söllner ab. Wenn jemand nicht kaufen wollte, zeigte Hugo seinen linken Arm mit der eintätowierten Nummer. Ich war im KZ, ich muss mein Leben verdienen, wir haben nichts mehr. Viele Leute waren entsetzt oder hatten Mitleid und kauften ihm eine Bürste ab. Eine Schuhbürste, eine Geschirrbürste, eine Nagelbürste oder eine Waschbürste. Bald konnte Hugo Mama jeden Abend ein bisschen Geld geben.

Immer, wenn die Verwandten zusammentrafen, sprachen sie über mögliche Arbeit oder Geschäfte. Sie suchten nach Kunden, Geschäftspartnern, Verdienstmöglichkeiten, tauschten sich über den Schwarzmarkt und die Preise aus. Dada wollte gern wie Onkel Konrad wieder mit Pferden handeln, aber er war nicht mehr gut zu Fuß. So fing er langsam ein Geschäft mit Geigen an, reparierte oder kaufte kaputte Geigen, reparierte und verkaufte sie wieder, tauschte mit Pfarrern und zahlte drauf oder verdiente. Oder er besorgte Geigen für Pfarrer, die gerade eine suchten. Natürlich gehörten auch Geigenbögen zum Geschäft, ein Bogen war manchmal mehr wert als eine Geige. Babo machte auch ein bisschen mit Geigen. Das hatte er begonnen, als sein

Kasperltheater ihn wegen des Krieges nicht mehr unterhielt. Die Einkünfte ernährten Dada und die Familie nicht, das Geigengeschäft ging nicht jeden Tag. Und dann kam das neue Geld. Am 20. Juni 1948 wurde die Reichsmark ungültig und die Deutsche Mark eingeführt. Plötzlich waren die Geschäfte voll mit Lebensmitteln, die es zuvor nur auf dem Schwarzmarkt zu kaufen gab. Pro Person wurden 40 D-Mark ausgegeben. Umtauschen konnte niemand etwas. Jetzt ist er das alte Geld auch los, Hugo dachte immer noch manchmal an die Ledertasche voller Scheine.

Eines Abends sagte Dada zu Mama und Onkel Babist: Wir müssen los. Sonst kommen wir nicht zurecht.

Sie waren einverstanden, sie stimmten ihm zu.

Dada beschaffte einen Leiterwagen, setzte an den Seiten Bretter ein, dann baute er ein Gestell über die Ladefläche. Hugo und Manfred halfen ihm. Mama nähte Stoffbahnen zu einer dicken Plane zusammen. Die zogen sie über die Holzbögen, spannten und befestigten sie an den Seitenbrettern. Hinten und vorne verschlossen sie den Wagen mit Stoff.

Dann kaufte Dada ein Pferd, einen Hengst namens Max.

Dada konnte wieder ohne Krücken gehen. Mama packte Bettdecken, Schüsseln und ein bisschen Kleidung in den Wagen, Manfred und Hugo schmierten die Radlager. Früh am nächsten Morgen spannte Dada das Pferd ein.

Sie fuhren in Richtung Miesbach. Vorn Hugo und seine Familie im Planwagen mit Pferd, hintendran Mano und seine Familie mit Auto und Wohnwagen. Es war Sommeranfang, Hugo freute sich. Mama musste nicht mehr zu den Bauern fahren und das Essen in die Stadt bringen – jetzt fuhren sie zum Essen und hatten etwas, was sie den Bauern zum Kauf oder Tausch anbieten konnten. Mama und Tante Derndl gingen mit Waschschwämmen und Wetzsteinen, Hugo mit Bürsten, Dada und Onkel Babist, unterstützt von Mano, mit Stoffen.

Sie fuhren aus München hinaus und noch einige Kilometer weiter, dann brauchte das Pferd eine Pause und sie rasteten am Rand eines Waldes.

Immer wenn sie durch ein Dorf fuhren, rannten die Kinder nebenher und riefen: Zigeuner! Zigeuner kommen! Manchmal war es mehr ein Schimpfen. Und manchmal warfen sie auch mit Steinen.

Am frühen Nachmittag hielten Dada und Babist in einem Dorf. Dada stieg ab und die gaffenden Kinder stoben auseinander. Kommt mal her, Kinder. Kommt mal her. Manche trauten sich näher heran, dann immer mehr und bald alle. Wir sind Sportler, meine Kinder sind auch Boxer. Habt ihr einen bei euch, der gegen sie antreten kann?

Sofort schoben sie einen oder zwei aus ihrer Mitte vor und die so Präsentierten wollten sich keine Blöße geben und blieben stehen. Dada rief Mano. Komm, hopp, hier hast du zwei. Dada zog dem ersten die Boxhandschuhe an, Mano besiegte immer die ersten Kandidaten. Dann fragte Dada: Einen Stärkeren habt ihr nicht?

Die Kinder schauten sich gegenseitig an und wussten gleich, wer der Stärkste im Dorf war. Ja, wir haben einen, aber der ist nicht da.

Na, dann holt ihn mal her, sagte Dada und die Kinder liefen sofort los. Hugo fürchtete sich schon.

Inzwischen spannte er das Pferd aus, putzte und striegelte es, zusammen mit Manfred und Rigo. Dada und Onkel Babist suchten einen Bauern, bei dem sie es auf der Wiese grasen lassen konnten. Kaum war das Pferd versorgt, kamen mit großem Hallo die Dorfkinder zurück, in ihrer Mitte ihren Stärksten. Wir haben ihn mitgebracht. Und sie schoben ihn vor Dada hin, erwartungsvoll, erregt auf ein Schauspiel. Dada rief: Hugo, hopp!

Hugo wollte nicht, er hatte Angst. Aber wie immer gehorchte er seinem Vater, ging vor. Komm her, Junge. Du boxt jetzt mit dem. Dada hatte schon die Boxhandschuhe wieder aus dem Wagen genommen, reichte nun dem Dorfjungen, einem breiten kräftigen Jungen in Hugos Alter, ein Paar, das andere Paar gab er Hugo. Inzwischen markierten die Kinder mit Stöcken den Ring. Das war kein Spiel unter Brüdern, Hugo wusste, dass der Junge sein Dorf zu vertreten hatte, und

1948. Allmählich geht es wieder aufwärts – die Familien sind wieder unterwegs um Handel zu treiben und Hugo muss in den Dörfern Boxkämpfe bestehen. Vor dem Auto stehend ganz links Manfred, ganz rechts Hugo. Sitzend v. l. n. r.: Hamlet, Wankeli, Onkel Babist mit Negus, Onkel Peter, Dada auf einem Platz in Oberbayern.

wenn Hugo verlieren würde, dann müssten sie gleich weiterfahren, dann würde es keine Ruhe vor den Dorfjungen geben.

Hugo und der Dorfstärkste umtänzelten sich, der andere angefeuert durch die Kinder. Hugo stellte sich den Hartung vor und so stürzte er sich in den Boxkampf hinein. Er bekam einen Schlag gegen den Kopf und taumelte, einmal fiel er auch, rappelte sich aber sofort wieder auf. Die Geschwister und Mano und Lili, Mama, Dada, Tante und Onkel standen dabei und sagten bewundernd: Oh, der Hugo versteht was.

Mensch, wie flink er ist.

Oh, der ist gut.

Sie verunsicherten den Dorfjungen. Hugos Vorteil waren seine langen Arme, da konnte er gut hinlangen, konnte sich den anderen gut vom Leib halten. Der stürzte, und bald konnte er nicht mehr und gab auf. Keiner kümmerte sich um Hugo. Dada ging sofort zu dem

Jungen, half ihm hoch, knüpfte die Boxhandschuhe auf und lobte ihn: Hast tapfer gekämpft, obwohl du kein Profi bist. Er schüttelte ihm die Hand. Den Mut muss man erst mal aufbringen, gegen einen von uns anzutreten. Der Dorfstärkste hatte verloren, aber sich nicht blamiert, und die Kinder beschimpften sie nicht mehr wie zu Anfang, sondern sprachen mit ihnen, fragten, wo sie herkämen. Niemand wollte sich mit den Boxern anlegen.

Irgendwann zerstreuten sie sich, gingen zum Essen nach Hause und es war Ruhe. Jetzt erzählen sie es ihren Eltern, sagte Dada und klopfte Hugo auf die Schulter. Gut gemacht, mein Junge. Mama schickte die Kinder Milch holen und erklärte ihnen, wie sie es machen sollten. Hugo versteckte den roten Zehn-Liter-Eimer in einem Gebüsch. Mano, Hugo und Rigo gingen auf den nächsten Hof. Gerade zur Melkzeit.

Haben Sie ein bissel Milch für uns? Wir sind für ein paar Tage nur da und haben kleine Kinder dabei. Wir sind vom Zirkus, sagte Mano. Ihr kriegt Freikarten.

Hugo gab einen Becher hin und die Bäuerin füllte ihn mit Milch. Hier, Bub. Wo seid's her?

Hugo und Mano antworteten auf alle Fragen, bedankten sich und draußen schütteten sie die Milch in den versteckten Eimer, reinigten den Becher, gingen in eine andere Richtung auf einen anderen Hof. Auch dort schenkten die Bauern ihnen einen halben Liter Milch. Als der Eimer fast voll war, brachten sie Mama die Milch. Oben lag dicker Rahm darauf. Mama hatte inzwischen draußen ein Feuer entzündet und wärmte nun die Milch, brockte Brot, streute Zucker hinein, Hugo schmeckte es wunderbar.

Die Betten für Hugo, Rigo, Manfred, Rosi und Frieda hatte Mama unter dem Wagen zwischen den Rädern gebaut, sie, Dada und Januschek schliefen oben. Manchmal nahmen Hugo, Manfred und Mano ihre Decken und schliefen in einer Scheune im Stroh oder wo sonst sie gerade einen gemütlichen Platz fanden.

Hugo war froh, mit der ganzen Familie zusammen zu sein, sie

würden genug zu essen verdienen, die Bauern waren freundlich. Und sie konnten fort, falls die Menschen schlecht waren, er schlief draußen auf dem Boden, auf einer Wiese, in einer Scheune, aber immer hatte er es warm und weich. Wenn Hugo morgens aufwachte, keine Glocke, kein Appell, blieb er ein bisschen liegen, manchmal, wenn er eine Wolke sah, schaute er auf ihren Lauf, Wolke, wir sind frei, wir sind nicht mehr unter Zwang.

»Die Wolken schaue ich heute noch an.«

Das Leben konnte doch schön sein. Sie genossen jede Stunde. Über das, was sie durchlitten hatten, sprachen sie fast nie. Aber Hugo merkte auch an den anderen, dass es immer da war: Manchmal wachte er auf, weil seine Geschwister Alpträume hatten und im Schlaf wimmerten oder schrien. Aber er wollte davon nichts wissen, er wollte es vergessen, er wollte nie mehr die Namen dieser Orte hören oder aussprechen.

Zwei, drei, manchmal vier Tage blieben sie in einem Dorf. Bis Mama und Tante Derndl mit ihren Sachen in alle Häuser gelaufen waren, Dada und Onkel Babist ihre Stoffe in der weiteren Umgebung angeboten und auch verkauft hatten. Dann packten sie zusammen, Dada holte das Pferd, bezahlte den Bauern, spannte ein, und sie fuhren los, ein paar Dörfer weiter. Jedes Mal, wenn sie irgendwo hielten und die Kinder wieder »Zigeuner!« schrien, hatte Hugo schon Angst. Während Dada mit den Kindern sprach und Mano gegen die ersten Vorlauten antrat, verkroch er sich, tat so, als habe er etwas am Wagen zu richten. Aber unweigerlich kam der Ruf: Hugo! Und Hugo gehorchte, ging vor zu all den fremden Menschen, wagte niemandem in die Augen zu blicken, zog seine Boxhandschuhe an und kämpfte gegen denjenigen, den Dada ihm zeigte. Oft wurde er auch getroffen, aber am Ende gewann er immer. Manchmal wollten Kleinere aus dem Dorf auch antreten, dann musste Rigo mit ihnen ringen.

Wenn Hugo gewonnen hatte, ließen die Dorfjungen sie in Ruhe, ärgerten niemanden, spielten keine Streiche. Er wusste, dass er gewinnen musste, und nur deshalb gelang es ihm jedes Mal, auch wenn ihm mal die Nase blutete. Dada und Onkel Babist gingen am Abend ins Wirtshaus, manchmal gaben sie für alle ein Bier aus, und wenn sie an den folgenden Tagen ihre Stoffe anboten, waren sie schon bei den Leuten bekannt.

Den ganzen Sommer lebten sie unterwegs, und nach den ersten Monaten gewöhnte Hugo sich daran, gegen den zu kämpfen, den die Dorfjungen johlend und feixend präsentierten.

»Der Dada hat mich ins Leben wieder reingeführt. Ich habe immer mehr Mut gekriegt.«

Im Wagen hatte Mama zwei Kannen, dahinein schüttete sie die Milch, die die Kinder brachten. Hugo, Mano und seine jüngeren Brüder stiegen bis in die höchsten, entlegensten Höfe hinauf und baten um Milch.

Manchmal kamen Polizisten, da wurde Hugo gleich wieder zittrig zumute. Was machen Sie hier? Können Sie sich ausweisen? Dada hatte alle Papiere akkurat zusammen in einer kleinen Ledertasche, die er immer bei sich trug. Seinen Pass, seine Geburtsurkunde, seinen Wandergewerbeschein, die Papiere der Kinder. Dadas Pass sah aus wie neu. Nie fehlte etwas.

Wie lange bleiben Sie hier?

Drei Tage.

Wenn die Polizisten kontrolliert hatten, konnten sie weiter nichts tun und fuhren wieder weg.

Wurden die Nächte allmählich zu kalt, kehrten die beiden Familien nach München zurück. Dort blieben sie, bis es wieder Sommer wurde, dann fuhren sie wieder los. Diesmal in Richtung Rosenheim von Dorf zu Dorf.

Dada begleitete Onkel Konrad und die anderen Brüder zum Pferdemarkt in Keferloh. Er kaufte ein zweites Pferd, wollte wieder Pferde tauschen, kaufen und verkaufen. Sehr anstrengen konnte er sich nicht mehr, da reichte ihm der Atem nicht. Hugo und Mano halfen beim Ausmustern. Der Kopf des Pferdes musste hochgehalten werden, damit es eine gute Figur abgab. Hugo ging mit dem Pferd mit, hielt immer den Kopf, die Leute sollten sehen, oh, das ist ein schönes Pferd. Sonst wäre kein Geschäft gegangen. Dada stand mit der Peitsche, haute sie dem Pferd auf den Hintern, Hugo lief mit, lief schneller, er musste immer den Kopf hochhalten, durfte nicht stehen bleiben. Auch er musste eine gute Figur abgeben, sich gerade halten, auch beim Mitlaufen. Wenn das Geschäft gut ging, bekam er fünfzig Pfennige oder eine Mark vom Käufer oder Verkäufer. Das Halftergeld. Meistens kauften Händler, manchmal Bauern, es kamen auch Sinti, die tauschten auch. In einer Wirtschaft in der Tegernseer Landstraße saßen die Pferdehändler dann, tauschten Neuigkeiten aus und handelten Pferde.

Nach dem Krieg versuchten Onkel Konrad und Dada sich ihren Lebensunterhalt wieder mit dem Pferdehandel zu verdienen. Aber es dauerte nicht lange, bis Autos und Maschinen die Pferde ablösten. Rechts mit dem Pony: Onkel Konrad

Meistens machten sie mit Oberländern Geschäfte, das waren die gängigsten Pferde in Bayern. Andere hatten auch teure Pferde, Hannoveraner, Rappen, Schimmel, aber Dadas Geld reichte dafür nicht.

Onkel Peter hatte zwei Hannoveraner, Fanni und Fritz, das waren sanfte Pferde. Onkel Peter war kein Händler, er kam jeden Tag, fütterte seine Pferde, hegte und pflegte sie, und wenn er keine Zeit hatte, sie zu putzen, schrie er nach Hugo, Rigo, Mano, Schuka. Hugo nahm den Striegel links und die Bürste rechts. So putzte er das Pferd. Jeder bekam dafür zehn oder zwanzig Pfennige von Onkel Peter.

Alle Kinder konnten reiten, meistens ohne Sattel. Aber besonders gut war Luki, der konnte auch Pferde einreiten.

Er konnte sie zähmen.

Wenn die Väter ein Pferd gekauft hatten, fuhren die Jungen mit dem Kutschwagen dorthin und holten es. Oder es war getauscht, also spannten sie das Pferd aus und das neue ein und fuhren retour, brachten das neue Pferd nach Hause.

Der Max war ein störrischer Charakter und futterneidig. Einmal mischte Dada Hafer mit Heu an, da biss Max ihn in die Hand, biss sie fast durch. Dada verkaufte Max und das andere Pferd. Es dauerte sehr lange, bis die Hand heilte und er sie wieder benutzen konnte.

In der kühlen Jahreszeit ging Hugo wieder mit seinen Bürsten los. Nach ein paar Monaten hatte er schon einen Rucksack voll mit Bürsten, Nagelbürsten, Waschbürsten, Schuhbürsten, Haarbürsten, jede Sorte Bürsten, klapperte Straße für Straße, Block für Block die Wohnungen ab, er blieb immer in Giesing, wo er sich auskannte, und bald nannten die Leute ihn Bürstenhugo. Und wer eine Bürste brauchte, kaufte sie bei ihm. Aber manche Leute schlugen ihm die Tür vor der Nase zu, oft hörte er, wie das Schloss verriegelt wurde, nachdem er geläutet hatte. Am besten kam er mit älteren Frauen zurecht, die kauften ihm eher eine Bürste ab. Und die Frau Söllner im Kiosk, sie kaufte regelmäßig bei Hugo.

Rigo begleitete Hugo eine Weile, aber bald ging er mit seinem eigenen Rucksack hausieren. An einer Straßenecke trennten sie sich und verabredeten eine Uhrzeit, wann sie sich wieder treffen würden. Wie Hugo zeigte auch Rigo die eintätowierte KZ-Nummer, um zu erklären, dass sie nichts hatten und die Leute etwas kaufen sollten. Tagtäglich brachte Rigo zehn, fünfzehn, manchmal sogar zwanzig Mark, die er Mama gab, damit sie kochen konnte.

Hugo war erleichtert, dass er nicht mehr allein für die Familie sorgen musste. Dada konnte immer noch nicht ohne Stock laufen und daher nicht täglich etwas verdienen, Frieda war noch krank und auch Manfred lag noch oft. Frieda musste neunmal operiert werden, sonst wäre sie gestorben und hätte doch nicht überlebt, was die Ärzte in Ravensbrück ihr angetan hatten.

Als Entschädigung für die verpasste Schulbildung bekam jedes Kind 3500 Mark.

»Die Schule haben sie uns geraubt. Die haben uns rausgerissen.«

Dada nahm das Geld zusammen, verkaufte das Haus in der Deisenhofener Straße und kaufte ein größeres in Waldtrudering. Auch Onkel Babist mit Familie und andere Verwandte zogen nach Waldtrudering. Niemand hatte mehr Pferde. Der Babo war schon Mitte achtzig, wohnte bei Dada auf dem Hof in seinem Wohnwagen. Er kochte dort für sich, er sprach mit den Enkeln, er schnupfte Tabak, er erzählte von früher, er gab den Enkeln von seiner Suppe. Babo wollte nicht in einem Haus wohnen. In seinem Wohnwagen war es immer pieksauber. Das Bett gemacht. Vorn lag die Schnupftabakdose und gewaschene Taschentücher. Jeden Abend stand er vor Mamis Bild und betete. Frühmorgens, wenn der Hahn krähte, weckte er die Enkel, damit sie Semmeln kaufen gingen. Mano und Schuka waren in einer Nacht sehr spät nach Hause gekommen und kaum eingeschlafen, da klopfte Babo schon an die Tür. Steht auf, geht zum Bäcker!

Lass nur, sagte Mano zu Schuka, wir schlafen weiter, die Tür ist abgeschlossen, er kann uns nichts machen. Durch ein Geräusch wurden sie wach. Babo hatte eine Leiter ans Fenster gestellt, kletterte hinein und jagte die beiden aus dem Bett.

In Waldtrudering riss er Latten aus Zäunen anderer Leute und machte daraus Brennholz für den Herd in seinem Wohnwagen. Onkel Babist sah das und sagte: Dada, das darfst du doch nicht machen.

Lass mich, brummte Babo ungehalten.

Er wurde 87 Jahre alt.

Manfred wollte sich nicht damit abfinden, dass der Mengele und die Ärzte in Ravensbrück ihn sterilisiert hatten. Er hatte geheiratet und wollte Kinder haben. Er kämpfte um eine Entschädigung. Die wurde ihm erst abgelehnt, weil es hieß, durch eine Sterilisation sei seine Erwerbsfähigkeit nicht eingeschränkt. Dann wurde sie abgelehnt, weil er nicht versucht hatte, den Eingriff rückgängig zu machen. Manfred besuchte einen Arzt in München, ließ sich untersuchen, er wurde zweimal operiert, aber der Arzt konnte die Sterilisation nicht rückgängig machen. Manfred gab nicht auf, er hangelte sich von Verhandlung zu Verhandlung. Ihm wurde eine Entschädigung abgelehnt mit der Begründung, es gebe einen Arzt in Polen, in Krakau, und einen in den USA, die könnten ihn operieren, so dass er wieder zeugungsfähig würde. Aber um dort hinzureisen, fehlte Manfred das Geld. Also wurde die Entschädigung bei der nächsten Verhandlung wieder abgelehnt, weil er dort nicht hingefahren war. Wieder schrieb Manfred einen Widerspruch. 1998 war die letzte Verhandlung. Da war Manfred 66 Jahre alt. Er gewann sie, ihm wurden 39 000 DM und eine monatliche Rente von 500 DM zugesprochen. Drei Monate später starb er. Das Geld hatte er nicht mehr bekommen.

Acht, neun Jahre nach der Befreiung fragte Hugo seinen Dada noch einmal, die Geschwister waren auch dabei. Warum hast du denn nach dem KZ Deutschland nicht verlassen, nach Österreich oder Italien?

In Österreich, sagte er, sind die größeren Hitler als bei uns gewesen. Italienisch kann keiner von euch, keiner hat die Schule besucht, was mache ich mit euch im Ausland? Da geht es uns nur noch schlechter als hier. Ich bin Deutscher, warum soll ich wegziehen von hier? Da gaben Hugo und die Geschwister ihm wieder Recht.

»Wir haben niemals geredet. Nur zwischendurch was Kurzes. Weißt du noch, da? Oder wie das mal war? Oder wie der Dada gesagt hat, schaut nicht nach rechts, als der Kamin geplatzt war? Aber was wir mitgemacht haben, hat keiner dem anderen erzählt.«

Ihre Gespräche drehten sich vor allem darum, wie sie alle ihr Leben verdienen könnten.

Als Bürstenhugo wurde er manchmal auch nach anderen Dingen gefragt, oder er erkundigte sich, was die Leute noch brauchen konnten. Bettwäsche, sagte jemand. Kannst du Bettwäsche bringen?

»Dann habe ich langsam mit Bettwäsche angefangen, mit Decken, dann mit Teppichen, Bodenbelägen und dann so mein Leben ...«

Er machte den Führerschein und kaufte ein Auto. Morgens nahm er Rigo mit, setzte ihn mit dem Rucksack voller Bürsten in einem Viertel ab und fuhr in ein anderes. Zwei, drei Stunden später, so wie sie es verabredet hatten, holte Hugo seinen Bruder wieder ab. Manchmal sah er ihn kommen, lächelnd, er hob seinen Rucksack und zeigte, alles leer. Rigo konnte gut verkaufen und unterstützte die Mama sehr.

Einmal saßen Hugo und die Cousins in der Wirtschaft und tranken Bier, während Rigo mit einem Stapel Decken losging.

Nicht viel später hatte er alle verkauft und kam stolz mit seinem Geld in die Wirtschaft. Er musste das Bier bezahlen, aber durfte keines trinken. Hugo schickte ihn nach Hause, der Dada schimpft dich sonst aus.

Mit dem Auto konnte Hugo zu Fabriken fahren und die Restposten billiger bekommen. Er kaufte sie auf und nahm sie mit oder ließ einen Teil dort und verkaufte erst einmal, was ins Auto passte. So verdiente er sich sein Geld.

Mit Mano saß Hugo in einer Wirtschaft am Grünen Markt. An der Wand hingen alte Fotos. Käthe Brumbach, die stärkste Frau der Welt, stand unter einem. Hugo und Mano schauten sich die Fotos genauer an. Die stärksten Männer Bayerns: Steirer Hans. Er konnte hundert Kilo stemmen, und während er das Gewicht waagerecht hochhielt, turnte sein zehnjähriger Sohn darauf.

Hugo schaute weiter und las: Höllenreiner Rudolf, auf dem Foto war ein großer Mann mit einem langen aufgezwirbelten Schnurrbart, der mit einem Arm eine Hantel stemmte. Mano, schau her, der Babo, Höllenreiner Johann Baptist, die Bilder muss ich haben. Hugo erzählte seinen Eltern davon, doch die hatten anderes im Kopf und gingen nicht dorthin. Wenige Wochen darauf wollte Hugo wieder in diese Wirtschaft, er stand am Grünen Markt, sie war aufgegeben und die Bilder waren verschwunden. Hugo war enttäuscht, so gern hätte er die Fotos gehabt, in seiner Familie gab es fast keine mehr, die waren in der Deisenhofener Straße zurückgeblieben, als die Polizei die Familie mitnahm.

Hugo ging mit seinen Cousins und Geschwistern tanzen, meistens ins Schmuckkastl, wo die amerikanischen Soldaten sich amüsierten. Wenn Rosi und Hugo Jitterbug tanzten, dann verließen alle die Tanzfläche und schauten ihnen zu. Rosi war die Lieblingstanzpartnerin des Jitterbug-Europameisters, eines Sintos. Manchmal gab es auch Streit und Raufereien, meistens ging es um Mädchen, die die Amerikaner stehen ließen und sich Hugo, Mano, Schuka und den anderen anschlossen, meistens war auch Alkohol mit schuld.

Hugo trat im Fingerhakeln und Armdrücken gegen amerikanische Soldaten an. Um zwei Biere oder mehr. Meistens gewann er, aber manchmal wollte ein verärgerter Amerikaner vor die Tür, to fight.

Hugo, Manfred und Mano sprachen ab und zu von Lenggries, als es ihnen noch gut ging. Sie wollten gern noch einmal hinfahren. Hugo wollte die Berge sehen, zur Denkalm hoch, und sie alle drei wollten die schöne Sophie Raßhofer wiedersehen. Also zogen sie sich ihre besten Anzüge an, fuhren in einem glänzenden schicken Auto nach Lenggries und klingelten wie früher bei Sophie.

Hugo gefiel sie immer noch, als sie die Tür öffnete und von einem zum anderen aufschaute. Kennst du uns noch? Deine Verehrer? Und ich bin dein größter Verehrer, sagte Hugo. Sie gingen mit Sophie in eine Wirtschaft,

1958. Hugo mit seiner Tochter Lili.

Sophie in der Mitte und Hugo und Manfred an ihrer Seite. Was ist eigentlich mit Elfriede?, fragte Mano. Sie umschwärmten sie wie früher, tauschten ein bisschen aus, was inzwischen geschehen war. Aber Sophie nahm keinen von den dreien, sie heiratete später einen Amerikaner.

Nach und nach heirateten alle. Rosi ging auch nach Amerika.

Hugo hatte eine Freundin und sie erwartete ein Baby. Hugo konnte es nicht fassen, aber er freute sich sehr. Also war es dem Mengele doch nicht gelungen, ihm eigene Kinder zu verwehren. Er heiratete und bald kam seine Tochter Lili auf die Welt. Ein paar Jahre später wurde sein Sohn Giuliano geboren.

Hugo traf auch Willi wieder, der jetzt Wilhelm hieß. Er besuchte Hugo in München. Sie unterhielten sich über alles, was seit der Befreiung geschehen war. Wilhelm ging es gut, er war mit seiner Karateschule zufrieden.

»Wir haben nicht über das KZ gesprochen. Auch wir nicht.«

Hugo liebte das Angeln. Allein an einem See sitzen, auf den Himmel schauen, der sich im Wasser spiegelt, den Schwimmer beobachten, die Wolken betrachten, den Vögeln zuhören, Zeit haben. Keiner kommt und zwingt ihn zu etwas. Manchmal setzte sich ein Freund zu ihm. Beim Angeln fand Hugo Ruhe. Murnau war für ihn ein gutes Angelgebiet.

Mit seiner Frau beschloss er, einen Wohnwagen zu kaufen, in den Schulferien nach Murnau zu fahren und dort ein paar Wochen still zu bleiben. Hugo reservierte einen Platz, bezahlte für den ganzen Sommer. Er baute ein Zelt vor den Wagen, ging angeln, baden, laufen. Es kamen andere Sinti dazu, Mano mit Familie, Hugos bester Freund Wankele mit Wohnwagen und Familie. Ohne Wankele reiste Hugo nirgendwo mehr hin. Die Kinder schwammen und spielten den ganzen Tag. Siebzehn Jahre fuhren Hugo, seine Frau und seine Kinder auf denselben Campingplatz. Zu den anderen Gästen hatten sie keinen Kontakt, es waren meistens ältere Leute. Wenn Hugo ankam, hörte er sie »Zigeuner« sagen oder »Zigeunerhugo«, so nannten sie ihn. Hugo kümmerte sich nicht um die Leute, sah sie gar nicht mehr. Er ging angeln, genoss die Landschaft, die Stille und das Wasser, das Zusammensein mit den Sinti und dass die Kinder draußen sein konnten.

Einmal regnete es. Nebenan wohnte ein älterer Mann, der Hugo all die Jahre niemals angesprochen hatte. Es regnete, und der Mann schaffte es nicht, sein Grillfeuer anzuzünden. Da stand er plötzlich vor Hugo und sagte: Hugo, kannst du mir helfen, das Feuer anzumachen? Ein Zigeuner wie du kann doch so was. Hugo ging nach nebenan, und er hatte Glück, er konnte das Feuer entfachen. Ja, der Zigeuner kann das. Danach gab es kein Grillfest mehr ohne Hugo, alle luden ihn und seine Familie ein. Als der Sommer herum war, baute Hugo ab, sie fuhren heim und nie mehr wieder zu diesem Campingplatz in Murnau.

Hugo verbrachte den Sommer am liebsten beim Angeln und mit Freunden und Familie auf einem Campingplatz. 50er Jahre. 5. v. l. Hugo, 7. v. l. Dada.

Hugo stand eine Zeit lang mit seiner Frau und den zwei Kindern auf einem Campingplatz in Dinkelsbühl. Seine Tochter war vierzehn, sie kam aus der Schule, weinend. Stürzte auf den Platz, zu ihrer Mutter. Hugo merkte, dass etwas nicht stimmte, und rief sie zu sich.

Was ist denn los, mein Mädchen?

Zwei Jungen und ein Mädchen haben mich angespuckt und geschlagen, sie haben gesagt, dich hat der Hitler vergessen zu vergasen.

Hugo sprang auf. Hier bleiben wir nicht, sagte er. Wir fahren wieder. Aber du gehst morgen noch mal in die Schule.

Nein, ich geh nie wieder dorthin.

Doch, morgen musst du noch mal hin, sonst kenne ich die Jungen nicht raus.

Und Hugo begann das Vorzelt abzubauen und seine Frau packte alles wieder zusammen. Hugo brachte diesen Satz nicht mehr aus dem Kopf, was haben die für Eltern, was ist den Kindern erzählt worden? Es kommt doch von den Eltern, die darüber gesprochen haben. Also finden sie es vielleicht gut, wenn ihre Kinder auch so sprechen.

Am nächsten Morgen ging seine Tochter in die Schule. Hugo parkte in der Nähe der Schule, wartete die Hofpause ab, ging zu seiner Tochter auf den Schulhof und sagte: Hallo, mein Mädchen. Wo sind sie denn, die das gestern gesagt haben?

Ach, Dada, lass doch.

Wo sind die zwei?

Seine Tochter zeigte ihm die Kinder, aber blieb in der Entfernung stehen, während Hugo hinging. Die beiden sahen ihn nicht kommen und fuhren zusammen, als Hugo einen am Ohr packte. Der andere rannte weg. Hugo hatte denjenigen, der den Satz gesagt hatte, und zog ihn am Ohr, drehte es, dass es blutete. Der Junge jammerte laut. Was hast du gestern gesagt?

Ich meinte es nicht so, ich meinte es nicht so. War nur Spaß.

Noch mal so was, und ich komme und reiße dir das Ohr ab, hast du verstanden?

Ja. Ja. Ich sag's nicht mehr.

Ein Lehrer eilte zu Hugo.

Hugo ließ los, der Junge rannte, so schnell er konnte. Wer sind Sie? Was tun Sie hier? Hugo sagte, er werde es niemals hinnehmen, dass jemand zu seinem Kind so einen Satz sage. Was tun Sie denn dagegen?, fragte er, als der Lehrer ihn vom Schulhof schicken wollte. Hugo nahm seine Tochter an der Hand, sie stiegen ins Auto, der Wohnwagen war schon eingehängt, sofort fuhren sie ab.

Hugo sprach nie mit seinen Kindern über früher, über die Lager. Was sie wussten, hatten sie erfahren, wenn seine Geschwister miteinander sprachen, da saßen sie still dabei und hörten genau hin. Manchmal fragten sie: Was war mit Dada, was hat er gemacht? Und die Geschwister erzählten etwas, ein bisschen und nur, wenn es nicht schlimm wurde. Sonst schwiegen auch sie. Hugo konnte es nicht, er konnte seinen Kindern nichts sagen.

Mit seiner Familie, seinem Freund Wankele und dessen Familie verbrachte Hugo die Ferien auf Gran Canaria. Einmal sah er vom Strand aus ein großes Kriegsschiff draußen auf See vor Anker liegen. Da schwimme ich hin und schau es mir genauer an. Das Meer war ruhig und Hugo schwamm mit kräftigen Zügen, aber das Schiff kam nicht wirklich näher. Er merkte, dass es viel weiter weg im Meer lag, als er dachte, und kehrte um. Kaum spürte er wieder Boden unter den Füßen, war er froh, es war doch zu weit, er war aus der Puste. Dann blickte er sich noch einmal um und betrachtete den englischen Flugzeugträger. Da hörte Hugo eine Stimme, eine leise schwache Stimme. Help. Help. Hugo suchte und entdeckte eine Hand, dann ein Bein, das auftauchte und wieder im Wasser verschwand. Da ertrinkt einer. Hugo hastete hin und packte den Mann, hielt ihn am Haarschopf über Wasser, mit der anderen Hand unter den Armen. Der Mann zappelte, entwischte Hugo, er griff ihm noch einmal ins Haar und zog ihn an Land. Da kamen ihnen schon Helfer entgegen, die beobachtet hatten, wie Hugo jemanden schleppte. Sie trugen den Mann an den Strand und drückten ruckweise auf seinen Brustkorb. Wasser kam im Schwall aus seinem Mund. Hugo sah, dass der Mann lebte, der Mann öffnete die Augen und suchte, bis er Hugo entdeckte. Hugo ging ins Hotel, er musste sich ausruhen.

Am Abend, als er in der Hotelbar saß, kam der Mann mit seiner Frau hinein und bedankte sich bei Hugo, you saved my life, er war glücklich, überschwänglich, lud Hugo und seine Familie nach England ein, please come, be our guests. Ich bin heute zum zweiten Mal geboren worden. Sie fragten sich gegenseitig nach ihren Kindern und wie lange sie noch auf der Insel sein würden, dies und das. What is that number on your arm? Your girlfriend's phone number? Hugo sagte: Vom concentration camp. Ich wurde von Engländern befreit. Engländer waren immer was Besonderes für mich.

Bergen-Belsen?

Ja, sagte Hugo. Der Engländer starrte Hugo an. My father was there. Er sei Kommandant gewesen und habe ihm früher immer erzählt, was er dort gesehen habe, die verhungerten Menschen. Und dass die Nazis auch Kinder gefangen hielten. He always said, children, can you believe that, there were children. Sein Vater habe es nicht glauben können und der Anblick der Kinder habe ihn tief erschüttert.

Ich war auch ein Kind. Wären die Engländer ein, zwei Tage später gekommen, wären wir gestorben. Dein Vater hat mir das Leben gerettet.

And you saved my life.

Ich bin froh und dankbar, dass ich deinem Vater und dir etwas Gutes tun konnte.

Der Mann reiste bald ab. Hugo wollte ihn gern besuchen, er fühlte sich diesem Mann verbunden, aber der Zettel mit der Anschrift ging verloren, bevor Hugo sich auf den Weg machen konnte.

Mit Wankele und den Familien stand Hugo einmal im Wallfahrtsort Illingen. In einer Wirtschaft saßen Hugo, Giuliano und Wankele. Ein Mann fiel Hugo am Tresen auf.

Wankele, wer ist der Mann dort?

Der kommt von Italien.

Hugo wusste, dass Babos Schwester Ritschl mit ihrem Mann, einem Reinhard, noch vor dem Naziregime nach Italien gegangen war. Er hatte hier irgendwelche Schwierigkeiten mit der Polizei gehabt. Hugo wusste sonst nur noch, dass Ritschl drei Töchter hatte. Hugo trat zu dem Mann am Tresen. Von wo bist du?, fragte er auf Romanes.

Aus Italien. Von Milano.

Wir haben auch Leute drüben. Wo stammst du her?

Miri Mami heißt Ritschl.

Hugo überlief eine Gänsehaut. Das ist meinem Babo seine Schwester.

Was? Heißt dein Babo Hanni oder Rudel?

Hanni ist meiner.

Die beiden Männer umarmten sich. Der Italiener weinte sogar. Hugo dann auch. Der Italiener rief sofort in Milano an. Er habe seinen Cousin gefunden. Jetzt erfuhr Hugo mehr von Ritschl. Mit ihrem

Mann war sie in Hamburg an Bord eines Schiffes gegangen. Sie reisten von Land zu Land, aber nirgends durften sie von Bord. In Italien schließlich gaben sie einem Fischer auf dem Meer Geld. Mit Sack und Pack lud er sie in sein Boot und brachte sie in Genua an Land. Sie nahmen italienische Namen an und lebten dort unerkannt. Später nannte Ritschls Mann sich Reinardo. Ihre drei Töchter bekamen viele Kinder. Hugo tauschte mit seinem gefundenen Cousin die Adressen aus, und als er mit seiner Familie im folgenden Jahr nach Italien fuhr, wurden sie aufgenommen wie die Könige.

Ende der Achtzigerjahre erst kam der SS-Unterscharführer König vor Gericht. Jetzt wurden Zeugen gesucht. Wer ihn wiedererkennen und gegen ihn aussagen würde. Dada lebte nicht mehr. Mama erklärte sich bereit, und Hugo fuhr sie nach Siegen, sie war sehr aufgeregt. Mama war eine von fast vierzig Überlebenden von Auschwitz-Birkenau, die vor dem Landgericht aussagten. König war Blockführer im Zigeunerlager, vom 30. Mai bis zum 3. Oktober 1943 gehörte er zum Kommandanturstab von Auschwitz-Birkenau.

Inzwischen war er schon über siebzig Jahre alt, bis jetzt hatte er in Freiheit gelebt, in Deutschland. Bei Abschluss des Prozesses wurde er wegen mehrfachen Mordes an Häftlingen im Zigeunerlager zu lebenslänglicher Haft verurteilt. Zwei Tage später fand man ihn erhängt.

»Mama hat gelebt bis 2000, sie ist 84 Jahre alt geworden. Sie war früher eine lebenslustige Frau, hat viel gelacht und manchmal ist sie abends mit Dada ausgegangen. Nachher war sie nicht mehr lustig, da hat sie viel gegrübelt.

Als Lili geboren wurde, hat sie sich um sie gekümmert, da ist wieder ein bisschen Leben in sie reingekommen. Aus rotem Satin hat sie für Lili ein Nachthemd genäht, hat ihr Kleider genäht. Über die Enkel war sie glücklich. Aber in den letzten zehn, fünfzehn Jahren ohne die Kinder, als die Enkel groß waren, ist sie wieder still geworden.

Es gibt keine bessere Frau, wie meine Mama war. Ich war ihr Liebling, ich war alles für sie. Wenn sie mich bloß angeschaut hat – wenn ich mich gestritten habe, die hat es sofort gesehen.

Ist was, Junge, was hast du?

Nichts, Mama.

Doch, du hast was. Bitte sag mir, komm.

Hat sie mich eingehakt, mir einen Kuss gegeben, sag mal, was ist denn?

Ja, Mama, soundso soundso.

Ich weiß doch, mein Junge.

Und dann hat sie oft gesagt, wenn ich erzählt habe, jemand hat gesagt, ich schau so gut aus: Lass dir das nicht sagen. Da geht es dir mal ganz schlecht. Erzähl lieber gar nichts. Nichts. Du musst alt werden, genau wie ich. Meistens, wenn sie so reden, dann passiert was.

Sie hat uns großgezogen, und als wir groß waren, hat sie uns noch größer gezogen. Hat von jedem seiner Familie gewusst, was wir machen. Der Rigo hat vier Söhne. Die Rosi war mit einem Amerikaner zusammen, da ist ein Junge da und zwei Mädchen, hat sie noch mal geheiratet, einen Sinto, da ist ein Junge und ein Mädchen noch da. Und ich habe einen Sohn und eine Tochter.

Dem kleinen Bruder geht es ganz gut, der hat drei Söhne, er ist in München, hat einen Juwelierladen gehabt, dann hat er noch Diamanten gemacht.

Jetzt hat er ein schönes Haus in Teneriffa, bleibt meistens den ganzen Winter drüben.

Ich bin meistens ins Geschäft gegangen und habe ausgeliefert, zuletzt habe ich mit Solinger Töpfen und Messern gemacht. Zuletzt ging das Geschäft sehr schlecht.

Aber ich lebe.

Vor zehn, fünfzehn Jahren habe ich bestimmt zehn Kilo mehr gehabt, war träge. Bin in die Wirtschaft gegangen, habe sieben, acht Bier getrunken. Bin heim, ohne eine Sprache.

Das waren bald fünfzig Jahre, wo ich nicht drüber gesprochen habe.

Aber ich habe immer den Kopf voll gehabt, jeden Tag. Ich habe nie Ruhe gekriegt. Und wenn ich dann gelegen und aufgewacht bin, war immer der Film im Kopf.

Meine Kinder haben alles gewusst durch Erzählungen, wenn meine Brüder, meine Schwestern erzählt haben, was wir alles mitgemacht haben. Aber wenn sie mich gefragt haben, hab ich eine Ausrede gesagt, bin dann weg und hab nichts erzählt.

Wenn im Fernsehen was drin war, hat mein Sohn umgeschaltet. Er hat es nicht gleich offensichtlich gemacht, sondern er hat gefragt, ja, was machen wir morgen noch, und dann, wie wir das am besten machen, dann hat er den Fernseher ausgemacht. Ich habe gewusst, warum er es ausmacht.

Ich hab das oft gemerkt, wenn ein Film über das Naziregime war, mein Sohn, als er siebzehn, achtzehn war, der ist heute vierzig, ist vor: Dada, ich muss einen anderen Film sehen oder Musik oder irgendwas. Ich hab genau gewusst, warum er das macht. Ich wollte auch schon aufstehen und abschalten, aber dann hat er mich beobachtet und es gemacht, oder mein Mädchen, die ist jetzt 46, hat es schon vorher abgeschaltet. Als sie Kinder waren, mit sieben oder zehn Jahren, haben sie es gemerkt und gefragt: Vater, was war denn da? Wie war denn das? Sie haben gemerkt, dass ich nie darüber gesprochen habe. Dann haben sie gemerkt, oh, das will er nicht, so schlau waren sie, wenn dann das Thema kam, haben sie vorher schon abgeschaltet.

Genau wie ich mit dem Dada. Der hat auch, wenn andere sagten: Nein, Sepp, was hast du mitgemacht, was war denn da noch alles und wie war denn das mit dem und dem? Den, wo sie erschossen haben. Wie war das, wo vergast worden ist? Oder das mit den Kindern, erzähl doch mal. Gar nichts. Der hat nicht einmal gesagt, ich erzähl nichts, oder ich erzähle es, er hat so getan, als hätte er es gar nicht gehört. So dass ich dachte, warum spricht jetzt der Dada nicht? Er hat ein anderes Thema angefangen, dann hat er was anderes erzählt. Dann haben die anderen schon gewusst, er möchte nicht darüber sprechen. Wir haben alle gar nicht darüber gesprochen und das war unser Fehler. Vieles weiß ich heute nicht, hätten wir gesprochen, hätte ich fragen können, dann wäre alles rausgekommen. Dann hätten wir es heute gewusst.

Wir haben immer große Angst. Die war ja bis 1993 bei mir. Ich habe immer Knödel im Hals gehabt.

Bis dann der Ludwig Eiber zu mir kam, hat sich vorgestellt als Autor in München, und er hätte gerne mal meine Geschichte gehabt. Zuletzt sagte er: Hugo, die Leute kommen zu dir, um Fragen zu stellen, gib doch deine Antworten, warum sprichst du nicht darüber? Sagte ich, ich kann nicht, es geht nicht, ich habe große Angst davor.

Hugo, komm, du musst sprechen, du musst vor dem Bürgermeister sprechen. Da sagte ich, ich kann doch nicht sprechen, was soll ich denn da überhaupt sagen?

Der hat mich dann so überzeugt, da bin ich mal angerufen worden von ihm, er war in München beim Bürgermeister Kronawitter, es war 1993. Ich bin hin nach München zum Marienplatz, da kam der Herr Ude dazu, der ihn dann als Bürgermeister abgelöst hat. Dachte ich, was mache ich beim Bürgermeister, was wollen die von mir? Die haben sich dann unterhalten, haben gesagt, Hugo, warum sprichst du nicht?

Also, wenn Sie wollen, dann spreche ich halt, aber es tut mir sehr weh.

Du wirst sehen, wenn es gesprochen worden ist, dass es besser wird. Und ich habe dann gesagt, also gut, ich spreche dann. Aber nur, weil der Bürgermeister mir das gesagt hat.

Ich bin dann heim, ich war nervös, und ich dachte mir, gut, dann werde ich halt meine Geschichte erzählen, und habe dem Eiber erzählt. Er hat es mir auf ein paar Seiten aufgeschrieben und gesagt, das machst du, das liest du vor.

Und dann kam der berühmte Tag. Da bin ich nach München rein, in einen großen Saal am Marienplatz. Und ich habe mich gut angezogen, weil ich gehört habe, dass auch viele Geschichtslehrer und Professoren, die das hören wollten von mir, und auch die Münchener Stadträte kommen. Da war ich fix und fertig.

Aber ich habe mir gedacht, komm, egal, ich werd es dann runterer-zählen. Ich schäme mich auch nicht mehr. Erst hat der Herr Ude, dann Bürgermeister Kronawitter, dann der Vorsitzende der Sinti, dann ein Geschichtslehrer gesprochen, und ich war der Letzte.

Ich habe auch von mir aus Leute eingeladen, es waren ungefähr dreißig, vierzig Mann, habe auch Musik kommen lassen. Die haben Musik gespielt und dann habe ich meine Blätter runtergelesen.

Irgendwie habe ich meine Rede gehalten. Mein Sohn war mit drin. Wenn ich kurz reingeschaut habe ins Publikum, habe ich gesehen, dass Leute Taschentücher rausnehmen und weinen, da bin ich auch sentimental geworden. Ich habe meinen Sohn gesehen, der weint nor-malerweise nie, der hat geweint, dass das Taschentuch nass war. Das war das erste Mal, dass ich erzählt habe, ich selbst habe dann geweint, ich konnte nicht mehr.

Aber wie ich fertig war, war ich noch deprimierter wie vorher.

Und dann, wie ich das ausgesprochen habe, war alles mucksmaus ruhig da drin. Ich hab mir gedacht, überall haben sie geklatscht, habe ich denn so schlecht gesprochen, dass ich kein Klatschen kriege, und auf einmal ging dann das Klatschen los, die haben bestimmt zehn Mi-nuten lang geklatscht. Die kamen dann alle zu mir, Geschichtslehrer, auch der Herr Ude, auch Bürgermeister Kronawitter, dann der Romani Rose, so viele kamen und haben mir gratuliert.

Und irgendwie habe ich dann gemerkt, dass es mir viel besser ging. Ich habe keinen Knödel mehr im Hals gehabt, mir ist es bes-ser gegangen, dacht ich mir: Warum habe ich nicht vorher gespro-chen?

Mein Sohn hat später gesagt, er hat sich gefreut, dass alles rausge-kommen ist von mir. Dir muss es doch jetzt besser gehen, Dada. Ich habe gesagt, ja, mir geht es auch besser. Ich habe das gewusst.

Ich habe abends noch zwei, drei Gläser Sekt getrunken, vorher schon Alkohol, meine Bierchen. Und bin heim, ich bin leicht ins Bett gegangen, hab die ganze Nacht durchgeschlafen. Hab gedacht, was hab ich denn, was ist denn los?

Und dann kam ich langsam drauf, das kann nur das gewesen sein, wo alles in mir gehemmt war. Und je mehr ich spreche und es allen sage, desto leichter wird's mir.

Meine Kinder haben dann alles von mir erfahren. Vorher, wenn meine Geschwister erzählt haben, haben sie hellhörig hingehört. Was war da alles, was war mit dem Vater, was hat der noch gemacht. Ich konnte nichts sagen, und heut ärgere ich mich, ich hätte rauskommen und gleich erzählen sollen, gleich, was alles passiert ist, aber man hat Angst. Man denkt, hoffentlich passiert es nicht mir wie meinem Vater und meiner Mutter, sechs Kinder müssen ins KZ rein, sie wissen, dass sie umgebracht werden. Was die für Angst aushalten. Allein die Angst von meinem Vater und meiner Mutter.

Von meiner Familie war niemand am Marienplatz dabei. Ich habe mir später gedacht, warum sind die nicht gekommen, haben sie vielleicht gedacht, dass sie sich blamieren, wenn ich das erzähle? Ich kam da nicht darauf. Die wollten nicht mehr hören, was passiert ist. Vielleicht dachten sie, jetzt bringt der Hugo alles wieder raus und warum muss das sein.

Später haben sie mir dann gesagt: Hugo, wir haben richtig Angst gehabt, dass du wieder reinfällst. Du warst sowieso früher immer so krank, bist immer hingeflogen nach dem KZ. Ich muss überall geflogen sein, ich war schwach in den Beinen.

Dachte ich mir, nein, mir geht's viel besser, seitdem ich das erzählt habe. Aber ich ärgere mich heute drüber, dass ich nicht schon zwanzig Jahre vorher drüber gesprochen habe. Aber es ging nicht. Es ging nicht.

Danach bin ich überall eingeladen worden, ich habe überall meine Rede gehalten und ich war richtig froh, der Knödel im Hals ist verschwunden. Nur manchmal kommt der, wenn ich höre, dass wieder etwas Ungerechtes geschehen ist, dass Leute zusammengeschlagen werden, nur weil sie eine andere Religion haben, dass Leute umgebracht werden nur wegen ihres bloßen Daseins. Und das verstehe ich heute noch nicht. Dann habe ich den Knödel sofort wieder drin.

Zwei, drei Wochen später kam dann schon Post von vielen, vielen

Geschichtslehrern und Lehrerinnen, ich sollte zur Schule kommen, ich sollte das noch mal erzählen.

Und dann kam Post von Bergen-Belsen, ich habe den Leiter dann auch angerufen, sagte er: Mensch, komm rauf, wir haben Schüler hier und sie hätten dich gerne gehört. Ein Lehrer hat erzählt, dass du in München so gut gesprochen hast. Er hat mir ins Gewissen gesprochen.

Vorher hat mich ein Sinto von Auschwitz durch einen Dolmetscher angerufen, er hat erst gesprochen, dann der Dolmetscher, er hat gehört von mir, und wir brauchen solche Menschen, die das weitergeben.

Ich bin dann nach Auschwitz eingeladen worden. Ich wollte Auschwitz nie mehr in meinem Leben wiedersehen, ich wollte Bergen-Belsen nie mehr sehen, auch Mauthausen und Ravensbrück nicht. Wenn ich nur davon gehört habe, hatte ich Gänsehaut.

Die Angst ist immer noch in einem. Aber es ist besser. Ich war im Glauben, dass ich niemals, niemals mehr zu den KZ-Lagern fahren werde. Ich hatte nie gedacht, dass ich einmal das KZ Auschwitz oder noch schlimmer Bergen-Belsen wiedersehe. Dachte ich mir, in meinem ganzen Leben niemals, da gehe ich NIE MEHR hin. Da habe ich zu viel mitgemacht.

Und dann dachte ich mir, ist egal, es ist vorbei, ich habe das überwunden, ich habe gesprochen, und warum soll ich nicht mehr sehen, was uns angetan wurde. Ich hab dann zugesagt. Da sind wir erst mit dem Flugzeug, dann sind wir ausgestiegen, ich habe mir noch gar nichts dabei gedacht, und wir sind in einen Bus eingestiegen, haben eine Stunde zu fahren gehabt, und wie ich gelesen hab: Oświęcim zwanzig Kilometer und dann acht Kilometer, bin ich unruhig geworden. Ich hab gedacht, mein Herz bleibt stehen.

Dann habe ich vorne gesehen, das Eingangstor, Arbeit macht frei, was ich damals auch gelesen habe, wo ich mir gedacht habe, mein Vater ist ein guter Arbeiter, wir kommen hier raus. Als ich das gesehen habe, war ein Zusammenbruch bald möglich. Wie ich dann rein bin ins KZ-Lager und habe die Baracken gesehen, die noch da stehen ...

Hugo in Auschwitz-Birkenau am 2. August 2004 bei seiner Rede anläßlich des Gedenkens an die in den Gaskammern ermordeten Gefangenen des Zigeunerlagers.

Dann habe ich ein paar Tage später eine Rede gehalten. Da war ich wieder so froh, wie ich fertig war.

Aber Bergen-Belsen war für mich das Schlimmste, es war schlimmer als das KZ Auschwitz, weil ich da wusste, es gibt kein Entrinnen mehr. Und dort noch mal aufzutauchen und dort zu sprechen, dachte ich mir, nein, es geht niemals. Aber ich habe dann auch dort gesprochen, Schüler aus Rostock waren da, ich hab mehr geweint, als ich gesprochen habe.

Aber ich habe da oben gesprochen und mir ist dann auch leichter geworden.

Man sieht dann alles wieder vor sich.

Wenn man so was mitmacht, sagt man sich, nein, ich spreche nicht mehr drüber. Weil man Angst hat, dass wieder so was kommt. Man hat immer wieder Bedenken ... Ich hab jetzt keine Bedenken mehr. Ich bin froh, dass ich jetzt drüber spreche. Ich bin froh, dass es nicht in Vergessenheit gerät, dass so was nicht mehr passiert. Mit zwanzig, fünfundzwanzig Jahren hätte ich sprechen müssen.

Wenn die Reden rum sind, bin ich ein neuer Mensch. Immer wieder, immer wieder neu. Aber jetzt habe ich wieder Bedenken. Ich habe schon wieder vor dir Angst gehabt. Wenn du jetzt kommst, muss ich wieder alles erzählen. Wenn ich beim Erzählen bin, dann läuft es. Und mir geht es jetzt ganz gut.

Gestern ist es mir nicht gut gegangen. Heute schon den ganzen Tag, Magenweh, Kopfweh und Gedanken, Gedanken.

Je mehr ich erzähle, ich merke es doch an mir, je mehr das rauskommt, desto besser wird's mir dann.

Manchmal gibt es Menschen, die helfen beim Erzählen, damals war keiner da.

Da war keiner da. Auch du hast mir geholfen, mit Fragen, wie war das noch mal, wie war das noch, du hilfst mir dabei. Das habe ich ja vorher nie gehabt. Seitdem ich gesprochen habe, bin ich ein anderer Mensch geworden.

Richtig frei bin ich trotzdem nie. Ich bin nicht der freie Mensch wie andere. Die sagen, gehen wir mal das und das machen. Nein, irgendwas hält mich immer zurück. Was könnt jetzt passieren? Hoffentlich passiert so was nicht mehr. Dann meine Familie, dass da nichts passiert.

Ich weiß nicht, ob meine Familie das Buch lesen wird. Wir haben uns bis jetzt nicht darüber unterhalten, was geschehen ist. Und ob sie dann das Buch lesen ...

Dagegen sind sie nicht. Sie wollen auch, dass das Wissen weitergegeben wird, aber sie sind nicht diejenigen, die es weitergeben können. Sie freuen sich, dass ich darüber spreche, aber sie wollen nicht, dass ich mit ihnen darüber spreche. Sag das, wie du es denkst, dass es nicht in Vergessenheit gerät, aber wir können nicht. So hat es die Mama zu mir gesagt.

Fast jeden Monat spreche ich vor Schülern. Ich fahre auch bald wieder nach Dachau. Ich habe jetzt schon Angst davor.

Viele Schüler sind dann dort, die kommen rein mit munteren Gesichtern und raus mit verweinten Gesichtern.

Das tut mir richtig weh. Ich weiß dann, wie sie denken. Ich versetze mich in die Kinder rein. Ich seh die traurigen Gesichter. Aber dann bin ich wieder froh, wenn ich es erzählt habe, weil, die wo so richtig traurig sind, die versuchen es weiterzugeben. Und das ist meins, was ich vorhabe. Ich will, dass es weitergeht. Ich kämpfe darum. Dass nicht vergessen wird, was gewesen ist.

Ich spreche jetzt schon mehr als zehn Jahre darüber, und immer wenn ich sagen muss, was wir mitgemacht haben, tut es mir innerlich sehr weh. Mein ganzer Körper leidet darunter. Ich kriege Magenschmerzen, Kopfschmerzen, mein Kreislauf stimmt nicht. Das war vorher alles nicht. Wenn ich gesprochen habe, bin ich richtig traurig. Ich bin dann so fertig. Aber vielleicht drei Stunden später kriege ich wieder neuen Mut. Warum warst du denn jetzt so kaputt, aus was für einem Grund? Du hast alles rausgesagt. Zwei, drei Stunden später kommt die Kraft wieder, ich lebe wieder. Ich habe auch keine Kopfschmerzen mehr.

Ich weiß dann, dass es gut angekommen ist und dass es weitergeht.

Ich spreche nur darüber, dass nicht mit uns, aber auch nicht mit anderen Leuten so was passiert. Was ich und andere Leute mitgemacht haben, andere Familien und andere Nationalitäten, so was soll nicht mehr passieren. Darum spreche ich darüber.

Die Angst ist immer noch da. Nicht mehr so schlimm, wie sie war, aber die ist ständig da. Wenn ich das, was wir mitgemacht haben, noch mal erleben müsste, ich könnte das nicht. Wenn ich allein wäre und sie würden mich von zu Hause holen – nie im Leben könnten sie mich zwei, drei Meter wegbringen. Ich würde kämpfen mit allen Mitteln. Ich würde fünf, sechs Stück mitnehmen. Ich würde mein großes Küchenmesser nehmen, ich tät metzgern, das glaubt kein Mensch. Ich könnte das nie, nie mehr mitmachen.

Kindergeschrei kann ich nicht vertragen. Auch Lachen, wenn es zu laut ist, vertrage ich nicht. Weil ich da immer die Schreierei im Ohr habe, wo die Leute vergast worden sind. Wie die Kinder und die Frauen geschrien haben, wenn sie auseinander waren, sie wollten doch zusammenbleiben, als sie alle ausgezogen waren. Und dann die Schreie. Schlimm.

Viele fragen, ein Fürst hat mich auch gefragt: Hugo, kannst du nicht verzeihen? Du musst doch mal verzeihen können. Sagt er: Es ist wie in einer Ehe, wenn man Streit hat. Einer muss beginnen und sagen: Vergib mir. Sag ich: Das stimmt nicht, was du da jetzt sagst. Ehestreit und Morden ist ein großer, großer Unterschied.

Sagt er: Ja, du hast Recht. Aber ich darf für alles, was geschehen ist, um Verzeihung bitten. Er wollte unbedingt, dass ich es verzeihe.

Ich kann für die Toten nicht vergeben. Ich kann nicht für die Toten sprechen.

Man kann nicht verzeihen, es geht nicht. Wenn man auch möchte irgendwie. Ich muss die Wahrheit sagen, ich kann nicht verzeihen. Es geht nicht. Uns ist zu viel angetan worden.«

Nachwort

Am Anfang dieses Buches stand der Wunsch von Hugo Höllenreiner, jungen Menschen zu berichten, was in zwölf Jahren Diktatur in diesem Land geschehen ist. Er suchte jemanden, der seine Lebensgeschichte aufschreiben würde und fragte in der Gedenkstätte Bergen-Belsen. Durch die Vermittlung der Vorsitzenden der Arbeitsgemeinschaft Bergen-Belsen, Frau Elke von Meding, lernten wir uns kennen. Ich beschloss sofort, dieses Buch zu schreiben, und er war bereit, mir zu vertrauen. Viele Bücher berichten vom Überleben in nationalsozialistischen Konzentrationslagern, aber sehr wenige vom Leiden der Sinti und Roma.

Hugo berichtete mir, was er und seine Familie durchgemacht hatten. Stockend manchmal, andere Male verkürzt, ansatzweise. Es kostete ihn große Kraft und Überwindung, einmal alles zu erzählen, so wie er es sich vorgenommen hatte. Worüber er jahrzehntelang nicht sprechen konnte, das konnte er nun nicht plötzlich flüssig formulieren. Er musste dafür erst einmal Worte finden. Manche Begebenheiten waren auch für mich als Zuhörerin kaum zu ertragen. Hugos Offenheit machte das Schreiben möglich. Er erlaubte mir, bis in Einzelheiten nachzufragen, er forderte mich sogar dazu auf.

Ich beschloss, seine Geschichte in der dritten Person zu schreiben, angelehnt an seine Sprache neu zu formulieren, weil grauenvolle Erlebnisse sich nicht geordnet erzählen lassen, die Erinnerung nicht geradlinig verläuft. Oft reißt ein Satz ab, weil es zu schlimm ist weiterzusprechen; oder in dem Augenblick die Erinnerung zu ertragen.

Um die seither vergangenen mehr als 60 Jahre spürbar zu machen, fügte ich Hugos Reflexionen aus heutiger Sicht wörtlich in den Text ein. Spürbar machen deshalb, weil die vergangenen Jahrzehnte seit der Befreiung nicht die Wunden heilen und nichts vergessen machen konnten. Manche meinen, man solle dieses »Thema« endlich ruhen lassen. Viele aber, besonders auch junge Leute, wollen wissen, was genau damals geschehen ist. Und für Hugo war die Vergangenheit kein Thema, sie war Teil seines gegenwärtigen Lebens. Ebenso wie für seine Kinder und Kindeskinder. Jeden Tag erinnerte ihn etwas an die durchlittenen Kinderjahre. Die Vergangenheit war allgegenwärtig durch Alpträume, Angst und gesundheitliche Beschwerden als Folge der Gefangenschaft.

Jeden Tag erinnerte ihn etwas daran. Im Alltag, aber auch Ereignisse in Deutschland und der Welt. Die Folterungen irakischer Gefangener durch amerikanische Soldaten, Wahlen, in denen extrem rechte Parteien Stimmen bekommen, die Abgeordneten der sächsischen NPD im Landtag, die sich nicht an der Schweigeminute für die Toten von Auschwitz beteiligten. Aber auch in anderer Weise wird die Vergangenheit Gegenwart. Anlässlich des 60. Jahrestages der Befreiung berichtete Hugo im Bürgersaal einer Kleinstadt von seinem Schicksal. In der folgenden Nacht wurde sein Auto mit Benzin übergossen und angezündet. Das war im Jahr 2005.

Den Alltag in Auschwitz beschreiben – das fällt denjenigen schwer, die ihn überlebt haben. Die Sprache erscheint unzulänglich und auch die größtmögliche Genauigkeit kann nur ein ungefähres Bild des täglich erlittenen Leids zeichnen. Beim Schreiben suchte ich lange nach einer Chronologie, nach der ich Hugos Erinnerungen anordnen und mit der Chronologie der historischen Abläufe des »Zigeunerfamilienlager« genannten Abschnitts von Auschwitz-Birkenau BIIe verbinden könnte. Den Gefangenen, und besonders den Kindern, ist jedes Zeitgefühl abhanden gekommen. Was Hugo wie viele Monate erschien, zum Beispiel die Zeit in Mauthausen und Bergen-Belsen, waren nach den in Zugangsbüchern gefundenen Daten insgesamt sechs Wochen. Im Verlauf der Arbeit an dem Buch wurde mir klar, dass eine zeitliche Reihenfolge kaum zu finden ist, weil vieles, wie auch im »normalen« Leben, auf einmal auf die Gefangenen einstürzte und gleichzeitig geschah. In der Zeit, in der Hugo mit dem Kinderhort zu kämpfen hatte, wurde der Vater geschlagen, starben Verwandte, froren sie beim Appell, bestrafte die SS mit Prügeln ...

Gleichzeitig, bei jeder beschriebenen Begebenheit, jedem Gespräch, jeder Arbeit, jedem erbeuteten bisschen Suppe oder Brot, den Schlägen und Beleidigungen sind die Läuse, Wanzen, Ratten, der Schlamm, die Kälte, der Hunger, Durst, die Schwäche, das Fieber, Typhus, Krätze, Malaria, alle Kinderkrankheiten, der Durchfall beim Appell, das Rennen, manches Mal vergeblich, zu den Latrinen, die fehlende Waschmöglichkeit hinzuzudenken. Wenn ich beschreibe, wie Hugo in den Himmel schaute und sich fortfantasierte, war alles andere gleichzeitig da. Und dazu immer die Angst vor Gewalt und um das Leben. Möglicherweise also war sein Vater nicht mehrere Monate, sondern nur ein paar wenige Wochen Blockältester, möglicherweise verbrachte er mit seinem Freund in Auschwitz nicht wenige Wochen, sondern Monate zusammen. Nur, was die SS schriftlich festhielt, wie der Tag des Widerstands, ist mit einem Datum bekannt: der 16. Mai 1944.

Ich habe alles, was Hugo an Begebenheiten erzählte, mithilfe von Dokumenten aus Archiven oder Berichten anderer Überlebender überprüft.

Die Gespräche für dieses Buch fanden während 14 Monaten statt. Es bedeutete für Hugo auch, die Scham zu überwinden, von sich selbst in hilfloser Lage zu berichten. Manches war vollkommen verdrängt und kam Hugo im Verlauf des Jahres wieder zu Bewusstsein. Manche Ereignisse sprangen ihm in manch schlafloser Nacht wie ein plötzlich eingeschalteter Film ins Gedächtnis zurück. Es war nicht leicht für ihn, die Erinnerungen auszuhalten. Und oft sah ich im erwachsenen Hugo das Kind, das alles wieder durchlebte.

Hugo las den gesamten fertigen Text, und erst, als er damit einverstanden war, gab ich ihn dem Verlag. Das Buch bedeutete für Hugo viel – nun steht schwarz auf weiß geschrieben, was geschehen ist. Niemand konnte mehr sagen:»Was ihr erzählt, ist übertrieben. So schlimm kann es nicht gewesen sein.« Jetzt konnte Hugo erwidern:»Doch. Hier steht es, lies selbst.«

In seinen letzten Lebensjahren berichtete Hugo in vielen Schulen und Gedenkstätten von seinem Schicksal. Er bekam Hunderte Briefe von Schülerinnen und Schülern, die tief beeindruckt waren von seiner Persönlichkeit und von dem, was er berichtete.

Er hat für die Videoarchive von Steven Spielberg und das NS-Dokumentationszentrum in München berichtet.

Es wurde ein Film über den Völkermord an Sinti und Roma gedreht, in dem er vorkam, es wurden zwei weitere Filme nur über ihn gedreht. Es gibt über sein Schicksal ein Orchesterstück mit Chor, der auf Romanes singt. Und Hugo wurde mehrfach für sein Engagement als Zeitzeuge geehrt.

Vor seinem Tod nahm er seine Nichte zu den Zeitzeugengesprächen in Schulklassen mit. Heute gibt sie die Geschichte an Jugendliche weiter.

Für Unterstützung, Auskünfte, Erinnerungen und die Bereitstellung von Fotos und Dokumenten danke ich herzlich:

Mano und Else Höllenreiner, Ludwig Höllenreiner, Schuka Höllenreiner und Familie, Silvana Lauenburger, Ludwig Eiber, Elke von Meding, Toby Sonneman (USA), Guntram Weber und Thies Marsen sowie Ulrike Baureithel, Paul Glaser, Anna Kari, Sepp März, Maria Nitzelnader, Susanne Schmidt, Bernhard Strebel, Rosemarie Vogel und vielen anderen.

Vielen Dank auch an: Bundesarchiv Berlin, Dokumentations- und Kulturzentrum Deutscher Sinti und Roma – Frank Reuter, Gedenk-

stätte Bergen-Belsen, Gedenkstätte Mauthausen, Internationaler Such-
dienst Bad Arolsen – Frau Siebert, Mahn- und Gedenkstätte Ravensbrück – Frau Erler, Meldestelle Lenggries, Stadtarchiv Günzburg,
Stadtarchiv München, Deutsche Dienststelle (WaST) – Herr Kühmay-
er, Zentralrat Deutscher Sinti und Roma.

Anja Tuckermann, Mai 2005 und November 2017

Zeittafel

26. März 1865 Johann Baptist Höllenreiner, Hugos Großvater, genannt Babo, kommt auf die Welt.

21. März 1867 Bayerische Ministerialentschließung befasst sich mit dem »Herumziehen von Zigeunerbanden und Familien«. Angetroffene Zigeuner werden als Ausländer betrachtet und sollen des Landes verwiesen oder von der Polizei über die Grenze gebracht werden, sofern sie keine polizeiliche Erlaubnis für ein Wandergewerbe besitzen.

10. Februar 1868 Magdalena Ottilie Robertine Mettbach, Hugos Großmutter, genannt Mami, kommt auf die Welt.

1871 Gründung des Deutschen Reiches.

11. April 1885 Bayerische Ministerialverordnung bestimmt, wie mit festgenommenen Zigeunern verfahren werden soll. Wer keine gültigen Papiere besitzt, kann aus Bayern ausgewiesen werden bzw. darf gar nicht erst einreisen. Dasselbe gilt für mittellose Personen. Zigeuner können jederzeit kontrolliert und, wann immer Papiere unvollständig sind oder es »zum Zwecke der Sprengung einer Zigeunerbande räthlich« erscheint, in ein Arbeitshaus eingewiesen werden.

5. Oktober 1889 Bayerische Ministerialentschließung soll den Reisenden »durch strengste Controle das Umherziehen thunlichst verleiden«.

28. März 1899 Bayerische Ministerialentschließung ruft den »Zigeunerzentrale« genannten Zigeunernachrichtendienst bei der Polizeidirektion München ins Leben. Jeder Aufenthalt von Zigeunern in einer bayerischen Gemeinde muss nach München gemeldet werden. Außerdem die Art der mitgeführten Papiere, die Reiseroute, Umfang des Besitzes, Vorstrafen und ob bei einer Staatsanwaltschaft eine Untersuchung anhängig ist.

1902 In den in Bayern und Württemberg ausgestellten Wandergewerbescheinen muss ein Z für Zigeuner eingetragen werden.

15. März 1904 Hugos Dada, Josef Höllenreiner, kommt auf die Welt.

1905 Der bei der Polizeidirektion München mit Zigeunerangelegenheiten befasste Referent Alfred Dillmann gibt das »Zigeunerbuch« heraus. Darin wird erstmals der Versuch gemacht, alle Daten der in Bayern erfassten »Zigeuner oder nach Zigeunerart Umherziehenden« den Behörden und Gendarmen aller bayerischen

Gemeinden zugänglich zu machen. Auch die anderen deutschen Staaten und die Schweiz, Österreich-Ungarn und Luxemburg erwerben mehrere hundert Exemplare des Verzeichnisses für den polizeilichen Gebrauch.

1911 Bayernweit werden von Zigeunern Fingerabdrücke genommen und gesammelt.

23. April 1911 Hugos Mama Sofie kommt auf die Welt.

22. Juni 1911 Im »Bodenseebetriebsreglement« beschließen Vertreter aus Österreich, der Schweiz, Baden, Württemberg sowie Bayern, dass »Zigeuner oder nach Zigeunerart wandernde Personen von der Mit- und Weiterreise auf Bodenseedampfschiffen ausgeschlossen werden«.

22. November 1911 Die internationale kriminalpolizeiliche Münchner Zigeunerkonferenz findet statt. Die Umsetzung der Beschlüsse verzögert sich und wird wegen des Ersten Weltkrieges auf die Nachkriegszeit verschoben.

1913 Auch die Standesämter müssen jede Beurkundung von Zigeunern der Zigeunerzentrale melden.

30. April 1919 Spartakisten dringen in das Gebäude der Münchener Polizeidirektion ein und zerstören einen Großteil der Zigeunerpersonalakten. Daraufhin muss eine Neuauflage des Zigeunerbuchs verschoben werden.

1. Oktober 1919 Württembergischer Innenminister-Erlass: Verbot des »zigeunermäßigen Umherziehens« und des »zigeunermäßigen Lagerns«.

27. Juli 1920 Reichsminister für Volkswohlfahrt ordnet ein Aufenthaltsverbot für Zigeuner in Heilbädern, Kurorten und Erholungsstätten an.

20. September 1921 Der württembergische Innenminister fordert die ausstellenden Behörden auf, nach Zurücknahmegründen für Wandergewerbescheine zu suchen.

18. Juli 1922 Dienstvorschrift für die bayerische Gendarmerie: »Gegen Zigeuner und ähnliche Personen« werden besondere Kontrollmaßnahmen angeordnet.

29. Dezember 1922 In Baden müssen alle Sinti und Roma ab 14 Jahre ein »Personalblatt« mit Foto und Fingerabdrücken mit sich führen. In der rechten oberen Ecke ist es mit einem Z für Zigeuner versehen.

11. Januar 1924 In Bayern wird das Umherziehen in Wohnwagen von der polizeilichen Erlaubnis abhängig gemacht, das »Reisen in Horden« verboten, die Ausweispflicht für mitgeführte Tiere eingeführt und das Lagern nur noch auf von der Polizei ausgewiesenen Plätzen gestattet. Als »Horde« galt eine Gruppe aus Einzelpersonen, z. B. auch ein nicht standesamtlich getrautes Paar oder mehr als eine Kleinfamilie.

19. April 1926 Ein württembergischer Innenminister-Erlass verbietet Zigeunern das Feueranzünden und das Aufstellen von Wohnwagen im Wald oder am Waldrand.

16. Juli 1926 Durch das Bayerische Zigeuner- und Arbeitsscheuen-Gesetz wird die Anordnung vom 11. 1. 1924 Gesetz. Die Polizei kann die Reiseroute anordnen, Zigeuner ausweisen, die nicht im Besitz der bayerischen Staatsangehörigkeit sind, und in eine Arbeitsanstalt einweisen, wer keine geregelte Arbeit nachweisen kann, den Eltern die Kinder nehmen, wenn sie nicht regelmäßig zur Schule gehen.

1. August 1926 Laut einer thüringischen Polizeiverordnung können Lagerplätze nur bei Hinterlegung einer Kaution genutzt werden und müssen auf eigene Kosten polizeilich überwacht werden.

27. Oktober 1927 Das badische Justizministerium beschließt die zentrale Erfassung jeder standesamtlichen Beurkundung von Zigeunern.

3. November 1927 Der preußische Innenminister-Erlass ordnet die Ausgabe von Sonderausweisen für Sinti und Roma an. Damit sollen alle Zigeuner ab dem 6. Lebensjahr fotografisch und daktylografisch erfasst werden. Dieser Erlass wird vom norddeutschen Länderbund und den Hansestädten Hamburg und Lübeck übernommen.

Seit 1928 werden im »Deutschen Steckbriefregister« die Familiennamen gesuchter Sinti und Roma mit einem Z versehen.

12. April 1928 Das Reichsgesetz über Schusswaffen und Munition verbietet die Ausgabe von Waffenscheinen an Zigeuner.

3. April 1929 Mit dem »Gesetz zur Bekämpfung des Zigeunerunwesens« übernimmt Hessen den Inhalt des bayerischen Zigeuner- und Arbeitsscheuen-Gesetzes.

18. März 1933 Eine von der »Deutschen Kriminalpolizeilichen Kommission« 1926 bereits ausgearbeitete »Vereinbarung der deutschen Länder über die Bekämpfung der Zigeunerplage« mit allen bereits bekannten Bestimmungen tritt in Kraft.

14. Juli 1933 Das »Gesetz zur Verhütung erbkranken Nachwuchses« ebnet den Weg zu Zwangssterilisationen von Sinti und Roma.

15. September 1933 Hugo kommt auf die Welt.

1. Juli 1935 Der spätere Gründer der »Rassenhygienischen Forschungsstelle« Dr. Robert Ritter beginnt seine Forschungen über »Zigeuner und Zigeunermischlinge«.

15. September 1935 Die Nürnberger Rassengesetze stellen Sinti und Roma als »außereuropäische Fremdrasse« in der gesetzlichen Behandlung den Juden gleich. Die Heirat von Sinti mit Nicht-Sinti wird verboten.

3. Januar 1936 Der Minister des Innern Frick in einer vertraulichen Mitteilung:

»Zu den artfremden Rassen gehören in Europa außer den Juden regelmäßig nur die Zigeuner.«

1936 Die erste Deportation von 400 Sinti ins KZ Dachau. Sinti und Roma sowie Juden wird das Wahlrecht entzogen. Reichsweite Erfassung sämtlicher Sinti und Roma wird durch Frick angeordnet.

In Vorbereitung der Olympischen Spiele werden in Berlin alle Sinti und Roma im Sammellager Marzahn festgehalten.

6. Juni 1936 Empfehlung des Reichsinnenministers, »von Zeit zu Zeit bezirksweise oder für ganze Landesteile Razzien auf Zigeuner zu veranstalten«.

17. Juni 1936 Der »Reichsführer SS« Himmler wird zum »Chef der deutschen Polizei im Reichsministerium des Innern« ernannt.

November 1936 Robert Ritter führt zusammen mit Adolf Würth und Eva Justin seine Untersuchungen in der neu gegründeten »Rassenhygienischen bevölkerungsbiologischen Forschungsstelle« beim Reichsgesundheitsamt fort. Er beginnt die erbbiologische und geneaologische Erfassung der Sinti und Roma. In den folgenden Jahren reisen »fliegende Arbeitsgruppen« durch alle deutschen Länder, suchen, vermessen und registrieren Sinti und Roma, nehmen Blutproben, legen Stammbäume an und schreiben Gutachten. Wer sich weigert, Auskunft zu geben, dem wird mit dem Scheren der Haare oder mit Einlieferung in ein KZ gedroht. Die »Rassegutachten« aller deutschen und österreichischen Sinti und Roma bilden die Grundlage für den Völkermord.

26. Januar 1938 Erlass Himmlers gegen »arbeitsscheue Elemente«. Sinti und Roma werden in die KZs Buchenwald und Ravensbrück eingeliefert.

11. März 1938 Die deutsche Wehrmacht marschiert in Österreich ein. Österreichische Roma und Sinti werden in den Folgejahren in Sammellager eingewiesen, von wo sie ins KZ Auschwitz deportiert werden.

16. Mai 1938 Runderlass Himmlers: Die »Reichszigeunerzentrale« beim Polizeipräsidium München wird als »Reichszentrale zur Bekämpfung des Zigeunerunwesens« in das Reichskriminalamt Berlin eingegliedert.

Sommer 1938 Umherziehende Sinti und Roma werden aus den linksrheinischen Gebieten ausgewiesen, was mit präventiver Spionageabwehr beim Westwallbau begründet wird.

Juni 1938 Die ersten großen Verhaftungswellen erfolgen.

1. Oktober 1938 Die Wehrmacht, marschiert in die Tschechoslowakei ein und besetzt das Sudetenland.

9. November 1938 Auch Sinti und Roma werden Opfer der Pogromnacht.

8. Dezember 1938 Ein Runderlass Himmlers zur »Bekämpfung der Zigeunerplage« verlangt eine »endgültige Lösung der Zigeunerfrage«. Die Regelung der »Zigeunerfrage« müsse »aus dem Wesen dieser Rasse heraus« geschehen.

15. März 1939 Die Wehrmacht besetzt die gesamte Tschechoslowakei.

1. September 1939 Die Wehrmacht überfällt Polen mit 1,5 Millionen Soldaten. Das ist der Beginn des 2. Weltkriegs.

Winter 1939 Unter Eichmann wird begonnen, Sinti und Roma in Gettos, SS-Arbeitslager und zum Aufbau der Konzentrations- und Vernichtungslager in den Osten zu verschleppen.

Juni 1939 Etwa 3000 burgenländische Roma und Sinti werden in Konzentrationslager verschleppt.

Herbst 1939 Dada, Onkel Eduard, Onkel Friedla, Onkel Konrad und Onkel Babist werden enteignet und zur Wehrmacht eingezogen.

21. September 1939 Besprechung im Sicherheitshauptamt der SS zur Planung der Deportation von 30 000 Sinti und Roma aus dem Altreich nach Polen.

17. Oktober 1939 Der »Festschreibungserlass« Himmlers tritt in Kraft. Zigeuner dürfen ihren jeweiligen Aufenthaltsort bzw. ihren Wohnort nicht verlassen. Werden sie außerhalb der Gemeinde angetroffen, droht ihnen die Einweisung in ein Konzentrationslager. In der Folge sollen alle Sinti und Roma erfasst und gezählt werden.

1940 Bei Erschießungen in den besetzten Ländern wird zwischen Juden und Sinti und Roma kein Unterschied gemacht.

8. April 1940 Dada meldet die Familie in Lenggries an. Sie ziehen ins Pechhüttel ein. Auch sein Bruder Onkel Babist zieht mit Tante Derndl, Tochter Lili und Sohn Mano nach Lengries.

27. April 1940 Ein Schnellbrief Himmlers ordnet den Beginn der Deportationen von Sinti und Roma in »geschlossenen Sippen« in das besetzte Polen an.

31. Januar 1941 In einer Verordnung zum Reichsbürgergesetz wird den Zigeunern wie den Juden die deutsche Staatsangehörigkeit sowie der Status der »Schutzangehörigen« genommen.

März 1941 Die Rassenhygienische Forschungsstelle hat bereits 20 000 Menschen erfasst.

30. November 1941 Dada wird aus der Wehrmacht entlassen.

Dezember 1941 Onkel Friedla, Onkel Konrad und Onkel Babist werden aus der Wehrmacht entlassen.

19. Dezember 1941 Dada, Mama und die sechs Kinder werden laut Gutachten des Rassenhygienischen Forschungsinstituts Berlin als Zigeunermischlinge eingestuft.

Seit 1942 werden Zwangssterilisationen in Konzentrationslagern vorgenommen.

28. Februar 1942 Dada und Mama, Onkel Babist und Tante Derndl ziehen mit den Kindern zurück nach München.

13. März 1942 Der Reichsarbeitsminister verfügt, dass die sozialrechtlichen Bestimmungen ab sofort auch für Sinti und Roma gelten. Fortan müssen auch sie die Sozialausgleichsabgabe zahlen, eine Zusatzsteuer in Höhe von 15 % des Einkommens, die nur Juden, Sinti und Roma zahlen müssen.

16. Dezember 1942 Himmlers »Auschwitz-Erlass«: »Zigeunermischlinge, Rom-Zigeuner und Angehörige zigeunerischer Sippen balkanischer Herkunft (…) (sind) in einer Aktion von wenigen Wochen in ein Konzentrationslager einzuweisen.«

29. Januar 1943 In einem Schnellbrief Himmlers werden diejenigen benannt, die von einer Deportation ausgeschlossen bleiben sollen, u. a. wer alternativ für eine Zwangssterilisation vorgesehen ist. Dazu zählen mit »Deutschblütigen« Verheiratete, »sozial angepasst Lebende mit fester Arbeit und Wohnung, Wehrdienstleistende, Kriegsversehrte und mit Auszeichnung aus der Wehrmacht Entlassene, in der Rüstungsindustrie schwer Entbehrliche«.

26. Februar 1943 Die ersten Sinti und Roma werden nach Auschwitz-Birkenau BIIe, ins Zigeunerfamilienlager, verschleppt.

März 1943 Die Rassenhygienische Forschungsstelle hat bisher 21 498 Gutachten erstellt. Ihre Mitarbeiter finden mehr als 19 000 »Zigeuner« oder »Zigeunermischlinge« im Altreich und erteilen den Gesundheitsämtern Empfehlungen zu Zwangssterilisation und Schwangerschaftsabbrüchen bei Sinti und Roma.

8. März 1943 Hugo, seine Familie und andere Münchener Sinti werden in den Morgenstunden von der Polizei in eine Sammelzelle des Polizeipräsidiums in der Ettstraße gesperrt.

15./16. März 1943 Die Münchener Sinti treffen in Auschwitz-Birkenau ein. Hugo wird die Nummer Z-3529 in den linken Unterarm tätowiert. Die gefangenen Sinti und Roma werden zu schweren Erd- und Bauarbeiten im Lager und zur Gleisverlegung zu den Krematorien gezwungen.

März – Juni 1943 Die Gaskammern und Krematorien 2, 3, 4 und 5 in Auschwitz-Birkenau werden in Betrieb genommen.

Frühjahr 1943 Ungefähr 22 600 Sinti und Roma werden in das »Zigeunerlager« in Auschwitz-Birkenau deportiert, unzählige weitere in andere KZs. Manche werden sofort in den Gaskammern getötet. Die Mitarbeiter der Rassenhygienischen Forschungsstelle wissen davon.

24. April 1943 Onkel Friedla stirbt in Auschwitz.

1. Mai 1943 Josef Mengele tritt seinen Dienst als Lagerarzt im Zigeunerfamilienlager BIIe in Auschwitz-Birkenau an.

17. Juni 1943 Tante Notschga stirbt in Auschwitz.

Juli 1943 Das Lager BIIe wird von den anderen Lagerteilen mit einem elektrisch geladenen Zaun isoliert.

28. August 1943 Tante Lona stirbt in Auschwitz.

20. März 1944 Lolitschai stirbt in Auschwitz.

15. April 1944 Tante Kerscha wird mit zwei Töchtern Tante Lonas nach Ravensbrück transportiert.

Mai 1944 Die Züge mit deportierten Menschen fahren bis direkt vor die Krematorien.

16. Mai 1944 Die geplante Auflösung des »Zigeunerlagers« und Ermordung der 6000 Überlebenden scheitert an deren Widerstand. In der Folge wird ca. die Hälfte der Menschen in andere Lager deportiert oder zur Wehrmacht eingezogen.

2. August 1944 Alle 2897 noch in Auschwitz-Birkenau BIIe verbliebenen Menschen werden von der SS in die Gaskammern transportiert und dort ermordet. In den 17 Monaten der Existenz des Lagers starben 19 300 Sinti und Roma, mehr als 5600 durch Gas, über 13 600 an den Folgen der Zwangsarbeit, an Seuchen, Unterernährung, Misshandlungen und Menschenversuchen.

3. August 1944 Hugo und seine Angehörigen treffen in Ravensbrück ein und erhalten neue Häftlingsnummern.

Oktober 1944 Manfred wechselt zu Dada in das Männerlager.

1018 Sinti und Roma, darunter 800 Kinder, werden vom KZ Buchenwald nach Auschwitz zurücktransportiert und im Krematorium 5 ermordet.

November 1944 Ritter unterzeichnet in diesem Jahr noch mindestens 1320 Gutachten. Im März beträgt die Zahl insgesamt 23 833 Gutachten.

Januar 1945 Mama, Frieda, Tante Derndl und andere Sinti-Frauen und Mädchen werden von den SS-Ärzten Dr. Treite, Dr. Schumann und und Prof. Clauberg durch Injektionen von Silbernitrat zwangssterilisiert. Weichsla stirbt an den Folgen.

Auch die Sinti im Männerlager werden zwangssterilisiert.

3. März 1945 Dada und Manfred, Onkel Babist und Mano und andere Verwandte werden nach Sachsenhausen gebracht.

7. März 1945 Mama, Hugo, seine vier Geschwister und andere Verwandte kommen nachts in Mauthausen an und müssen bergauf ins Lager laufen.

10. März 1945 SS-Angehörige in Mauthausen erschlagen eine unbekannte Zahl von

Säuglingen und Kleinkindern vor den Augen ihrer Mütter, unmittelbar nach der Ankunft aus Ravensbrück. Ein Kind war während des achttägigen Transports im Zug auf die Welt gekommen. Die älteren Sinti- oder Roma-Kinder bleiben bei den Müttern. Hugo wird von seiner Mutter getrennt.

17. März 1945 Hugo findet Mama wieder und wird mit ihr, vier Geschwistern und anderen Sinti- und Romafrauen mit ihren Kindern in Züge verladen und nach Bergen-Belsen gebracht. 692 kommend lebend an.

15. April 1945 Britische Truppen befreien das KZ Bergen-Belsen.

15. – 20. April 1945 Sinti aus dem KZ Sachsenhausen werden mit Uniformen eingekleidet und in der SS-Sonderformation Dirlewanger in den Krieg geschickt. Auch Dada, Onkel Babist und Onkel Konrad.

Manfred, Mano und Luki müssen auf den Todesmarsch von Sachsenhausen in Richtung Norden. Vermutlich im Belower Wald, nördlich von Wittstock, werden sie befreit.

Mitte Mai 1945 Hugo, Mama, Frieda, Rosi und Januschek, Tante Derndl, Lili und der kleine Babist kehren nach München zurück.

Musla stirbt im britischen Krankenhaus in Bergen-Belsen.

Nach 1945 werden die meisten Sinti und Roma von Behörden und Amtsärzten um eine »Wiedergutmachung« betrogen. Dr. Ritter, der Leiter des Rassehygienischen Forschungsinstituts, und seine Mitarbeiter (Eva Justin, Adolf Würth u. a.) werden nie gerichtlich zur Verantwortung gezogen.

Die früher im Reichssicherheitshauptamt zuständigen SS-Angehörigen führen die Erfassung der Sinti und Roma im Bayerischen Landeskriminalamt (LKA) in der »Landfahrerzentrale« fort.

Tante Kerscha stirbt an den Folgen der Haft.

1. Dezember 1947 Ritter wird von der Stadt Frankfurt als Leiter der Fürsorgestelle für Gemüts- und Nervenkranke sowie der Jugendpsychiatrie bestellt. Er lässt Eva Justin in seine Abteilung nachkommen.

1. August 1948 Eva Justin erhält eine Stelle als »Kriminalpsychologin«. Sie schreibt psychologische Gutachten für Strafprozesse und berät Eltern schwer erziehbarer Kinder.

1950 Die DDR-»Richtlinie für die Anerkennung als Verfolgter des Naziregimes« akzeptiert nur die Sinti und Roma als NS-Verfolgte, die nachzuweisen vermögen, dass sie »wegen ihrer Abstammung« und nicht wegen vermeintlicher »Arbeitsscheu« in Haft gewesen seien. Eine Entschädigungszahlung ist davon abhängig, dass sie »nach 1945 durch das zuständige Arbeitsamt erfasst« worden seien und eine »antifaschistisch-demokratische Haltung bewahrt« hätten.

22. Dezember 1953 Die bayerische Landfahrerverordnung tritt in Kraft. Demnach gilt als Landfahrer, wer »aus eingewurzeltem Hang zum Umherziehen oder aus eingewurzelter Abneigung gegen eine Sesshaftmachung« im Land umherzieht. »Für Landfahrer, die im Familienverband oder in einer Horde umherziehen, ist ein Landfahrerbuch erforderlich.« Von allen aufgeführten Angehörigen müssen darin die Fingerabdrücke enthalten sein. Das Umherziehen mit Fahrzeugen, mit Schulpflichtigen, mit Pferden und Hunden ist genehmigungspflichtig.

7. Januar 1956 Der Bundesgerichtshof entscheidet, dass Sinti und Roma bis 1943 nicht aus rassistischen Gründen verfolgt worden seien.

In dem Urteil heißt es u.a.:

»Die im April 1940 durchgeführte Umsiedlung von Zigeunern aus der Grenzzone und den angrenzenden Gebieten nach dem Generalgouvernement ist keine nationalsozialistische Gewaltmaßnahme aus Gründen der Rasse im Sinn des § 1 des Bundesentschädigungsgesetzes. Ist eine von der Umsiedlung betroffene Person nach dem Auschwitz-Erlass Himmlers in der Zeit nach dem 1. März 1943 weiter in Haft gehalten worden, so kann diese Festhaltung eine rassische Verfolgung sein.«

Dieses Urteil schließt eine große Zahl der überlebenden Sinti und Roma von der Berechtigung aus, eine Entschädigungszahlung zu bekommen.

80 Prozent der Richter des Bundesgerichtshofs sind schon im Dritten Reich als Juristen tätig gewesen.

18. Dezember 1963 Der Bundesgerichtshof berichtigt seine Auffassung dahin, dass ab 1935, mindestens aber ab 8.12.1938 von einer Kollektivverfolgung auszugehen sei. Dieses Urteil revidiert die Entscheidung des BGH vom 7. Januar 1956 dahingehend, dass »für die im Mai 1940 angeordnete Umsiedlung von Zigeunern aus West- und Nordwestdeutschland (...) rassenpolitische Gründe mit ursächlich gewesen« seien.

Der Gesetzgeber regelte, dass viele Sinti und Roma einen neuen Antrag auf Entschädigung stellen durften, wenn der erste Antrag wegen des BGH-Urteils zurückgewiesen worden war. Sinti und Roma, die auf Grund der ablehnenden höchstrichterlichen Rechtsprechung von 1956 erst gar keinen Antrag gestellt hatten, gingen jedoch leer aus.

1964 In einem Aktenvermerk des Bayerischen Landeskriminalamts wird angeordnet, bei den von der »Zigeunerzentrale« übernommenen Akten die Aktendeckel mit dem Hakenkreuz und die Rassegutachten zu entfernen und ansonsten die Akten weiterzuverwenden.

1978 Die Gesellschaft für bedrohte Völker setzt sich für die Anliegen der deutschen Sinti und Roma ein.

27. Oktober 1979 Erste öffentliche Gedenkfeier von Sinti und Roma für die Opfer des Naziregimes in Bergen-Belsen.

Ostern 1980 Hungerstreik von 12 Sinti und Roma, unter ihnen auch KZ-Überlebende, in der Gedenkstätte Dachau mit dem Ziel, von der Bayerischen Staatsregierung die Beendigung der Sondererfassung zu erwirken. Nach einer Woche sichert das Innenministerium die Einstellung der Sondererfassung zu.

17. März 1982 Bundeskanzler Schmidt empfängt eine Delegation des im Vormonat gegründeten Zentralrats Deutscher Sinti und Roma und erkennt die NS-Verbrechen an Sinti und Roma als Völkermord aus rassistischen Motiven an.

1991 Erste und einzige Verurteilung im Zusammenhang mit dem Völkermord an Sinti und Roma. Ernst-August König, SS-Mann und Blockführer im »Zigeunerlager«, wird wegen Mordes zu lebenslanger Haft verurteilt.

Seit 1994 erinnert der Bundesrat alljährlich mit einer Ansprache des jeweiligen Präsidenten der Länderkammer an den 16. Dezember 1942.

16. März 1997 Das Dokumentations- und Kulturzentrum Deutscher Sinti und Roma mit einer Dauerausstellung über den Völkermord wird in Heidelberg eröffnet.

24. Juli 1998 Der Zentralrat Deutscher Sinti und Roma reicht mit seinem Bayrischen Landesverband und den beiden KZ-Überlebenden Hugo Höllenreiner und Franz Rosenbach eine Verfassungsbeschwerde gegen den Freistaat Bayern wegen der andauernden Sondererfassung der Sinti und Roma ein.

Oktober 2001 Der bayerische Innenminister teilt mit, dass Personenbeschreibungsbögen der Polizei künftig ohne die Rubrik »Typ Sinti/Roma« verwendet werden. Außerdem würden die »Sonderdateien gesperrt«, die Sinti und Roma, ihre Autokennzeichen und sogenannte »Sippenführer« verzeichnen. In Formularen für bayerische Polizeibeamte zur Vernehmung von Beschuldigten soll die ankreuzbare Rubrik »Sinti/Roma« bestehen bleiben.

16. Februar 2005 Der bayerische Innenminister versichert dem Zentralrat Deutscher Sinti und Roma, dass die Unterlagen, in denen Sinti und Roma gesondert erfasst worden waren, vernichtet worden seien. Er werde jede Art der Sondererfassung von Sinti und Roma verhindern.

8. März 2005 Hugo spricht bei der Enthüllung der Gedenktafel für die Opfer von Mengele in dessen Geburtsstadt Günzburg.

17. April 2005 Hugo legt den Grundstein für den Neubau eines Museums in der Gedenkstätte Bergen-Belsen.

2005 Hugo berichtet sein Schicksal für eine Filmaufnahme für das Archiv der Shoah Foundation von Steven Spielberg.

2007 In dem Film »Wir haben doch nichts getan« von Gabriele Trost über den Völkermord an den Sinti und Roma berichten Hugo und Mano Höllenreiner

24. Oktober 2012 Eröffnung des »Denkmal für die im Nationalsozialismus ermordeten Sinti und Roma Europas« in Berlin südlich des Reichstags, entworfen von Dani Karavan, in Anwesenheit von Bundeskanzlerin Angela Merkel und anderen Politiker*innen.
Hugo und Mano Höllenreiner und ihre Familien sind dabei.

2. Mai 2013 Hugo wird als Zeitzeuge im Jüdischen Museum München mit dem Austrian Holocaust Memorial Award für sein Lebenswerk, dem aktiven Wachhalten der Erinnerung an die Leiden der Sinti und Roma, ausgezeichnet.

2014 *Dui Rroma.* Dokumentarfilm von Iovanca Gaspar über und mit Hugo, Filmsprache Romanes mit deutschen Untertiteln
Adrian Coriolan Gaspar setzte Hugos Erinnerungen musikalisch in seinem ersten Orchesterwerk *Symphonia Romani – Bari Duk* um, einem Oratorium für Solo-Bass, gemischten Chor und Orchester

20. Mai 2014 Hugo wird in München anlässlich einer Gedenkveranstaltung zum 70. Jahrestag des Aufstandes im »Zigeunerlager in Auschwitz-Birkenau« als »Botschafter der Menschlichkeit« geehrt.

3. November 2014 Hugo wird mit der Medaille »München leuchtet« – Den Freundinnen und Freunden Münchens in Silber geehrt.

10. Juni 2015 Hugo stirbt im Alter von 81 Jahren in Ingolstadt.

Drei Jugendliche, drei Jahrzehnte, eine Hoffnung: ANKOMMEN

Wenn das eigene Zuhause zu einem Ort der Angst und der Unmenschlichkeit wird, ist es kein Zuhause mehr. Josef ist 11, als er 1939 mit seiner Familie aus Deutschland vor den Nazis fliehen muss. Isabel lebt im Jahr 1994 in Kuba und leidet Hunger – auch sie begibt sich auf eine gefährliche Reise in das verheißungsvolle Amerika. Und der 12-jährige Mahmoud verlässt im Jahr 2015 seine zerstörte Heimatstadt Aleppo, um in Deutschland neu anzufangen. Alan Gratz verwebt geschickt und ungemein spannend die Geschichten und Schicksale dreier Kinder aus unterschiedlichen Zeiten. Er erzählt unsentimental und gerade dadurch ergreifend. Ein zeitloses Buch über Vertreibung und Hoffnung, über die Sehnsucht nach Heimat und Ankommen.

hanser-literaturverlage.de

HANSER